中国人事科学研究院
·学术文库·

人才队伍建设
实践与发展趋势研究

柳学智　王　伊　等著

中国财经出版传媒集团

经济科学出版社
Economic Science Press
·北京·

图书在版编目（CIP）数据

人才队伍建设实践与发展趋势研究/柳学智等著
. -- 北京：经济科学出版社，2024.1
（中国人事科学研究院学术文库）
ISBN 978 - 7 - 5218 - 5606 - 4

Ⅰ. ①人…　Ⅱ. ①柳…　Ⅲ. ①人才培养 - 研究 - 中国
Ⅳ. ①C964.2

中国国家版本馆 CIP 数据核字（2024）第 040750 号

责任编辑：李　雪　顾瑞兰　刘　瑾
责任校对：隗立娜　易　超
责任印制：邱　天

人才队伍建设实践与发展趋势研究
RENCAI DUIWU JIANSHE SHIJIAN YU FAZHAN QUSHI YANJIU

柳学智　王　伊　等著
经济科学出版社出版、发行　新华书店经销
社址：北京市海淀区阜成路甲 28 号　邮编：100142
总编部电话：010 - 88191217　发行部电话：010 - 88191522
网址：www. esp. com. cn
电子邮箱：esp@ esp. com. cn
天猫网店：经济科学出版社旗舰店
网址：http://jjkxcbs. tmall. com
固安华明印业有限公司印装
710 × 1000　16 开　23.5 印张　360000 字
2024 年 1 月第 1 版　2024 年 1 月第 1 次印刷
ISBN 978 - 7 - 5218 - 5606 - 4　定价：116.00 元
（图书出现印装问题，本社负责调换。电话：010 - 88191545）
（版权所有　侵权必究　打击盗版　举报热线：010 - 88191661
QQ：2242791300　营销中心电话：010 - 88191537
电子邮箱：dbts@ esp. com. cn）

序

    人才是创新的第一资源，人才资源是我国在激烈的国际竞争中的重要力量和显著优势。创新驱动本质上是人才驱动，在经济社会发展中，必须把人才资源开发放在最优先位置，大力建设各类人才队伍，夯实创新发展人才基础。

    改革开放以来，我国持续出台人才开发政策，人才队伍建设的内涵不断丰富，外延不断扩大。2002 年，《2002—2005 年全国人才队伍建设规划纲要》提出，着力建设党政人才、企业经营管理人才、专业技术人才三支队伍。2006 年，《国民经济和社会发展第十一个五年规划纲要》提出建设高素质人才队伍，包括党政人才、企业家、专业技术人才、高技能人才和农村实用人才。2010 年，《国家中长期人才发展规划纲要（2010—2020年）》提出统筹推进各类人才队伍建设，包括党政人才队伍、企业经营管理人才队伍、专业技术人才队伍、高技能人才队伍、农村实用人才队伍、社会工作人才队伍。进入新时代，现代化建设对人才数量、质量、结构的需求是全方位的，必须从整体人才资源开发的高度，大力建设一支规模宏大、结构合理、素质优良的人才队伍。

    随着科教兴国战略、人才强国战略、创新驱动发展战略的深入实施，中等职业教育、高等教育快速发展，出国留学、来华留学数量持续增长，专业技术人员继续教育、职业技能培训稳步推进，人才队伍建设实践不断扩展和深化，大批优秀人才脱颖而出、健康成长，在改革开放和现代化建设中发挥了重要作用，人才队伍建设取得显著成绩。

    本书立足人才发展新时代，坚持人才引领发展的战略地位，从整体人才资源开发的高度，结合经济社会发展需求尤其是创新驱动发展需求，兼顾国内、国际两种人才资源，聚焦人才培养、培训、流动、使用、评价、激励等各个环节，综合运用文献研究、政策分析、数据分析等研究方法，分析人才队伍建设实践取得的成绩和存在的问题，揭示人才队伍的规模、结构、质量的现状和发展趋势，全面、深入、动态地呈现了人才队伍的全景图，为政策制定和理论研究提供实证参考。

柳学智

2023 年 11 月

目　　录

第 一 章

绪　　论

党的二十大报告提出，教育、科技、人才是全面建设社会主义现代化国家的基础性、战略性支撑。《国家中长期人才发展规划纲要（2010－2020年）》颁布以来，随着职业教育、高等教育、职业技能培训、继续教育、博士后培养等一系列人才培养政策积极稳步实施，中国留学生回国、外国学生来华留学、外国人才引进等人才引进政策持续发挥作用，六支人才队伍快速发展，特别是专业技术人才和高技能人才队伍增量提质效果凸显，成为构建新发展格局的主力军。科技人才和技能人才持续增长为实施创新驱动发展战略、建设技能型社会提供了有力支撑和保障。

第一节　选 题 意 义

改革开放以来，我国人才队伍建设成效明显，量质齐增，结构优化，培养链条日趋完善，政策体系日趋健全，为经济社会发展提供了有力的支撑和保障。但是，第七次全国人口普查数据显示，随着人口增速快速下降，出生人口大幅减少。人口供给的变化造成了劳动年龄人口以及各教育阶段人才培养规模的持续下降，人口供给严重影响人才发展，劳动力供给难以满足劳动力需求。与此同时，科技的快速发展不仅催生大量新的岗位和职业，同时也造成传统职业甚至行业的消失，并提出新的职业技能结构需求。科技的发展加剧了人才供需的不平衡，现有劳动力资源难以适应新职业的技能要求，进而影响人才供应状况。

面向新时代人才强国建设、高质量发展、新时代人才发展提出的要求，人才队伍建设需要把握教育、科技、人才之间的内在一致性和相互支撑性，确保适应新发展阶段和新发展格局的人才供给。本书聚焦面向劳动力市场的中等职业教育、高等教育、职业技能培训等人才开发实践，立足人才供求关系，深入分析人才供给侧和需求侧的历史趋势、发展现状和存在的问题，探索如何以供给侧改革为重点，破除阻碍人才发展体制机制障碍，塑造素质优良、总量充裕、结构优化、分布合理的人才队伍，建设新时代人才强国，实现高水平科技自立自强。

第二节　概念界定

人才是实现民族振兴、赢得国际竞争主动的战略性资源，是经济社会发展的第一资源，人才问题是关系党和国家事业发展的关键问题。党和国家历来高度重视人才队伍建设，改革开放以来，特别是党的十八大以来，我国人才队伍规模不断壮大，质量不断提升，结构不断优化，人才队伍建设取得重要成就。

一、人才队伍建设

人才是"对社会发展和人类进步进行了创造性劳动，在某一领域，某一行业，或某一工作上做出较大贡献的人"（王通讯，1985）。我国的人才队伍分类不断变化。1982年，《国务院批转国家计划委员会关于制定长远规划工作安排的通知》明确提出"专门人才"概念，从学历和资格两个方面对专门人才作出了明确的界定：一是具有中专或中专以上规定学历者；二是具有技术员或相对于技术员以上专业技术职务者。2003年，《中共中央　国务院关于进一步加强人才工作的决定》提出了科学人才观的理念：只要是具有一定的知识或技能，能够进行创造性劳动，为推进社会主义物质文明、政治文明、精神文明，在建设中国特色社会主义伟大事业中做出积极贡献，都是党和国家需要的人才。

随着人才概念的日益明确，人才队伍建设的内涵也在不断丰富，外延也在不断扩大。2002年，《2002—2005年全国人才队伍建设规划纲要》提出，着力建设党政人才、企业经营管理人才、专业技术人才三支队伍。2006年，《国民经济和社会发展第十一个五年规划纲要》提出建设高素质人才队伍，包括党政人才、企业家、专业技术人才、高技能人才和农村实用人才。2010 年,《国家中长期人才发展规划纲要(2010—2020 年)》提出统筹推进各类人才队伍建设,包括党政人才队伍、企业经营管理人才队伍、专业技术人才队伍、高技能人才队伍、农村实用人才队伍、社会工作人才队伍。

新时代以来,原有的人才分类难以覆盖所有的人才,例如数量众多的技能人才队伍中只有其中一部分人才(高技能人才)被纳入分类。科技人才作为 2021 年中央人才工作会议的重点,分散在六支队伍之中。鉴于此,本书在传统的六支人才队伍的基础上,增加了技能人才、科技人才的描述分析。

二、人才队伍建设实践

改革开放以来,我国持续建立完善各项人才培养与开发制度,探索具有中国特色的人才自主培养路径与人才引进政策,人才队伍建设实践的广度和深度不断扩展和深化,大批优秀人才脱颖而出、健康成长,在改革开放和现代化建设中发挥了重要作用,人才队伍建设取得显著成绩。

中等职业教育是普及高中阶段教育和建设中国特色职业教育体系的重要基础,目标是培养数亿技术技能人才和高素质劳动者。中等职业教育中的学历教育部分包括职业高中、普通中专、成人中专和技工学校(含技师学院),这些学校的学生按规定毕业后,会取得中职学历。

高等教育是指在完成高级中等教育基础上实施的教育层次,是一个国家发展水平和发展潜力的重要标志,在教育强国建设中起龙头作用。高等教育的学历层次主要包括专科生、本科生、硕士研究生和博士研究生,相对应的是学士、硕士、博士学位。

来华留学生教育是指中国高校及其他教育机构对来自全球各地的外国留学生进行的教育。本书中的来华留学生指学历教育中的高等教育留学生以及非学历教育留学生。留学生作为潜在的人才储备,对提升接收国的研究和创新能力、促进国家间文化交流、构建有利国际环境具有积极意义。

专业技术人员继续教育包括成人学历教育和非学历教育。受教育者通常在学历上和专业技术上已达到了一定的层次和水平,其目的是提高专业技术人员的综合素质和创新能力,适应经济社会发展和科技进步的需要。我国的专业技术人员继续教育对提升专业技术人员素质、促进经济社会发展做出了重要贡献。

职业技能培训制度既是我国职业教育制度的一部分，也是我国劳动生产制度的一部分。培训对象包括工人、农民、各种技术人员和管理人员以及将要参加工作和已经参加工作的人员，在一定程度上满足了各个历史时期对劳动者职业技能素质的客观要求。

博士后制度是全球通行的吸引、培养和使用创新型青年人才的重要制度。我国的博士后制度主要是在高等院校、科研院所和企业等单位设立博士后科研流动站或博士后科研工作站，招收获得博士学位的优秀青年，在站内从事一段时间的科学研究工作。博士后制度自1985年在我国建立以来，已经培养出大量高层次创新型人才，并取得了一系列重要的科研成果，为我国的科技进步和经济社会发展做出了积极贡献。

本书中的**留学人员**指在海外接受高等学历教育的人员，以及高级研究学者、访问学者、博士后等。党和国家高度重视留学事业，秉持着"支持留学、鼓励回国、来去自由、发挥作用"的方针，建立起了出国留学和留学回国的相关管理与服务制度，制定和实施了一系列政策措施。

本书中的**外国人才**指来华工作及永久居留的外国人。引进、用好外国人才是我国人才工作的重要组成部分，加强外国人才队伍建设，确保海外高端人才引得进、用得好、留得住，是实现中华民族伟大复兴、赢得国际竞争主动权的有力支撑。

第三节　研究设计

本书从多个研究视角对我国人才队伍建设及有关实践的情况进行梳理和描述，综合运用文献研究、数据分析、政策分析等研究方法，在总结我国人才队伍建设实践、预测发展趋势的基础上，针对存在的问题提出相应的对策建议。

一、研究视角

人口变化和科技进步持续影响着人才的供给和需求，进而对我国人才队伍未来发展产生重大影响。本书聚焦人才的供给侧视角，从时间角度，关注各教育阶段和人才培养制度如何培养人才进入劳动力市场，并在此后持续提升人才能力与技能，适应社会经济的发展；从空间角度，既关注自主培养的人才，也关注来华留学生、海外留学人才和外国人才等引进人才的培养开发。

我国人才队伍建设实践中的各项制度都经历了不同的发展阶段，才逐步得以建立与完善。因此，本书从历史发展的视角，研究关注各教育阶段和人才培养制度的发展历程，包括考察各制度政策体系的形成、完善和未来发展趋势，为读者了解各制度的历史趋势、发展现状和存在问题提供参考。

分析人才队伍建设实践对人才供给产生的作用和未来发展趋势，应基于对人才队伍建设实践培养成效的全面评价。因此，本书从成效评估视角，通过分析各教育阶段和人才培养制度的培养人才的总数、质量、结构变化等，包括对这些制度在培养人才方面的具体成果、效果的评价，考察人才队伍建设实践的人才培养成效，预测未来发展趋势。

本书还从国际比较视角，就来华留学生、海外留学人员和外国人才的培养成效，与世界主要发达国家的情况进行对比分析，全面了解我国有关人才队伍建设实践中存在的差距与不足。

二、研究方法

本书综合运用文献研究、数据分析、政策分析等研究方法，总结我国人才队伍建设实践，预测发展趋势，针对存在的问题和面临的挑战提出相应的对策建议。

在对人才队伍建设实践中各个制度的政策发展历程的梳理方面，本书运用文献研究和政策分析的研究方法，总结各人才队伍建设实践的历史发展问题、取得成就以及问题挑战。主要政策文献来源包括国务院、教育部、人社部、外交部、海关总署等国家有关部门发布的法律法规和政策文件。

本书运用数据分析的研究方法，利用真实、可靠的统计数据，对各个制度对人才培养的成效和总体趋势以及我国人才队伍的总体规模和结构进行统计分析。主要数据来源包括国家统计局、教育部、人社部等国家有关部门发布的权威数据，也包括联合国教科文组织、美国国际教育研究所、麦可思研究院等国际权威部门与专业机构发布的数据。

三、研究重点

本书重点关注人口变化和科技进步背景下，我国人才队伍建设实践中各制度的培养成效与未来发展趋势，包括中等职业教育、高等教育、来华留学生教育、专业技术人员继续教育、职业技能培训和博士后制度等教育阶段和人才培养制度，以及我国海外留学人员和外国人才的培养成效。在研究分析时，着重于各制度的发展历程、具体成效、存在的问题和面临的挑战。

基于我国人才队伍建设实践取得的成效、未来发展趋势与面临的挑战，结合新时代人才强国建设、高质量发展、新时代人才发展对人才队伍建设提出的要求，本书提出我国人才队伍建设的对策建议。

第四节　本书框架

本书采取逐层递进的逻辑结构，首先对人口与科技发展等人才供给与需求的两大影响因素进行系统分析。在此基础上，按照人才培养的时间顺序，对我国中等职业教育、高等教育、来华留学生教育、专业技术人员继续教育、职业技能培训和博士后制度等教育阶段和人才培养制度的现状、成效和问题进行系统研究分析；按照人才培养的空间布局，对我国留学人员和外国人才队伍开发的现状、成效和问题进行系统研究分析。在深入分析我国科技人才、技能人才及六大人才队伍的规模和结构的基础上，提炼总结我国人才队伍建设的主要成效和面临的挑战，聚焦人才供给侧改革提出我国人才队伍建设的对策建议。本书研究框架如图 1 − 1 所示。

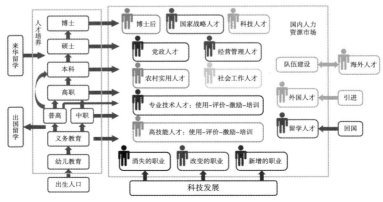

图 1 − 1　本书研究框架

本书的第一章说明了选题的意义，界定了人才队伍、人才队伍建设实践的概念，从研究视角、研究方法、研究重点等方面详细介绍了研究设计，呈现了本书的框架及各部分内容之间的关系。

第二章和第三章聚焦人才队伍建设的两大影响因素——人口发展与科技发展——展开分析研究。第二章分析我国近年来人口总量、出生人口及劳动力规模的变化趋势，探讨人口供给变化给各阶段教育与劳动力发展带来的影响及挑战。第三章分析科技发展对就业率、就业结构、就业岗位、职业技能的影响，总结科技发展给人才队伍建设带来的挑战，并针对存在的问题提出相应的对策建议。

第四章至第十一章运用政策分析、数据分析、趋势对比等研究方法，研究分析了我国中等职业教育、高等教育、来华留学生教育、专业技术人员继续教育、职业技能培训成效，以及博士后队伍、海外留学人才队伍、外国人才队伍建设实践。第四章至第六章分别对我国中等职业教育、高等教育、来华留学生教育的人才培养历程和有关政策进行全面梳理，总结各教育阶段和体系的人才培养成就，分析存在的问题，并聚焦有关问题提出对策建议。第七章至第九章分别对我国专业技术人员继续教育、职业技能培训和博士后队伍建设的发展历程进行回顾，对有关制度的现状、成效和存在的主要问题进行分析，进而提出有关对策建议。第十章分析了海外留学人才队伍的发展趋势，全面梳理了出国留学和留学回国的有关政策发展历程，总结了海外留学人才队伍建设的主要成效和存在的主要问题，提出相应对策建议。第十一章回顾了外国人才队伍的建设历程，总结了外国人才队伍建设的主要成效和存在的主要问题，提出相应对策建议。

第十二章对我国人才队伍的规模和结构进行了盘点与梳理。运用政策分析、数据分析等研究方法，对我国科技人才、专业技术人才、技能人才、企业经营管理人才、农村实用人才、社会工作人才、党政人才等人才队伍的总量、质量结构、有关政策进行了总结分析。

第十三章为全书总结，在总结我国人才队伍建设成效与挑战的基础上，提出有关对策建议，包括健全支持生育的政策体系、健全以职业分类为基础的人才分类体系、健全职业技能培训体系和健全人才队伍建设监测体系等。

第二章

人口发展对人才发展的影响分析

高质量的经济发展需要高质量的人力资源作为支撑，随着我国经济社会发展进入新的阶段，我国人口总量增速逐步放缓，劳动力规模逐年下降，人口供给发生重大变化，影响未来我国人才队伍的发展。本研究对我国人口总量、出生人口及劳动力规模的变化趋势进行分析，并对 2022~2035 年高等教育规模及劳动力规模进行预测，从人口供给的角度，发现未来高等教育将出现人口供给空缺问题，高中阶段毕业生规模无法满足高等教育招生需求；劳动年龄人口的下降将进一步加大劳动力供给压力并出现就业结构性矛盾。本研究建议应建立人口预警机制，对人口变动情况实时监测，及时调整人才培养规划；合理推进技术进步与应用缓解劳动力供给不足及结构化矛盾。

第一节　人口发展趋势

一、总人口发展趋势

新中国成立以来，我国人口总量持续增长，从 1949 年的 5.4 亿人增长到 2021 年 14.1 亿人，年均增长率 1.4%。庞大的人口总量为经济社会发展提供了宝贵的人力资源，为中国特色社会主义现代化建设奠定了坚实的人才基础。

新中国成立后，社会从动荡转为安定，经济得到发展，医疗条件改善，为人口的高速增长提供了基本保障。从 1949 年到 1970 年，我国人口由 5.4 亿人增长到 8.3 亿人，22 年净增 2.9 亿人。只有在 1960 年至 1961 年人口出现了短暂的负增长，其余时期各年人口增长率普遍在2%以上，部分年份接近3%。随着经济的发展和医疗条件的改善，人口死亡率大幅下降，人口自然增长率整体保持持续增长趋势，1949年人口自然增长率为16‰，1965年达到这一阶段峰值28.9‰，之后出现小幅下降，1970年达28.7‰。

进入20世纪70年代，随着计划生育政策的推行，人口增速出现明显下降，增长率由1971年的2.7%迅速下降至1980年的1.2%。由于人口基数较大，1971~1980年的总人口数仍相当可观，全国总人口由8.5亿人增加到9.9亿人，增加1.4亿人。

20世纪80年代，我国实施了十分严格的计划生育政策，出生率随之下降，但是，由于新中国成立后"人口高峰"中出生的人口陆续进入婚育年龄，这一阶段全国总人口由1981年的10.0亿人增加到1990年的11.4亿人，净增1.4亿人；人口自然增长率基本维持在14‰的水平，1987年达到该阶段的峰值16.6‰，1990年下降至14.3‰。

随着育龄妇女人数的减少和婚育观念的转变，1991年以来，我国人口增长率稳步下降。1991~2021年，人口年均增长878万人。进入21世纪以来，年均增长723万人，人口总量压力有所减轻。这一阶段人口自然增长率持续走低，2009年下降至4.9‰，之后出现小幅波动增长，2016年达到6.5‰，随后快速下降，2021年降至0.34‰，为改革开放以来的最低值，见图2-1。

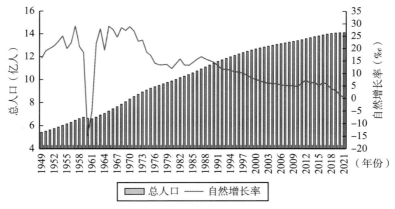

图2-1 1949~2021年总人口与自然增长率

资料来源：国家统计局（1991；2021；2022）。

二、出生人口发展趋势

从新中国成立至今，出生人口发展大体经历了四次"人口高峰"。

新中国成立后，迎来了休养生息的和平时期，出生人口增长很快。人口政策为限制节育，1950 年，卫生部发文限制机关和部队妇女非法打胎，出生人口出现了第一次"人口高峰"，1949 年至 1958 年，平均出生人口数和出生率达到 2064 万人和 35‰。

1959 年至 1961 年，我国经历了三年困难时期，出生人口快速下降，1961 年出生人口仅为 1190 万人，第一次"人口高峰"被打断。三年困难时期过后，出生人口快速增长，1962 年出生人口就达到 2464 万人，1963 年更是达到历史峰值 2959 万人，由此迎来了第二次"人口高峰"。

人口过快增长导致的社会问题引起广泛关注，为了社会经济稳定和环境可持续发展，政府着手限制人口增速。1962 年，中共中央和国务院提出在城市和人口稠密的农村提倡节制生育，适当控制人口增长。在节制生育的倡导下，出生人口小幅下降，1963 ~ 1970 年，出生人口从 2959 万人降至 2736 万人，出生率从 43.4‰降至 33.4‰。20 世纪 70 年代，国务院成立了计划生育领导小组，提出"晚、稀、少"人口生育政策，"晚"指男 25 周岁、女 23 周岁结婚；"稀"指两胎要间隔 4 年；"少"指只生两个孩子。在该政策的影响下，出生人口进入快速下降阶段，1971 年出生人口为 2578 万人，1979 年下降至 1727 万人，减少 851 万人，降幅达 33%，出生率也从 30.1‰迅速降至 17.8‰。

进入 20 世纪 80 年代，在第一、二次"人口高峰"中出生的人口陆续进入婚育年龄，出生人口再次快速增长，1980 年至 1987 年，出生人口从 1787 万人快速增长至 2529 万人，迎来了第三次"人口高峰"。

1991 年 5 月，中共中央、国务院（1991）印发《关于加强计划生育工作严格控制人口增长的决定》，要求各级党委和政府务必把计划生育工作摆到与经济建设同等重要的位置上，成立人口与计划生育领导小组，把人口计划纳入本地区国民经济和社会发展总体规划，列入重要议事日程。2001 年，《中华人民共和国人口与计划生育法》出台，人口与计划生育工作法治化进一步加强。在严格的计划生育政策影响下，出生人口数量逐步回落。1991 年出生人口为 2265 万人，2002 年降至 1647 万人，至 2010 年，出生人口一直在 1600 万人左右徘徊，出生率也保持在 12‰水平。

进入 21 世纪第二个 10 年，第三次"人口高峰"中出生的人口陆续进入婚育年龄，出生人口出现快速增长，2010 年至 2012 年，出生人口从 1592 万人小幅攀升至 1973 万人，迎来了规模较小的第四次"人口高峰"。

随着经济社会发展和计划生育政策实施，人口总量增长的势头减弱，人口结构性问题突出，劳动年龄人口开始减少，为了促进人口长期均衡发展，2013 年 11 月，《中共中央关于全面深化改革若干重大问题的决定》中明确，启动实施一方是独生子女的夫妇可生育两个孩子（"单独二孩"）的政策。2015 年 12 月，全国人大常委会通过人口与计划生育法修正案，所有夫妇都可以生育两个子女（"全面两孩"）的政策于 2016 年 1 月 1 日起正式实施。尽管"单独二孩"和"全面两孩"政策短暂地增加了出生人口数量，此后政策效应迅速减退，第四次"人口高峰"迅速消失，2017 年出生人口开始快速下降至 1765 万人，2018 年为 1523 万人，2019 年为 1465 万人，2020 年为 1200 万人，2021 年为 1062 万人，为新中国成立以来的最低值。出生率也在 2021 年降低至新中国成立以来的最低值，仅为 7.5‰，见图 2 - 2。

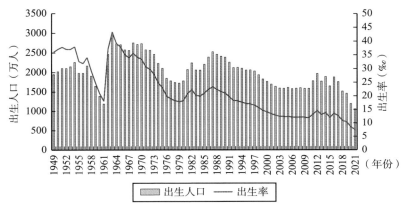

图 2 - 2　1949～2021 年出生人口与出生率

资料来源：国家统计局（1991；2022）。

三、劳动年龄人口发展趋势

改革开放以来，我国劳动年龄人口经历了由增长到减少的历史性转折。1982 年、1990 年、2000 年和 2010 年，我国 15～64 岁劳动年龄人口规模不断扩大，分别为 6.3、7.6、8.9 和 9.7 亿人。1982～1990 年，劳动年龄人口增长了 22.1%；1990～2000 年，增长了 16.5%；2000 年至 2010 年，增长了 12.4%，增速逐渐放缓。2013 年，劳动年龄人口总量达到历史峰值 10.1 亿人，此后进入下降阶段，2021 年降至 9.65 亿人。

从 15～64 岁劳动年龄人口占总人口的比例来看，1982 年至 2010 年保持持续增长，1982 年，劳动年龄人口占比为 61.5%，2010 年增长至 74.5%。2011 年，劳动年龄人口占比出现拐点，由增长趋势转为下降，从 2011 年的 74.1%，下降至 2021 年的 68.3%，见图 2－3。

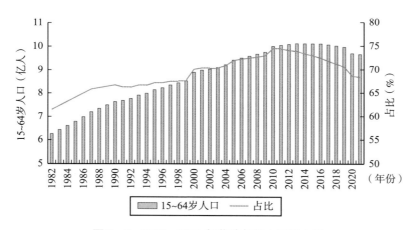

图 2－3　1982～2021 年劳动年龄人口及占比

资料来源：国家统计局（2021；2022）。

第二节　人口发展对高中阶段教育的影响

一、适龄人口完成初中阶段教育情况

初中阶段教育规模直接影响高中阶段教育生源量。1986 年，《中华人

民共和国义务教育法》颁布实施，规定所有适龄儿童必须接受九年义务教育。我国青少年普遍在 14 岁完成九年义务教育，根据历年《中国人口和就业统计年鉴》，从全国人口变动情况抽样调查数据计算出 14 岁人口数据，其中 2000 年、2010 年、2020 年 14 岁人口数据来自全国第五、六、七次人口普查数据。初中阶段教育毕业生数据来自《中国统计年鉴》和《中国教育统计年鉴》，不包含成人初中毕业生人数。

1987 年，初中阶段教育毕业人数为 1128 万人，占 14 岁适龄人口比例的 44.8%。此后，毕业人数基本稳定，占适龄人口比例缓慢上升。1995年，初中阶段教育毕业人数增长至 1244 万人，占 14 岁适龄人口比例上升至 63.4%。2000 年，初中毕业人数增长至 1633 万人，占 14 岁适龄人口比例波动上升至 70.4%。2005 年，初中毕业人数达到峰值 2123 万人，占14 岁适龄人口比例波动上升至 92.1%。此后，受到 20 世纪 80 年代严格的计划生育政策的影响，初中毕业生人数进入平稳下降阶段，但是占 14岁适龄人口比例持续缓慢增长。2010 年，初中毕业人数占 14 岁适龄人口比例首次超过 100%，即适龄人口基本完成了初中阶段教育。2010～2020年，初中毕业生占适龄人口比例基本保持在 100% 水平，见图 2-4。

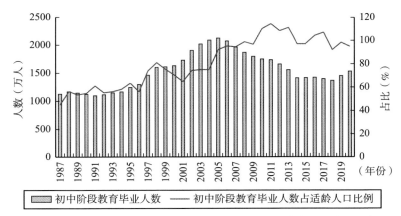

图 2-4　1987～2020 年初中阶段教育毕业人数及其占适龄人口比例

资料来源：国家统计局人口与就业统计司（1996；1997；1998）；国家统计局人口和社会科技统计司（1999；2000；2002；2003；2004）；国家统计局人口和就业统计司（2005；2006；2007；2008；2009；2010；2012；2013a；2013b；2014；2015；2017a；2017b；2018；2019；2020；2021）；国家统计局（2021）；国家教育委员会计划建设司（1997）；教育部计划建设司（1998）；教育部发展规划司（1999；2000）。

在接受完义务教育后，部分适龄人口进入高中教育阶段，部分适龄人口退出学校。虽然高中阶段教育毛入学率可以反映高中阶段教育对适龄人口的覆盖程度，但是不能反映适龄人口停止接受高中阶段教育的规模，显而易见，停止接受高中阶段教育人数为：

停止接受高中阶段教育人数 = 初中阶段教育毕业人数

－高中阶段教育招生人数

1980 年，停止接受高中阶段教育人数为 499 万人，占初中阶段教育毕业人数的 51.7%；1981 年，停止接受高中阶段教育人数快速上升至 759 万人，占初中阶段教育毕业人数的 65.3%，此后，这一占比波动下降。1995 年，停止接受高中阶段教育人数下降至 493 万人，停止教育占比为 39.6%，降至相对低点。1995 年之后，停止接受高中阶段教育人数开始快速上升，2000 年达到峰值 774 万人，之后开始下降，2004 年之后快速下降，2010 年降至 50 万人之下，停止接受教育占比下降至 5% 以下。2021 年，停止接受高中阶段教育人口仅为 26 万人，占比 1.6%。2010 年至 2021 年，停止接受高中阶段教育人数占初中阶段教育毕业人数的比例平均为 2%，基本实现适龄人口继续接受高中阶段教育。

二、高中阶段教育招生人数预测

高中阶段教育包括普通高中、中等专业学校、成人中等专业学校、职业高中、技工学校等。历年高中阶段教育招生人数来自历年的《中国教育统计年鉴》。2021 年数据来自 2022 年国民经济和社会发展统计公报。高中阶段教育招生人数不包括成人高中招生人数。

1980 年，高中阶段教育招生人数为 466 万人，之后小幅下降至 1982 年的 377 万人，从 1983 年起，高中阶段教育招生人数稳步增长，到 2000 年为 860 万人；2001～2010 年，高中阶段教育招生人数进入快速增长阶段，从 958 万人快速增长至 1707 万人；从 2011 年开始出现下降趋势，2018 年下降至相对低点 1350 万人；2019～2021 年，高中阶段教育招生人数重新恢复增长趋势，2021 年为 1561 万人，见图 2－5。

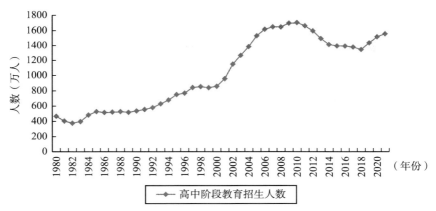

图 2 - 5　1980～2021 年高中阶段教育招生人数

资料来源：国家教育委员会计划建设司（1986；1988；1989；1990；1991a；1991b；1992；1993；1994a；1994b；1996；1997）；教育部计划建设司（1998）；教育部发展规划司（1999；2000；2001；2002；2003；2004；2005；2006；2007；2008；2009；2010；2011；2013a；2013b；2014；2015；2016；2017；2018；2019；2020；2021）；国家统计局（2022）。

　　从上文分析可知，适龄人口在完成初中阶段教育后，基本上继续接受高中阶段教育，因此，适龄人口数将成为决定高中阶段教育招生人数的重要因素。据此，为了对未来高中阶段教育招生人数进行预测，本研究以相应年份的出生人口数为基准，减去相应年份的死亡人口数，作为高中阶段教育的适龄人口数。根据第七次全国人口普查，0～13 岁人口的死亡率为 1.53‰、0.39‰、0.26‰、0.20‰、0.18‰、0.16‰、0.14‰、0.13‰、0.13‰、0.13‰、0.14‰、0.15‰、0.17‰、0.22‰，据此计算相应年份的存活人口数。从上文可知，2010～2021 年，停止接受高中阶段教育人数占初中阶段教育毕业人数的比例平均为 2%，我们设定 2022～2035 年停止接受高中阶段教育的人口比例为 2%。

　　依据上述数据，我们计算得出 2022～2035 年高中阶段招生人数。2022 年，高中阶段教育招生人数为 1557 万人，至 2025 年一直保持在这个数字上下；2026 年，招生人数上升至 1742 万人，2027 年再次上升至 1926 万人，此后开始波动下降，2031 年后快速下降，2035 年降至 1174 万人，见图 2 - 6。

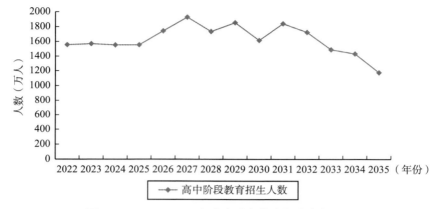

图 2 – 6   2022～2035 年高中阶段教育招生人数预测

三、人口发展对职普比的影响

高中阶段教育包括普通高中与中等职业教育，其中中等职业教育是面向人力资源市场培养人才的第一站。适龄人口在完成初中阶段教育之后，进入高中阶段教育时要进行"第一次分流"，即一部分学生进入普通高中，另一部分开始中等职业教育。

职普比也称普职比、普职比例，是指中等职业学校和普通高中招生规模的比例。从高中阶段教育招生的职普比来看，1985 年，中等职业教育招生占比为 51.2%，1986 年为 50%，与普通高中招生相当；1987～1994年，中等职业教育招生人数增长快于普通高中，占比上升至 64.2%；1995～2003 年，中等职业教育招生人数增长慢于普通高中，占比下降至 40.7%；2004～2009 年，中等职业教育招生人数增长快于普通高中，占比上升至 51.1%；2010 年以来，中等职业教育招生人数增长慢于普通高中，占比持续下降，近年来保持在 42% 左右。

通过上述分析可以看出，2007～2020 年的出生人口将于 2022～2035年接受高中阶段教育，虽然这一时段的出生人口迎来第四次"人口高峰"，但是这次人口高峰规模较小，持续时间较短，之后快速下降，他们将总体完成初中阶段教育并接受高中阶段教育。

根据教育部办公厅（2021）发布的《关于做好 2021 年中等职业学校招生工作的通知》，要求保持高中阶段教育职普比大体相当。有学者认为，高中阶段教育招生规模已成为近年我国普职比变化的决定性影响因素（谢良才、和震，2016）。在不久的将来，不仅无法维持当前 42∶58 的职普比，未来也将很难实现职普比大体相当的目标，见图 2 - 7。

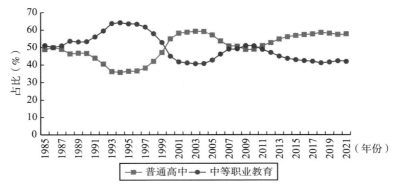

图 2 - 7　1985 ~ 2021 年普通高中和中等职业教育招生人数
占高中阶段教育招生人数的比例

资料来源：国家教育委员会计划建设司（1986；1988；1989；1990；1991a；1991b；1992；1993；1994a；1994b；1996；1997）；教育部计划建设司（1998）；教育部发展规划司（1999；2000；2001；2002；2003；2004；2005；2006；2007；2008；2009；2010；2011；2013a；2013b；2014；2015；2016；2017；2018；2019；2020；2021）；国家统计局（2022）。

第三节　人口发展对高等教育的影响

一、普通本专科招生人数与普通高校教育经费投入

高等教育是一项需要大量经费投入的事业，高等教育发展与经济发展密切相关，普通本专科招生人数与普通高校教育经费投入密切相关。1995年，普通本专科招生人数为 92.6 万人，至 1998 年，一直缓慢增长；从 1999 年起，普通本专科招生人数开始快速增长，从 154.9 万人快速增长至 2011 年的 681.5 万人；2012 ~ 2018 年进入缓慢增长阶段，招生人数从 688.8 万人增长至 791 万人；2019 ~ 2020 年，招生人数再次快速增长，从 914.9 万人增长至 967.5 万人。

与此同时，普通高校教育经费也保持同步增长，尤其是随着普通高校的大幅扩招，普通高校教育经费占 GDP 的比例也快速上升。1995 年，普通高校教育经费占 GDP 的比例为 0.43%，至 1998 年，增长至 0.64%；

1999～2005 年，从 0.78% 快速增长至 1.36%；2006～2020 年，普通高校教育经费占 GDP 的比例保持在 1.4% 左右，见图 2－8。

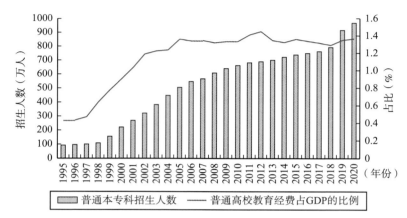

图 2－8　1995～2020 年普通本专科招生人数与普通高校教育经费占 GDP 的比例

资料来源：国家教育委员会计划建设司（1994b；1996；1997）；教育部计划建设司（1998）；教育部发展规划司（1999；2000；2001；2002；2003；2004；2005；2006；2007；2008；2009；2010；2011；2013a；2013b；2014；2015；2016；2017；2018；2019；2020；2021）。

二、普通本专科招生人数预测

高等教育发展与经济社会发展息息相关，已有研究认为高等教育规模受经济、人口、政策和城市化水平影响（米红、文新兰、周仲高，2003；程瑶、章冬斌，2008；胡德鑫、王漫，2016）。在这些影响因素中，经济发展水平的影响尤其重要，除了经济因素外，人口发展的影响也越来越重要，过去我国高等教育处于精英阶段，高等教育规模较小受到适龄人口规模的影响，随着高等教育进入普及化阶段，适龄人口成为影响高等教育规模的重要因素。为了了解高等教育发展趋势，本研究选取普通高等学校本专科招生人数，从两个角度预测 2022～2035 年普通高等教育规模：一是构建 GDP 与普通高等本专科招生人数的回归模型，按照低、中、高（4%、5%、6%）三种 GDP 年增长率，计算得出相应年份的普通高等本专科招生人数；二是以 1980～2021 年普通高等学校本专科招生人数为因变量，以时间变量为自变量，构建线性方程，预测未来普通高等本专科招生人数。

1. 基于经济发展水平预测

本研究从经济学角度，分析经济增长与高等教育发展之间的关系。以普通高等学校本专科招生人数作为高等教育规模的指标，选取 1980 ～ 2021 年普通高等教育本专科招生人数数据，该数据较为完整、准确地反映适龄人口进入高等学校学习的规模；国内生产总值（GDP）反映经济发展水平，是代表一个国家经济发展水平的较佳指标。

对 1980 ～ 2021 年的普通高等学校本专科招生人数（Y）与国内生产总值（X）进行回归分析，建立回归方程：

$$Y = 8.952X + 116.5 \qquad (2.1)$$

从统计检验结果看，回归模型的统计显著性水平达到 1%，各个系数的显著性水平也都达到 1%；其中调整后的 $R^2 = 0.871$，拟合效果较好，见表 2 – 1。

表 2 – 1 回归模型检验

变量	回归系数	t 值	调整后的 R^2
常量	116.5312 ***	5.0175	0.871
GDP	8.95258 ***	16.6544	

注：***、** 和 * 分表代表统计显著性达到 1%、5% 和 10%。

基于上述模型，对 2022 ～ 2035 年普通高等教育本专科招生人数进行预测。将 GDP 增长率目标分别设为低（4%）、中（5%）、高（6%）三种增长速度，预测 2022 ～ 2035 年的 GDP，根据预测的 GDP，将其代入模型中，得出 2022 ～ 2035 年普通高等学校本专科招生人数。若 GDP 年增长率为 4%，普通高等学校本专科招生人数将从 2022 年 1181 万人增长至 2035 年 1890 万人；若 GDP 年增长率为 5%，招生人数将从 2022 年 1192 万人增长到 2035 年 2144 万人；若 GDP 年增长率为 6%，招生人数将从 1202 万人增长至 2431 万人，见表 2 – 2。

表 2 – 2 2022 ～ 2035 年普通本专科招生人数预测

年份	GDP 增长率 = 4%	GDP 增长率 = 5%	GDP 增长率 = 6%
2022	1181	1192	1202
2023	1224	1245	1267
2024	1268	1302	1336

续表

年份	GDP 增长率 = 4%	GDP 增长率 = 5%	GDP 增长率 = 6%
2025	1314	1361	1409
2026	1362	1423	1487
2027	1412	1489	1569
2028	1464	1557	1656
2029	1518	1629	1748
2030	1574	1705	1846
2031	1632	1784	1950
2032	1693	1868	2060
2033	1756	1955	2177
2034	1821	2047	2300
2035	1890	2144	2431

为检验预测效果，根据回归模型计算 1980 ~ 2021 年普通高等学校本专科招生人数，并与实际数据比较，如图 2 - 9 所示。可以看出，由于受到高校扩招政策的影响，高校教育经费占 GDP 的比重明显提升，2000 ~ 2015 年，招生人数的增长速度超过了 GDP 的增长速度，招生人数的实测值超过预测值，相应地，回归模型为了弥合这一效应，在其他年份，实测值小于预测值。

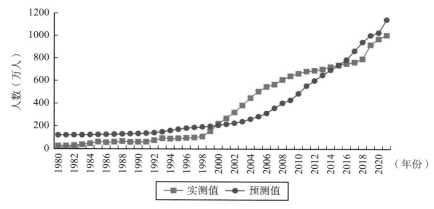

图 2 - 9 1980 ~ 2021 年普通本专科招生人数的实测值与预测值

资料来源：国家教育委员会计划建设司（1986；1988；1989；1990；1991a；1991b；1992；1993；1994a；1994b；1996；1997）；教育部计划建设司（1998）；教育部发展规划司（1999；2000；2001；2002；2003；2004；2005；2006；2007；2008；2009；2010；2011；2013a；2013b；2014；2015；2016；2017；2018；2019；2020；2021）；国家统计局（2022）。

2. 基于时间序列预测

以 1980 ~ 2021 年普通高等学校本专科招生人数为因变量, 时间变量为自变量, 构建线性方程, 预测未来普通高校本专科招生规模。对 1980 ~ 2021 年的普通高等学校本专科招生人数 (Y) 与时间序列 (X) 进行回归分析, 建立回归方程:

$$Y = 25.05X - 174.5 \qquad (2.2)$$

从统计检验结果看, 模型的统计显著性水平达到 1%, 各个系数的显著性水平也都达到 1%; 其中调整后的 $R^2 = 0.910$, 拟合效果较好, 见表 2 - 3。

表 2 - 3　　　　　　　　回归模型检验

变量	回归系数	t 值	调整后的 R^2
常量	- 174. 51 ***	- 5. 76612	0. 910
高等教育招生人数	25. 05267 ***	20. 43076	

注: ***、** 和 * 分表代表统计显著达到 1%、5% 和 10%。

根据模型计算 2022 ~ 2039 年普通高等学校本专科招生人数如表 2 - 4 所示。2022 ~ 2039 年, 普通高等学校本专科招生人数将持续扩大, 在 2025 年将达到 978 万人, 2030 年达到 1103 万人, 2035 年达到 1228 万人, 2039 年达到 1329 万人。

表 2 - 4　　　　　2022 ~ 2039 年普通本专科招生人数预测

年份	普通本专科招生人数
2022	903
2023	928
2024	953
2025	978
2026	1003
2027	1028
2028	1053

年份	普通本专科招生人数
2029	1078
2030	1103
2031	1128
2032	1153
2033	1178
2034	1203
2035	1228
2036	1253
2037	1279
2038	1304
2039	1329

三、普通本专科招生适龄人口供给

1. 高中阶段教育毕业人数

高中阶段教育毕业人数包括普通高中毕业人数和中等职业教育毕业人数。随着高中阶段教育的发展，普通高中毕业生人数在 2008 年左右开始进入平台期，维持在 800 万人左右，中等职业教育毕业生人数在 2014 年出现下降趋势，2021 年毕业生人数仅为 484 万人。

长期以来，普通高等学校本专科招生生源主要来自普通高中，严格限制中等职业学校学生的升学比例。随着高等教育的普及，普通本专科招生人数持续增长，并于 2018 年首次超过普通高中毕业生人数，普通高中毕业生的供给已经难以满足普通本专科招生需求。2019 年，教育部等六部门（2019）印发《高职扩招专项工作实施方案》，高职院校大规模扩招，取消了高职院校招收中职毕业生的比例限制，允许符合高考报名条件的往届中职毕业生参加高职院校单独考试招生。中职毕业生升入普通高等学校本专科的人数快速增长，普通本专科招生人数继续快速增长，见图 2 – 10、图 2 – 11。

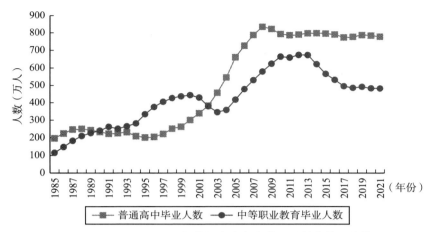

图 2 - 10　1985~2021 年普通高中和中等职业教育毕业人数

资料来源：国家教育委员会计划建设司（1986；1988；1989；1990；1991a；1991b；1992；1993；1994a；1994b；1996；1997）；教育部计划建设司（1998）；教育部发展规划司（1999；2000；2001；2002；2003；2004；2005；2006；2007；2008；2009；2010；2011；2013a；2013b；2014；2015；2016；2017；2018；2019；2020；2021）；国家统计局（2022）。

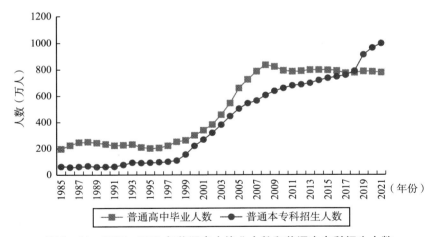

图 2 - 11　1985~2021 年普通高中毕业人数和普通本专科招生人数

资料来源：国家教育委员会计划建设司（1986；1988；1989；1990；1991a；1991b；1992；1993；1994a；1994b；1996；1997）；教育部计划建设司（1998）；教育部发展规划司（1999；2000；2001；2002；2003；2004；2005；2006；2007；2008；2009；2010；2011；2013a；2013b；2014；2015；2016；2017；2018；2019；2020；2021）；国家统计局（2022）。

2. 普通本专科招生适龄人口预测

为了了解未来普通本专科招生趋势，本研究对 2022～2039 年普通本专科招生适龄人口进行预测，该年龄段适龄人口出生于 2004～2021 年，以相应年份的出生人口数为基准，减去相应年份的死亡人口数，作为存活的适龄人口数。根据第七次全国人口普查，0～17 岁人口的死亡率为 1.53‰、0.39‰、0.26‰、0.20‰、0.18‰、0.16‰、0.14‰、0.13‰、0.13‰、0.13‰、0.14‰、0.15‰、0.17‰、0.22‰、0.24‰、0.27‰、0.28‰、0.28‰，据此计算相应年份的存活人口数。从上文可知，2010 年至 2021 年，停止接受高中阶段教育人数占初中阶段教育毕业人数的比例平均为 2%，我们设定 2022～2039 年停止接受普通本专科教育的人口比例为 2%。

依据上述数据，计算得出 2022～2039 年普通本专科招生的适龄人口数。2022～2028 年，适龄人口将保持在 1550 万人左右，2029 年上升至 1740 万人，2030 年达到峰值 1924 万人，此后进入波动下降阶段，2034 年达到相对高点 1836 万人，之后呈现单边下降趋势，2035 年降至 1721 万人，2036 年快速降至 1485 万人，2039 年降至历史低点 1036 万人，见表 2－5。

表 2－5　　　　　　　2022～2039 年普通本专科招生适龄人口预测

预测年份	出生年份	普通本专科招生适龄人口
2022	2004	1553
2023	2005	1576
2024	2006	1546
2025	2007	1555
2026	2008	1568
2027	2009	1551
2028	2010	1552
2029	2011	1740
2030	2012	1924
2031	2013	1732

续表

预测年份	出生年份	普通本专科招生适龄人口
2032	2014	1850
2033	2015	1613
2034	2016	1836
2035	2017	1721
2036	2018	1485
2037	2019	1429
2038	2020	1172
2039	2021	1036

对比普通本专科招生适龄人口和招生人数的发展趋势可以看出，普通本专科招生适龄人口持续走低，招生人数持续走高，见图 2 - 12。

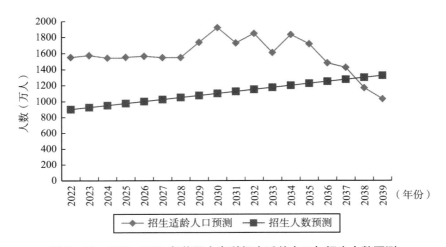

图 2 - 12　2022 ~ 2039 年普通本专科招生适龄人口与招生人数预测

从上文分析可以看出，随着高等教育的发展，普通本专科招生人数持续增长，在 2018 年超过普通高中毕业生人数，这意味着普通高中毕业生总量已经不能满足普通本专科的招生需求，将有一部分中等职业教育毕业生填补招生缺口，而中等职业教育是为了给人力资源市场培养合格劳动者，部分中等职业教育毕业生没有进入人力资源市场，而是继续在教育系统中接受普通本专科教育，在某种程度上浪费了中等职业教育资源。随着普通本专科招生需求继续增长，招生缺口将进一步扩大，越来越多的中等职业教育毕业生将进入高校继续接受普通本专科教育，到2038年，全部适龄人口，即全部普通高中毕业生和中等职业教育毕业生加在一起，也不能满足普通本专科的招生需求。

第四节 人口发展对劳动力的影响

一、劳动力发展历史趋势

劳动力供给的影响因素主要有两个：一是劳动年龄人口规模，二是劳动参与率。在本研究中，劳动年龄人口指 15～64 岁人口，劳动力包括就业人员和失业人员。

1990 年，我国劳动力人数超过 6 亿人，达到 6.5 亿人。随着人口总量增速放缓，劳动年龄人口增速下降，劳动力人数增速也呈现放缓趋势。2000 年，劳动力人数为 7.4 亿人，2010 年为 7.8 亿人，2015 年超过 8 亿人，达到改革开放以来的峰值。此后，劳动力供给规模开始下降，2016 年，劳动力人数为 7.93 亿人，2020 年降至 7.8 亿人，相当于 2010 年水平。

在本研究中，劳动参与率指劳动力人数占劳动适龄人口的比例。1990 年至 2010 年，劳动参与率呈现分段式波动下降趋势。1990 年，劳动参与率为 85.61%，1995 年下降至 84.6%，1999 年小幅上升至 85.48%，恢复到 1990 年的水平；2000～2010 年，劳动参与率连续下降，2000 年劳动参与率为 83.22%，2010 年下降至 78.44%，下降了 7.04%。2011～2020 年，劳动参与率呈波动增长趋势。2011 年为 78.23%，2020 年增长至 80.92%。这一阶段劳动参与率出现小幅增长的主要原因是，劳动年龄人口和劳动力人数同时处于下降趋势，劳动年龄人口的下降速度相对较快，使得劳动力参与率小幅增长，见图 2-13。

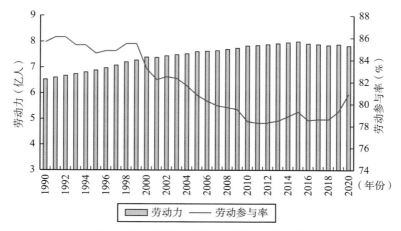

图 2 - 13　1990 ~ 2020 年劳动力变化趋势

资料来源：国家统计局（2017；2021）。

二、劳动力人数预测

20 世纪 70 年代出生率的下降，必然反映在多年后的劳动力市场上。为研究 2022 ~ 2035 年劳动力规模，我们依据相应年份的 15 ~ 64 岁劳动年龄人口进行预测。劳动力人数计算公式如下：

$$劳动力人数 = 劳动年龄人口 × 劳动参与率$$

对于劳动年龄人口，国内外学者使用多种方法和不同阶段性数据进行了预测和研究。本研究依据联合国贸易和发展会议（United Nations Conference on Trade and Development，UNCTAD）关于我国劳动年龄人口的预测数据，预测我国的劳动力人数。通过对比可以发现，联合国贸易和发展会议公布的 1990 ~ 2020 年劳动年龄人口数据与我国实际数据存在一定差距，数据整体偏大。1990 年，联合国贸易和发展会议公布劳动年龄人口数为 7.74 亿人，我国实际数据为 7.63 亿人；2020 年，联合国贸易和发展会议公布数据为 10.12 亿人，我国实际数据为 9.69 亿人，具体对比情况如图 2 - 14 所示。

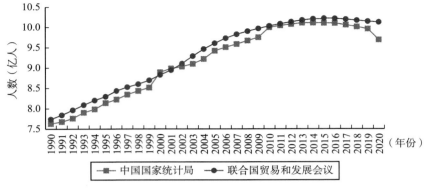

图 2 - 14　1990 ~ 2020 年中国劳动力人数比较

资料来源：联合国贸易和发展会议（UNCTAD，2021）；国家统计局（2021）。

我们以 2020 年第七次全国人口普查统计数据中劳动年龄人口为基准，计算这两种来源的劳动年龄人口的偏差为 4.29%，以此偏差对 UNCTAD 的预测数据进行修正，修正后的劳动年龄人口数据如表 2 - 6 所示。2022 年我国 15 ~ 64 岁劳动年龄人口为 9.67 亿人，2035 年将下降至 9.03 亿人，较 2020 年减少 0.66 亿人。

表 2 - 6　　　　　　　　　2022 ~ 2035 年劳动年龄人口预测

年份	预测数据	修正数据
2022	10.10	9.67
2023	10.10	9.66
2024	10.08	9.65
2025	10.07	9.63
2026	10.04	9.61
2027	10.01	9.58
2028	9.97	9.55
2029	9.93	9.50
2030	9.86	9.44
2031	9.79	9.37
2032	9.71	9.29
2033	9.62	9.21
2034	9.53	9.12
2035	9.43	9.03

根据前文对我国劳动参与率的历史趋势分析，可以认为我国在 2022～2035 年劳动参与率将保持相对稳定的水平，因此选取 2011～2020 年劳动参与率的平均值 78.9% 作为预测值，预测 2022～2035 年我国的劳动力人数。根据上述劳动参与率与劳动年龄人口，可以计算得出 2022～2035 年我国劳动力人数，如图 2-15 所示。

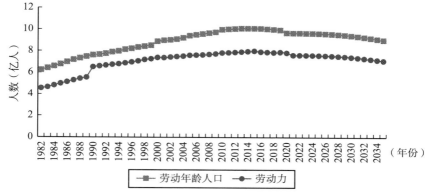

图 2-15 1982～2035 年劳动年龄人口与劳动力

资料来源：国家统计局（2021）。

2022～2035 年我国劳动年龄人口将持续下降。2022 年，劳动年龄人口为 9.7 亿人，2030 年将下降至 9.4 亿人。2030 年以后劳动年龄人口将加速下降，年下降幅度由 0.61% 增长至 1%。2035 年劳动年龄人口仅为 9 亿人，与 2002 年水平相当。受劳动年龄人口总量持续减少影响，2022～2035 年劳动力人数相应地呈逐年下降趋势。2022 年劳动力人数为 7.6 亿人，2030 年将减少至 7.5 亿人，2035 年劳动力人数仅为 7.1 亿人，相当于 1998 年水平。2035 年劳动力人数相较于 2015 年峰值 8 亿人减少 0.9 亿人，降幅为 11.1%。

三、劳动力结构发展趋势

劳动力可以分为普通劳动力和受过高等教育的人才两部分。1990 年，我国大专及以上受教育程度人口占全部劳动力的比例仅为 2.5%，到了 2020 年，这一比例增长至 27.7%。与此同时，未接受大专及以上高等教育的劳动力比例逐渐降低，1990～2020 年间，普通劳动力在总劳动力中占比下降 25.2%。高等教育的逐步普及使得大专及以上受过高等教育的人数持续增长，随着劳动力供给总量的减少，普通劳动力的规模加速减少，见图 2 - 16。

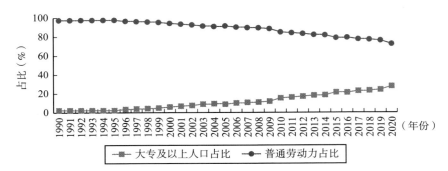

图 2 - 16　1990～2020 年大专及以上人口和普通劳动力在劳动力中占比

资料来源：国家统计局（2017；2021）。

四、劳动力供需发展趋势

根据人力资源和社会保障部（2021）对部分城市公共就业服务机构人力资源市场供求状况的监测，2001 年，人力资源市场求人倍率（岗位空缺与求职人数比率）为 0.71，劳动力供给大于需求；此后求人倍率逐年上升，2010 年为 1.01，供求关系基本平衡；2018 年，求人倍率上升到 1.25，2020 年上升到 1.47，劳动力供给小于需求。随着经济规模的扩大和劳动力供给的下降，我国劳动力市场的供求关系发生了根本性的变化：从供大于求，到供求平衡，再到供不应求。

第五节　结论与建议

一、结论

1. 高中阶段教育职普比大体相当目标难以实现

随着我国出生人口的减少，高中阶段教育适龄人口规模也相应缩小。

通过预测发现，2031 年以后，高中阶段教育招生人数将快速下降，在当前普通高中和中职学校的招生模式下，随着适龄人口的减少，中职学校招生数将快速下降，不仅无法实现职普比大体相当的目标，甚至难以保持目前的职普比。

2. 适龄人口将难以满足高校招生需求

2022～2035 年，高中阶段毕业人数将进入平台期，维持在 780 万人左右，随着出生人口的进一步减少，2038 年，高中阶段毕业生人数与普通本专科招生人数将出现 300 万人的差距，这一节点可能会提前到来，未来出生人口的减少将使得高中阶段教育适龄人口难以满足高校招生需求。与此同时，若普通本专科招生人数保持现在的增长趋势，普通高中毕业人数难以满足全部招生需求，不足部分只能招收中职和高职毕业生，这样将会使得本应进入人力资源市场的中职和高职毕业生，继续留在教育系统中接受教育，偏离了中职和高职的人才培养目标。

3. 劳动力供给难以满足需求

预测发现，2022～2035 年，我国劳动年龄人口将持续下降，从 2022 年的 9.7 亿人下降至 2035 年的 9 亿人。受劳动年龄人口持续减少影响，2022～2035 年，劳动力规模相应地呈逐年下降趋势，从 2022 年的 7.6 亿人下降到 2035 年的 7.1 亿人。从劳动力市场供求关系看，2020 年，劳动力市场已呈现供不应求的状态，随着劳动力规模的持续缩小，总体劳动力供不应求的状况将进一步加剧。

4. 就业结构性矛盾加剧

1990～2020 年，普通劳动力在劳动力总量中的占比下降 25.2%，未来普通劳动力的规模将继续下降，劳动力市场中普通劳动力供不应求的状况进一步加剧；同时，更多的高校毕业生将进入劳动力市场，就业压力进一步加大，就业结构性矛盾进一步加剧。

二、建议

1. 建立人口预警机制

未来我国出生人口将持续降低，人口总量不断下降，人口红利逐步缩小。应尽快建立人口预警系统，及时监测人口发展的动态状况，分析人口发展对人才发展的影响。建设全国统一的出生人口动态监测平台，对人口政策调整的影响、效果和风险进行动态跟踪。掌握人口总量、结构的动态状况，分析人口发展形势，为决策支持提供预警预报。通过人口数据监测，及时调整人才培养的规模和结构，提高人才素质，根据劳动力市场的供给需求，合理引导毕业生进入劳动力紧缺的行业，有效缓解就业结构性矛盾。

2. 积极推进技术进步与应用

面对人口和劳动力供给下降趋势，积极推动人工智能的研发和应用，进一步提高机器人的工作效率和替代能力，有效缓解普通劳动力短缺问题。鼓励企业加大投入、研发、引进和使用工业机器人，优化传统的工业生产线，减少对普通劳动力的需求，使这部分劳动力能够通过市场配置流动到其他劳动力短缺的行业，缓解整体劳动力供给的压力。政府加大对人工智能技术的扶持力度，出台支持人工智能替代普通劳动力的财税金融政策，提升企业创新能力，持续提升生产的智能化程度，降低生产成本。

第三章

科技发展对人才发展的影响分析

　　科技的快速发展不仅催生大量新的岗位和职业，同时也造成传统职业甚至行业的消失，并提出新的职业技能需求。现有劳动力资源难以适应新职业的技能要求，进而影响人才供应状况。立足新发展阶段，面向构建新发展格局的大势所趋，人才队伍建设面临着科技发展的挑战和要求，需要从实践和制度层面有所突破。为此，本研究在总结科技进步对我国人才队伍建设影响的基础上，针对存在的问题提出相应的对策建议。

第一节　科技发展趋势

　　纵观全球科技史的发展，科学技术迭代与传播的速度与日俱增，呈现指数型增长态势。20 世纪 60 年代，世界上第一台工业机器人在美国诞生，开创了工业化智能化的新纪元，机器人技术发展水平标志着一个国家高科技的水平和工业自动化的程度。社会化分工让每个人在岗位上各司其职，但是随着机器人技术的深入发展，越来越多的机器人被创造出来，越来越多的重复工作或者需要精密计算的工作都将由机器人代替，这一趋势已经非常明朗。

一、科技传播在加速

　　纵观人类历史上重要科技的产生、发展和普及，可以看出，科技传播的速度一直在加快。造纸术发明于 105 年，纸在 3 世纪被用作主要的书写材料；活字印刷发明于 1040 年，17 世纪在中国广为应用；机械织布机发明于 1784 年，到 1860 年几乎替代了英国所有的纺织工；生产线出现于 1870 年，到 1914 年成为美国福特大量生产汽车的一部分；互联网出现于 1989 年，最初的业务流程外包于 2002 年出现在印度，到 2012 年约 280 万人受雇于业务流程外包企业；数字钱包出现于 2004 年，微信支付于 2013 年在中国出现，2017 年其移动支付用户达 6 亿，交易总额超过 8 万亿美元，见图 3 – 1。

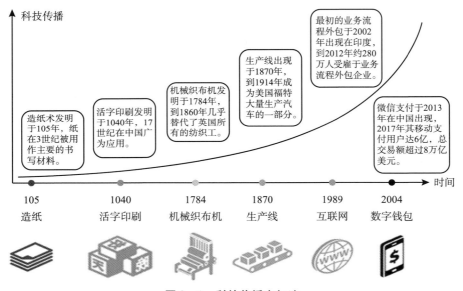

图 3 – 1   科技传播在加速

资料来源：世界银行（World Bank，2019）。

当前，信息化的浪潮席卷全球，深刻影响了世界经济发展格局。据世界经济论坛（World Economic Forum，2020）发布的报告，到 2025 年，最可能使用到的前五名的科技分别是云计算、大数据分析、物联网和联网设备、加密与网络安全、文本图像与语音处理等，科技传播的速度进一步提高，见图 3 – 2。

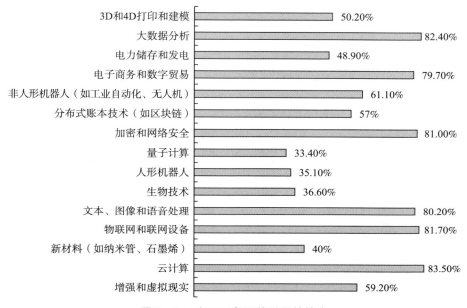

图 3 - 2　到 2025 年可能采用的技术

资料来源：世界经济论坛（World Economic Forum，2020）。

二、工业机器人快速发展

根据世界机器人联合会（International Federation of Robotics，2021）发布的报告，全球工业机器人数量自 2014 年以来的复合年增长率达到了 13%，其中，2019 年全球工业机器人增加 270 万台，同比增长 12%，是有记录以来的最高值；新型机器人数量自 2014 年以来的复合年增长率达到了 11%，其中，2019 年新型机器人增加 373000 台，同比增长 12%，是有记录以来的第三高数值。该报告还展示了 2010 ~ 2020 年全球工业机器人数量变化及趋势、2018 ~ 2020 年的全球各行业工业机器人数量变化、2018 ~ 2020 年的全球各类型工业机器人数量变化，以及 2020 年全球工业机器人数量增加最多的 15 个国家或地区，见图 3 - 3 ~ 图 3 - 6。

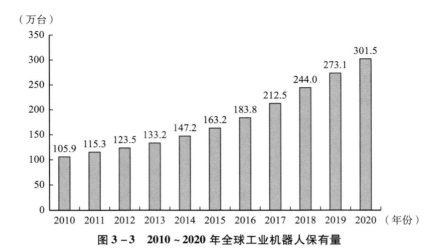

图 3 - 3　2010 ~ 2020 年全球工业机器人保有量

资料来源：世界机器人联合会（International Federation of Robotics, 2021）。

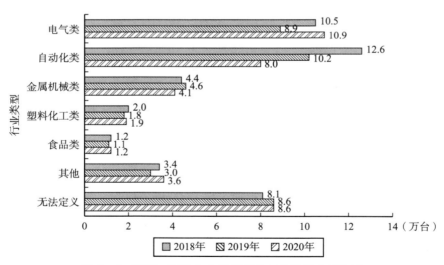

图 3 - 4　2018 ~ 2020 年全球各行业工业机器人保有量

资料来源：世界机器人联合会（International Federation of Robotics, 2021）。

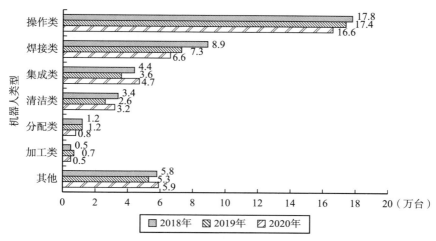

图 3 - 5 2018 ~ 2020 年全球各类型工业机器人保有量

资料来源：世界机器人联合会（International Federation of Robotics，2021）。

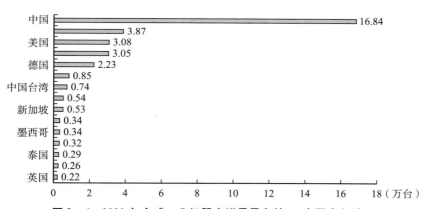

图 3 - 6 2020 年全球工业机器人增量最多的 15 个国家和地区

资料来源：世界机器人联合会（International Federation of Robotics，2021）。

此外，该报告还描绘了中国在 2010 ~ 2020 年间工业机器人数量变化及趋势，以及 2018 ~ 2020 年中国各行业工业机器人数量变化，从图中数据可以看出，中国工业机器人总量增速及各行业机器人数量增速均高于全球平均水平，见图 3 - 7、图 3 - 8。

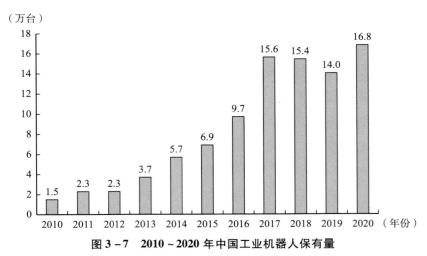

图 3 - 7　2010 ~ 2020 年中国工业机器人保有量

资料来源：世界机器人联合会（International Federation of Robotics，2021）。

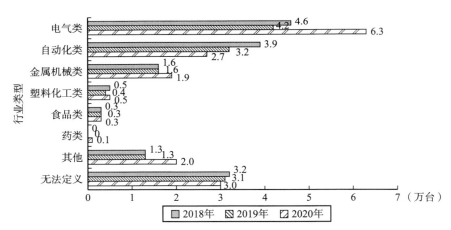

图 3 - 8　2018 ~ 2020 年中国的行业工业机器人保有量

资料来源：世界机器人联合会（International Federation of Robotics，2021）。

据统计，中国是近年来机器人密度增速最快的国家，由 2017 年的 97 台/万人增长到 2021 年的 249 台/万人，自 2013 年以来已成为全球最大的机器人销售市场，2018 年工业机器人市场规模已达到 62.3 亿美元，增速全球第一；2021 年我国工业机器人市场规模进一步达到 445.7 亿元，到 2023 年，国内市场规模持续扩大，预计将突破 589 亿元。全球工业机器人巨头也纷纷在中国建立产业基地，全方位抢占市场高点。

三、"机器换人"趋势加快

信息技术作为新技术革命产物，不仅推动了生产力的发展，也将改变不同群体的收入分配结构。随着自动化和人工智能不断引入企业中，全球对劳动力的需求特别是对白领和蓝领技工的需求将减少。据世界经济论坛（World Economic Forum，2020）发布的报告，到2025年，全球8500万个工作岗位可能会被机器取代。

中国高度重视机器人产业发展，从中央到地方的各级政府都出台政策鼓励支持，例如，广东省政府明确提出工业企业开展"机器换人"计划，其中，以佛山和东莞为代表的传统制造业集中地区提出了符合本地发展实际的"机器换人"路线图和时间表，规模和力度空前。

在中国珠三角和长三角地区，以"机器换人"为特征的生产信息化和自动化技术改造正成为产业升级的主要手段。作为先进制造业的关键支撑设备，工业机器人应用范围明显扩大，从传统的汽车、电子产业快速向五金家电、仓储物流、食品加工等新兴领域延伸。

一是高端制造业的"智能化"和"无人化"。"中国制造2025"明确规定实现产业转型的重要途径就是建设信息化和自动化的智能工厂，但是自动化本身并不代表着智能化，除非其跟人工智能、信息物理控制系统以及大数据深度整合。智能工厂被认为更加具有可靠性、主动性和可预测性，因为它可以通过实时分析和学习数据来即时进行反应，以适应客户需求、市场趋势、产品迭代等方面的变化。因此智能工厂的生产过程，包括生产操作、仓储、研发追踪、质量管控、设备维护等方面都将大幅度升级和电子化。与智能工厂并行的还有"无人工厂"这一构想。"无人工厂"是高度自动化工厂的另一种表述，欧美国家的顶级汽车制造商，如特斯拉、宝马等常常以其生产模式实现高度自动化的"无人工厂"自居，这种全自动化的无人工厂生产模式也被中国的汽车制造商所模仿和借鉴。

二是中低端产业的"省人化"。与高端产业同步推进"机器换人"的，还有过去往往是劳动密集型的中低端产业。过去30年，大量的劳动密集型产业奠定了中国"世界工厂"的地位，然而，当人口红利逐渐消失，劳动力价格上涨，中低端产业也试图摆脱对密集劳动力的依赖。工业4.0的契机恰好推动了机器人产业的蓬勃发展，大大降低了生产机器人的成本，普通的工业机器人不再是可望而不可即的昂贵设备了。于是，日益昂贵的人力劳动与日渐廉价的机器人两股趋势共同造就了珠三角与长三角制造业"机器换人"——"省人化"的浪潮。

《中国企业综合调查（CEGS）报告（2015—2018）》（徐建华，2019）显示，使用机器人企业所雇用的劳动力人数占样本总体的比例从 2008 年的 12% 提升到 2017 年的 37%，10 年之间快速提升约 25 个百分点，这表明中国约有 40% 的制造业劳动力人口已受到机器人使用的潜在影响。在此次调查样本中，使用了机器人的企业占比在 2015 年为 8.1%，2017 年这一比例增长至 13.4%，3 年间机器人投资的年均增速高达 57%。

"机器换人"成效在于生产效率的提升和用工数量的变化，在笔者调研的多家企业中，这一变化体现得尤为明显（见表 3-1）。

表 3-1　　　　　部分企业"机器换人"前后用工情况对比

智能化改造项目	效率变化	用工变化
海尔中央空调互联工厂	产能翻倍（10 亿元增至 20 亿元）	用工减半（1000 人减至 500 人）
中车四方研究所车钩组装生产线	产能提升 25%	用工减少 33 人
青岛海纳重工喷涂机器人项目	效率提升 22%	用工减少 67%
青岛前丰帽艺单元或生产系统	产能提升 30%	用工减少 20%
赛轮集团 330 万套全钢子午线轮胎工厂	产能不变	用工从 2518 人减至 665 人
湖北三环锻造智能化项目	生产效率提升 39.8%，产品制造周期由 5 天缩短到 1 天	锻造全流程单班所需人员从 21 人降到 6 人
湖北索瑞电器装配车间	效率提高 25% 以上	用工从 250 人降至 150 人

第二节　科技发展对就业的影响

科技发展催生了大量新岗位和新职业，同时也淘汰了大量旧岗位和旧职业。尽管被淘汰的工作岗位数量将被创造的新的岗位的数量超过，但是就业岗位的创造速度在放缓，而工作岗位的淘汰速度在加快。

一、科技发展对就业率的影响

从 18 世纪的纺纱机，到 20 世纪 50 年代的装配流水线，再到如今的数字技术，过去 250 年来，科技发展、技术变革无不改变着工作和职业的性质，引发了人们的就业焦虑。工业革命是体力活动的自动化，是对人体力活动的替代和增强。信息革命从某种程度来说是部分脑力劳动的自动化，是对脑力劳动的替代和增强。

在发展经济学理论中，科技发展被认为是促进潜在经济增长最重要的动力。然而，技术进步对经济增长的长期影响是一个动态发展的过程，其影响机制既包括对现有工作岗位的淘汰与创造，又包括对现有工作岗位的调整，尤其是对现有工作方式的重新组织。

总的来说，科技发展会带来大量职业岗位的消失，同时创造的就业岗位是多于它所取代的就业岗位的。从历史长期数据来看，几乎没有证据能够表明科技发展存在很强的就业替代效应。根据英格兰银行长达 250 多年的统计数据，当前英国的平均就业率和失业率与 18 世纪并无太大不同，经济危机跟失业率的关系更加显著（例如大萧条时期失业率飙升），见图 3－9。三次工业革命在长期范围内并没有大幅改变就业比例。总结历次科技发展和技术变革对就业的影响，科技进步会节约劳动力，最初可能会对就业产生消极影响；随着科技加速增长产生的乘数效应，最终会创造更多新的就业机会。

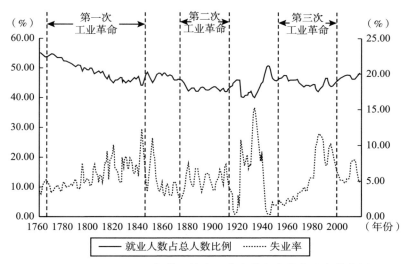

图 3－9　1760～2016 年英国的失业率和就业人数占总人数比例

资料来源：中国信息通信研究院（2021）。

二、科技发展对就业结构的影响

科技发展在促进就业的同时，也带来了就业结构的剧烈变化。以美国为例，其第一产业就业率从 1850 年的 65% 降至 2000 年的 2%，第二产业就业率从 1950 年的近 25% 降至 2010 年的不足 10%，见图 3 – 10。在这个过程中，新创造的就业岗位弥补了消失的工作，然而当时谁也无法预料会产生哪些新职业和新的工作内容。

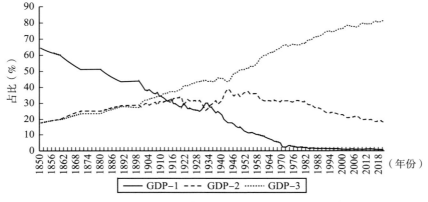

图 3 – 10 1850 ~ 2020 年美国三次产业就业结构的变化

图 3 – 11 所示为我国 1978 ~ 2018 年三次产业就业结构变化情况。

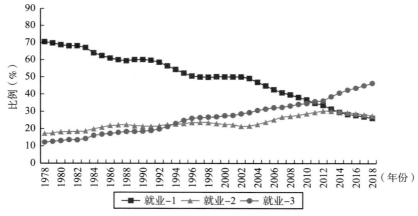

图 3 – 11 1978 ~ 2018 年中国三次产业就业结构的变化

资料来源：国家统计局（2019）。

　　当前我国数字技术不断进步，一方面逐渐对中高技能劳动者提出了更高的数量需求；另一方面显著替代了劳动密集型企业中的众多普通就业岗位，减少了对低技能劳动力的需求。这些被挤出的低技能劳动力如从制造业和建筑业流出的农民工等面临着失业和转型压力，有一部分可能会处于待业或失业状态，但大部分可能迫于生存压力，转向从事电商平台、外卖骑手等低技能的新型服务业，就业服务化趋势加速。经济发展也将会引起就业结构的变化，基于"配第—克拉克定理"，随着产业结构演变、人均收入水平提高，劳动力会逐渐由第一产业向第二产业，再向第三产业转移。根据国际劳工组织的研究，自 1991 年以来工业就业比例下降 10% 或 10% 以上的国家包括葡萄牙、新加坡和西班牙。这一变革反映了就业从制造业部门向服务业部门转移。相比之下，在世界其他地区，工业就业的比例，主要是制造业就业的比例基本上保持了稳定不变的状态。1991～2017 年，低收入国家工业就业在就业总量中所占的比例一直在 10% 左右徘徊。中等偏上收入国家的这一比例也比较稳定，在 23% 左右徘徊。同期中等偏下收入国家的劳动力工业就业的比例上升了，从 1991 年的 16% 增加至 2017 年的 19%，见图 3 - 12。

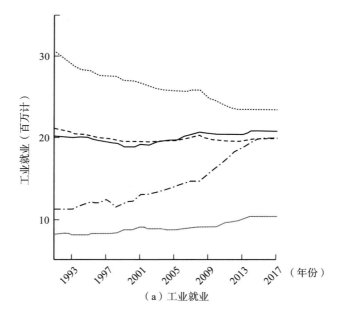

（a）工业就业

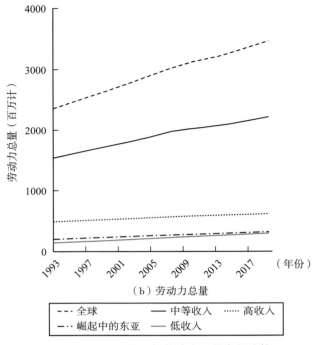

图 3 - 12　工业就业与劳动力总量变化趋势

资料来源：中国信息通信研究院（2021）。

　　科技发展对就业的影响包括直接影响和间接影响两方面。其中，直接影响表现为科技的进步使得一些人因为生产效率的提高和技术手段的提高而造成劳动力闲置的现象；间接影响表现为对长远的战略性的发展前景展望。这种长远效应在短期内无法发挥出来，使科技进步不能适应社会对就业的需求，表现为突出的滞后效应。

　　虽然从长远发展来看，科技进步对就业的间接影响远大于直接影响，科技进步对人类经济社会发展的战略性意义更为明显。但是短期的直接影响更容易让人感受并触碰到，表现了科技进步对就业的硬性排斥与短期滞后效应。当然，科技进步对传统产业结构的改变，使得一批新兴产业得以形成，但是新兴产业发展、成熟需要一段时间，提高劳动者工作技能和水平的教育与培训也需要一段时间，如此便导致就业增加相较于科技进步相对滞后。

三、科技发展对就业的影响方式

毫无疑问，科技发展会影响劳动力市场就业，这是一个无法回避的问题。智能机器人的大量使用，自然会取代一些人的劳动岗位，这也是一个不争的事实。问题的关键是，科技发展是否会导致大量失业。这是一个复杂的问题，不能简单地看待。科技发展使大量重复性体力劳动被智能机器人所代替，人们可以从繁重的体力劳动中解放出来，从事更多的脑力劳动，促进了人的自由而全面的发展，这正是科技进步的积极意义。智能机器人的大量使用，确实会导致部分工人失业，但是又会催生大量新的岗位。比如，会增加大量智能机器人的研发、设计、管理、维护、维修、操作以及软件开发等岗位。当然，由于上述岗位不是所有劳动者都可以胜任的，因此，有学者仍然担心大量失业问题。其实也不必过分担心，因为科技发展不是一蹴而就的，其发展有一个过程，在这个过程中会逐步取代一些工作岗位。

科技发展确实在开始时会导致一些人失业，但是从长时间来看，人们的就业会趋向平衡，并且这种平衡是动态的。也就是说，在科技发展过程中，人们会经历由就业到失业、由失业到再就业的过程，如此循环往复，不断发展变化。

在短期内，科技的应用的确会对就业造成一定影响，但是从长远来看，会创造更大的就业空间，提高就业质量，并增加许多新的就业岗位。比如，人工智能的软件开发、技术设计、维修维护、操作控制，环境保护、文化娱乐、健康卫生，以及非物质文化的管理服务等。科技发展在一定的范围内会造成结构性失业，但是随着经济结构调整，这种结构性失业矛盾会逐渐缓和，最终趋于动态性平衡。在当前社会制度下，科技的发展和应用，有助于增加就业岗位和提高就业质量，提升劳动者的创造力和成就感，并且通过人机协作赋能劳动者，促进劳动者实现人力资本优化配置，提高劳动者的劳动自由度和舒适度，最终实现人的自由而全面的发展，见图 3 - 13。

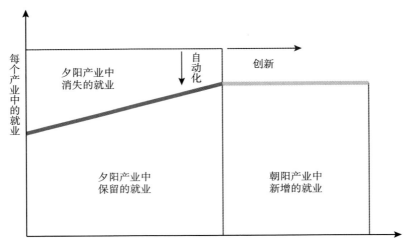

图 3 - 13 科技发展通过自动化和创新影响就业

资料来源：世界银行（World Bank，2019）。

四、科技发展催生大量新职业

自 2019 年 4 月起，人力资源和社会保障部陆续发布了五批新增职业信息的通知，在出台的所有文件中累计新增了 92 个职业，调整变更了《职业大典（2015 版）》中的 41 个职业。从发布的新职业来看，主要集中在人工智能、区块链、大数据、数据安全、物联网等高新技术产业及其所衍生出来的行业，调整变更的职业也主要是向上述产业靠拢，充分体现了科技发展催生出大量新职业这一现状和趋势，见表 3 - 2。

表 3 - 2　　　　　　　　　　　　　　中国近年来发布的新职业

时间	新增职业	调整变更职业
2019 年 4 月	人工智能工程技术人员、物联网工程技术人员、大数据工程技术人员、云计算工程技术人员、数字化管理师、建筑信息模型技术员、电子竞技运营师、电子竞技员、无人机驾驶员、农业经理人、物联网安装调试员、工业机器人系统操作员、工业机器人系统运维员	"电子音乐编辑"更改为"电子音乐制作师"；"二手车鉴定评估师"更改为"机动车鉴定评估师"；"企业人力资源管理师"由第二大类"人力资源管理专业人员"职业下工种恢复调整为第四大类"人力资源服务人员"小类下职业；在"家政服务员"下增设"母婴护理员"工种，在"农业技术员"下增设"茶园管理员"工种，在"经济昆虫产品加工"下增设"蜂产品品评员"工种

续表

时间	新增职业	调整变更职业
2020 年 2 月	智能制造工程技术人员、工业互联网工程技术人员、虚拟现实工程技术人员、连锁经营管理师、供应链管理师、网约配送员、人工智能训练师、电气电子产品环保检测员、全媒体运营师、健康照护师、呼吸治疗师、出生缺陷防控咨询师、康复辅助技术咨询师、无人机装调检修工、铁路综合维修工、装配式建筑施工员	在"行政办事员"职业下增设"政务服务综合窗口办事员"工种；在"秘书"职业下增设"科研助理"工种；在"电子商务师（4－01－02－02）"职业下增设"跨境电子商务师"工种；在"轨道列车司机"职业下增设"动力集中型电力动车组司机"和"动力集中型内燃动车组司机"2 个工种；在"职业指导员"职业下增设"残疾人就业辅导员"工种；在"企业人力资源管理师"职业下增设"薪税师"工种。 在"首饰设计师"职业下增设"珠宝设计师"和"饰品设计师"2 个工种；在"废旧物资加工处理工"职业下增设"废矿物油再生处置工"工种；在"铁路自轮运转设备工"职业下增设"轨道作业车司机"工种，取消"轨道车司机"和"接触网作业车司机"2 个工种
2020 年 6 月	区块链工程技术人员、城市管理网格员、互联网营销师、信息安全测试员、区块链应用操作员、在线学习服务师、社群健康助理员、老年人能力评估师、增材制造设备操作员	在"互联网营销师"职业下增设"直播销售员"工种；在"网络与信息安全管理员"职业下增设"互联网信息审核员"工种。 在"银行信贷员"职业下增设"小微信贷员"工种；在"企业人力资源管理师"职业下增设"劳务派遣管理员"工种
2021 年 3 月	集成电路工程技术人员、企业合规师、公司金融顾问、易货师、二手车经纪人、汽车救援员、调饮师、食品安全管理师、服务机器人应用技术员、电子数据取证分析师、职业培训师、密码技术应用员、建筑幕墙设计师、碳排放管理员、管廊运维员、酒体设计师、智能硬件装调员、工业视觉系统运维员	将"社区事务员"职业名称变更为"社区工作者"；在"应急救援员"职业下增设"直升机紧急救护员"工种；在"营销员"职业下增设"外贸营销员"工种；将"道路客运汽车驾驶员"职业下增设"巡游出租车司机""网约出租车司机"2 个工种。 在"食品安全管理师"职业下增设"冷链食品安全管理员"工种；在"网络与信息安全管理员"职业下增设"数据安全管理员"工种；在"信息安全测试员"职业下增设"渗透测试员""合规测试员"2 个工种；在"职业指导员"职业下增设"残疾人职业能力评估师"工种；在"安检员"职业下增设"邮件快件安检员"工种；在"碳排放管理员"职业下增设"民航碳排放管理员""碳排放监测员""碳排放核算员""碳排放核查员""碳排放交易员""碳排放咨询员"6 个工种；在"家政服务员"职业下增设"整理收纳师"工种；在"美容师"职业下增设"皮肤管理师"工种；在"保健调理师"职业下增设"藏药调理师"工种；在"芳香保健师（4－10－04－03）"职业下增设"植物精油调理师"工种；在"汽车维修工"职业下增设"二手车整备工"工种；在"体育场馆管理员"职业下增设"压雪车驾驶员"工种；在"公共营养师"职业下增设"营养指导员"工种

时间	新增职业	调整变更职业
2022 年 7 月	机器人工程技术人员、增材制造工程技术人员、数据安全工程技术人员、退役军人事务员、数字化解决方案设计师、数据库运行管理员、信息系统适配验证师、数字孪生应用技术员、商务数据分析师、碳汇计量评估师、建筑节能减排咨询师、综合能源服务员、家庭教育指导师、研学旅行指导师、民宿管家、农业数字化技术员、煤提质工、城市轨道交通检修工	

资料来源：人力资源和社会保障部办公厅、市场监管总局办公厅、统计局办公室（2019；2020a；2020b；2021；2022）。

世界经济论坛（World Economic Forum，2020）发布报告显示，到 2025 年，岗位数量或者用工需求将会持续增加的职业前 20 名分别是数据分析师和科学家、人工智能和机器学习专家、大数据专家、数字营销和战略专家、过程自动化专家、业务发展专业人员、数字化转型专家、信息安全分析师、软件和应用程序开发人员、物联网专家、项目经理、业务服务和行政经理、数据库和网络专业人员、机器人工程师、战略顾问、管理和组织分析师、金融科技工程师、机械师和机械修理工、组织发展专家、风险管理专家。

五、科技发展淘汰大量旧职业

科技发展催生大量新职业，同时机器等自动化设备的大规模应用也取代了很多过去劳动密集型为主的旧职业。

世界经济论坛（World Economic Forum，2020）发布报告显示，追踪美国 2007 ~ 2018 年的就业趋势，有近 260 万个工作岗位在十年间被取代，20 个处于高自动化风险岗位的数量降幅明显，其中电脑操作员下降幅度最大，达到 70%；降幅较大、减少数量较多的岗位大多是深受科技发展影响的职业，见图 3 – 14。

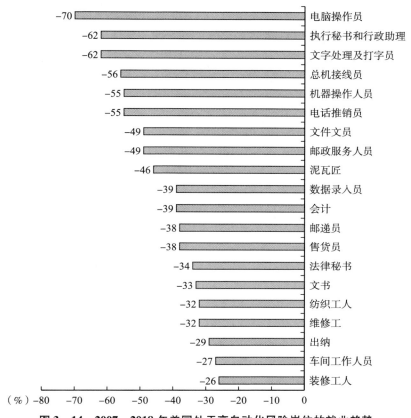

图3-14 2007~2018年美国处于高自动化风险岗位的就业趋势

资料来源：世界经济论坛（World Economic Forum，2020）。

随着人工智能、云计算和大数据等高新技术产业成为新的经济增长点，产业结构的迭代升级和先进技术成果的普及带来生产力的大幅提升，从而减少了为达到固定产量而需要的劳动力数量，也对劳动力市场和就业人群结构提出新需求。例如，劳动密集型产业向科技密集型产业转变，需要大量的高技能人才，并淘汰一大部分中低技能人才，"机器换人"趋势更加明显。据世界经济论坛（World Economic Forum，2020）报告统计，到2025年，机器生产在整个产业中的占比将会达到52%。

世界经济论坛（World Economic Forum，2020）发布报告显示，到2025年，岗位数量或者用工需求将会持续减少的职业前20名分别是数据录入员、行政和执行秘书、会计和工资文员、会计师和审计师、装配工人和工厂工人、商业服务和行政经理、客户信息和客户服务人员、总经理和运营经理、机械师和机械修理工、材料记录和库存文员、金融分析师、邮政服务文员、销售代表、客户关系经理、银行柜员和相关文员、上门销售、街头小贩、电子和电信安装和维修人员、人力资源专员、建筑工人。

六、科技发展对职业技能的影响

科技发展不仅催生大量新职业，淘汰大量旧职业，而且改变着保留职业的技能结构。观察上海希尔顿酒店分别在 1986 年和 2018 年发布的两份招聘启事，可见其中对求职者提出的技能要求有很大的区别，见图 3 – 15，从图中可以看出科技发展对职业技能的影响是很大的。

图 3 – 15　上海希尔顿酒店在不同年代的招聘启事

资料来源：世界银行（World Bank，2019）。

在劳动力市场，科技发展正在悄然改变着不同职业的技能结构。根据人力资源和社会保障部（2021c）统计数据，市场对具有技术等级和专业技术职称劳动者的用人需求较大，对普工的需求缺口较大。与 2020 年同期相比，市场对高级技师、技师、高级技能人员的用人需求增长幅度较大。与上季度相比，市场对各技术等级和专业技术职称劳动者用人需求均有所下降。

用工侧看，39.1%的市场用人需求对技术等级或职称有明确要求，其中，对技术等级有要求的占25.5%，对职称有要求的占13.6%。求职侧看，41.8%的求职人员具有技术等级或职称，其中，具有技术等级的占27.2%，具有职称的占14.6%。供求对比看，各技术等级的求人倍率均大于1，市场需求大于供给。其中，高级技师、技师、高级技能人员求人倍率较高，分别为3.05、2.7、2.51。

与上一年同期相比，用工侧看，市场对高级技师（28.8%）、技师（5.9%）、高级技能人员（7%）的用人需求增长较大；对初、中、高级职称的用人需求分别下降了16.7%、9.7%、43.8%。求职侧看，除高级技师（2.3%）略有增长外，市场中具有各技术等级和职称的求职人员数量均有所下降，其中，技师、高级技能人员和具有初级职称、中级职称、高级职称人员数量分别下降了31.6%、19.9%、15.9%、18%、6.3%。

与上季度相比，用工侧看，市场对各技术等级和职称人员的用人需求均有所下降。其中，对中级技能人员（35.8%）、技师（31.9%）的用人需求下降幅度较大；对具有初、中、高级职称人员的用人需求分别下降了23%、24.5%、35%。求职侧看，市场中具有各技术等级和职称的求职人员数量均有所下降，其中，中级技能人员（－33.3%）、技师（－33.1%）人数下降幅度较大；具有初、中、高级职称的求职人数分别下降了20%、25.2%、34.6%。

第三节　科技发展对人才发展的挑战

一、劳动者职业技能水平与科技发展的要求之间差距较大

科技发展极大地提升了劳动生产效率，同时也使得劳动产出更多向具备数字技能、创新能力的劳动者倾斜，提出了新的职业技能需求。

一方面，科技发展增加了高技术、高技能工人的就业。随着科技的发展，高技术产业的就业占比也更高，信息技术的发展将推动就业结构向高技术化、高技能化发展。随着科技发展水平的不断提升，高技术产业就业占比会不断提高，数字经济的发展程度也会更高。

另一方面，科技发展减少了对低技能劳动力的需求，减少了劳动密集

型产业就业。信息技术对低技能劳动力具有替代效应，信息技术的发展对劳动密集型产业就业人员产生较大的负面冲击，资本要素替代劳动要素，获得了更高的效率和更低的成本。同时，科技的发展使得越来越多的资本替代劳动，使得财富在资本和劳动之间分配更加不平衡，加剧了拥有不同资产人群的财富不平等。

世界经济论坛（World Economic Forum，2020）发布报告显示，近年来多家企业在用工招聘公告中，对所需要的职业技能要求做了相应调整，其中，"技术使用和开发"技能是新增最多的一项技能要求，其次是"问题解决能力""沟通合作能力""核心素养"以及"身体素质"等技能。另外，该报告还指出到 2025 年时最顶尖的 15 项技能，以及最顶尖的 19 项跨领域专业技能，见表 3 - 3、表 3 - 4。

表 3 - 3　　　　　　　　　　2025 年最需要的 15 项技能

序号	技能
1	分析思维与创新
2	主动学习和学习策略
3	复杂问题解决
4	批判性思维和分析
5	创造力、独创性和主动性
6	领导力和社会影响力
7	技术使用、监测和控制
8	技术设计和编程
9	弹性、抗应力和灵活性
10	推理、解决问题和构思
11	情商
12	故障排除和用户体验
13	服务导向
14	系统分析和评估
15	说服和谈判

资料来源：世界经济论坛（World Economic Forum，2020）。

表3－4　　　　　　　　**2025 年最需要的 19 项跨领域专业技能**

序号	专业技能	未来就业大类
1	产品营销	数据与人工智能、人与文化、营销、产品开发、销售
2	数字营销	数据和人工智能、营销、产品开发、销售
3	软件开发生命周期	云计算、数据和人工智能、工程、营销、产品开发
4	企业管理	人与文化、市场营销、产品开发、销售
5	广告	数据和人工智能、营销、销售
6	人机交互	工程、营销、产品开发
7	开发工具	云计算、数据和人工智能、工程、产品开发
8	数据存储技术	云计算、数据和人工智能、工程、产品开发
9	计算机网络	云计算、数据和人工智能、工程、销售
10	Web 开发	云计算、内容、工程、营销
11	管理咨询	数据与人工智能、人与文化、产品开发
12	创业	人与文化、营销、销售
13	人工智能	云计算、数据和人工智能、工程
14	数据科学	数据和人工智能、市场营销、产品开发
15	零售销售额	人与文化、营销、销售
16	技术支持	云计算、产品开发、销售
17	社会化媒体	营销、销售
18	平面设计	工程、营销
19	信息管理	数据和人工智能、营销

资料来源：世界经济论坛（World Economic Forum，2020）。

随着未来五年各工作岗位需求技能的变化，技能差距仍然很大。在 2025 年之前，雇主认为最突出的职业技能包括批判性思维、分析以及解决问题的能力，以及自我管理技能，例如主动学习、复原力、压力承受能力和灵活性等（World Economic Forum，2020）。

对于绝大多数在线白领劳动力来说，工作的未来变化趋势已经到来。84% 的企业将迅速将工作流程数字化，包括大幅扩展远程工作——有可能将 44% 的员工转移到远程操作。为了解决员工待遇的问题，大约 1/3 的企业还希望采取措施，通过数字工具在员工之间建立社区感、联系感和归属感，并应对转变带来的员工待遇问题和挑战，以便保证远程工作的有序开展（World Economic Forum，2020）。

目前世界各国技能人员尚未达到上述新的职业技能需求，需要通过一定的学习过渡来掌握新的职业技能，满足未来对技能人才的要求。世界经济论坛（World Economic Forum，2020）对需要学习过渡新技能要求的工人的技能差距进行了测算，结果用 0 和 1 之间的数字来表示技能差距，0 为完全差距，1 为无差距，见图 3 – 16。

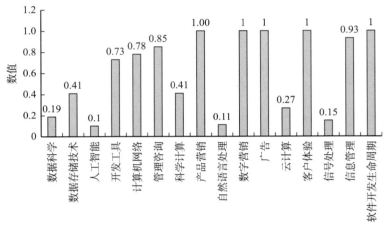

图 3 – 16　新技能差距值

资料来源：世界经济论坛（World Economic Forum，2020）。

二、企业在职业技能培训上的成本增加

在新近受到疫情影响的劳动力市场可以发现，重新培训和提升工人技能的时间要求越来越高、所需时间越来越短。那些准备留在岗位上的员工，未来五年内核心技能将发生变化的比例为40%，所有员工中有50%需要重新接受技能培训（World Economic Forum，2020）。

在线学习和培训正在兴起，主动寻求在线学习机会的个人数量增加了四倍，雇主为其员工提供在线学习的机会增加了五倍，通过政府计划学习完成在线学习的入学人数增加了九倍。同时，就业人员和失业人员对职业技能培训的需求也各不相同，就业人员更加重视个人发展课程，此课程在就业人员群体中增长了88%；失业人员更加重视学习数据分析、计算机科

学和信息技术等新的职业数字技能，以便提高二次就业率。

尽管当前经济不景气，但绝大多数雇主认识到人力资本投资的价值。平均66％的受访雇主希望在一年内获得对技能提升和再培训的投资回报。然而，在当前经济冲击的背景下，这一时间范围对于许多雇主来说可能太长了，近17％的雇主仍然不确定他们的投资是否有任何回报。平均而言，雇主预计到2025年将为略高于70％的员工提供技能再培训和技能提升。然而，员工对这些课程的参与度滞后，只有42％的员工接受了雇主支持的技能再培训和技能提升机会（World Economic Forum，2020）。

三、公共部门对职业技能培训的投入不足

在对劳动者开展技能培训的过程中，公共部门与企业应共同承担劳动者技能更新与提升的投入。公共部门和企业涉及的成本包括培训费用、劳动者休假停工的成本以及失业保险支出。但在这一过程中，公共部门和企业也都有所收益：通过培训促进更多劳动者实现就业，公共部门可以减少失业保险的支出；企业则能够减少重新聘用和培训劳动者的成本，同时获得员工在情感上的支持。

但是根据世界经济论坛的报告，目前，只有21％的企业表示能够利用公共部门资金支持员工的技能更新和提升培训（World Economic Forum，2020）。公共部门有责任提供更有力的支持，一方面通过激励机制增加对未来市场和就业的投资，为失业群体提供更强大的安全网；另一方面完善教育和培训体系，促进劳动者的技能更新与提升，减少失业风险。

第四节　对 策 建 议

一、大力推进"机器换人"，积极破解"用工荒"难题

新冠疫情的突发，给各行各业带来巨大影响，各行各业面临着复工复产的压力，与此同时也加速了产业尤其是传统制造业技术升级的进程。在这场疫情阻击战中，智能制造手段被广泛应用，在遏制疫情蔓延的同时，也促进企业快速恢复生产。当部分中小企业在为用工荒焦虑时，有一些企

业通过自动化升级，实现了关键岗位"机器换人""一人多机"作业，减少了对人员的依赖。这些企业不仅按时复工，还在短时间内恢复了大部分的产能，生产经营几乎没受太大影响。因此，大力推进"机器换人"，引导企业实现技术革新、产业升级，可以有效破解企业"用工荒"难题，实现各行各业的全面复工复产、恢复活力。

二、主动适应"机器换人"，大力开展转岗培训

面对"机器换人"潮的来袭，主要分布在第二、三产业（如制造业、建筑业、餐饮业以及居民服务业等）且主要以第二产业为主的新生代农民工的就业状况正发生着前所未有的变化。"机器换人"的加快推进了技术技能需求方面对在岗新生代农民工进行划分，即对低技能岗位需求如娱乐休闲服务和高技能要求的技术和管理要相对较多，对传统中等技能岗位需求则呈减少趋势。随着产业转型升级加快，劳动力市场对劳动力职业技能与素养的要求将会越来越高，尤其在新生代农民工就业集中的制造业领域提速更快，这些劳动力应对"机器换人"对自己能力提升的需求日益迫切。因此，政府应该引导劳动力市场主动适应"机器换人"大潮，通过增强培训意识、拓宽培训渠道、加强培训针对性等措施的衔接落实，大力开展转岗培训，提高新生代农民工的能力与生产效率之间的适切性，助力该群体的新就业和再创业。

三、紧跟科技发展趋势，面向未来培养人才

人才是实现民族振兴、赢得国际竞争主动的战略性资源，是衡量国家综合国力的重要指标。党的十八大以来，党中央高度重视人才工作，将培养人才第一资源与发展科技第一生产力、增强创新第一动力、保护知识产权紧密结合。开启社会主义现代化强国建设新征程之际，紧跟科技发展趋势，加强青少年科技培养工作，挖掘和培养拔尖创新人才，这是时代的要求、历史的重托、人民的期望。坚持人才引领发展的战略地位，统筹谋划科技强国行动纲要和教育、人才等战略规划，加快建设世界重要人才中心和创新高地，为2035年基本实现社会主义现代化、2050年全面建成社会主义现代化强国提供高质量的知识基础和人才支撑。

四、厘清科技发展对职业技能的改变，实施终身职业培训

近年来，我国经济实力、科技实力、综合国力跃上新的台阶，经济结构持续优化，新技术、新产业、新业态、新模式层出不穷，职业变迁加速，新职业新工种不断涌现。新版国家职业分类大典与 2015 年版大典相比，净增了 158 个新职业，总职业数达到 1639 个，其中绝大多数都集中在新兴技术领域。科技发展带来了职业技能的持续更新改变，也对劳动力群体提出了新的要求和任务。开展大规模终身职业技能培训可以提升劳动者就业创业能力，缓解结构性就业矛盾，扩大就业，是推动高质量发展的重要支撑和关键举措。

五、细化人才培养规划，完善政产学研"四位一体"的职业技能培训机制

根据科技创新人才主要供给来源，政府应与各高校、各企业充分合作，在充分利用现有专业基础及办学环境的基础上，增设新兴产业专业，培养战略性新兴产业科技创新人才，在研究生招生、培养工作上充分做到与本科专业的衔接，提高工学、农学硕士研究生比例，加强本硕连读生的学科一致性，为经济转型发展输送高质量的人才。通过针对性地培养中小企业转型升级急需的开发与应用人才，建立统一培训、统一管理、集群开发、分散创业、统一外派的商业模式，创建与中小企业新型的生产关系，探索出一套"政府主导、企业运营、院校实施"的新教育就业模式。

六、加快发展科技服务业，优化就业结构

科技服务业对于扩大内需、吸纳高质量就业、培育壮大战略性新兴产业、促进产业结构优化升级具有重要作用。近年来，科技部围绕加快科技服务业发展采取了一系列措施。国家火炬计划、科技型中小企业技术创新基金都设有专门资金支持科技服务业发展。在广州、杭州、青岛、成都等 7 个城市开展了现代服务业创新发展试点城市建设，以及在中关村、东湖国家自主创新示范区开展了现代服务业综合试点，把促进发展、调整结构与扩大就业有机结合起来，以产业发展和优化带动更高质量就业岗位的增加，实现

产业结构与就业结构的互动调升、调优。建议围绕高质量就业，从多方面支持和培育发展科技服务业。积极培育由产业升级、与服务业融合后形成的就业新需求。鼓励研发服务外包、合同研发组织等服务新业态发展。

七、深化就业领域和教育体制改革，提高劳动者的人力资本，充分释放科技人力资本红利

完善以市场为导向的就业机制，构建有利于劳动力要素自由流动、平等交换的市场体系。通过高素质劳动力的流动，提高劳动生产率，提高劳动力资源的配置效率和价值。推动教育体制改革，使受教育者的知识结构和能力结构更好地与劳动力市场衔接。推动继续教育和终身学习，为迎接老龄化做准备。进一步提高支撑产业整体转型升级的大量劳动力素质。使我国丰富的人力资源成为制造业技术创新的战略资源。完善人才发展机制，探索充分发挥科技人力资本红利的有效途径。破除制约人力资本配置效率和生产效率的体制机制，站在国际化的高度，在规模基础上进一步提高科技人力资本存量的开发水平，包括打造全球性的中国国际人才网络，完善科技园体系和留学人员创业体系等。

八、保市场主体，推动就业政策惠企利民，强化就业服务

保市场主体是稳就业保民生的关键。深入实施就业优先政策，落实好失业保险稳岗返还、以工代训等政策，通过保市场主体来稳住就业的基本盘。激发市场主体活力，大力发展线上办公、网络购物、无接触配送等数字经济新就业业态，鼓励企业围绕新技术、新模式加强创新，持续创造新的就业动力。落实纾困惠企政策，实施更加积极有为的财政政策，确保制度性减税政策及新的结构性减税举措惠企利民，助力市场主体青山常在、生机盎然。推广远程就业服务新模式，优化线上服务内容，推行视频招聘、远程面试，动态发布岗位信息，引导就业政策、就业服务尽可能网上办、自助办。鼓励龙头企业发挥辐射带动作用，为在校学生、待业群体提供实习、就业机会。

九、探索新型劳动关系，强化新就业形态社会保障

针对灵活就业劳动关系认定难、劳动争议处理难、社保缴费难等新情

况，构建新型劳动者权益保障机制。推动建立多层次、多支柱社会保险体系，推进社会保险从制度全覆盖到人员全覆盖，针对灵活就业人员收入不稳定特征，研究制定更加合理的缴费水平和断保处理办法；研究建立适合灵活就业、新就业形态人员参加失业保险的办法；针对多重用工关系现象，探索社会保险的各自缴费、分别计算、合并纳入等缴费方式，助力新就业形态健康发展。继续对灵活就业人员给予社保补贴，推动放开在就业地参加社会保险的户籍限制。强化新型就业岗位保障，建立新就业形态行业调解组织，及时解决相关劳动争议，鼓励互联网平台主动履行社会责任，加强从业人员劳动权益保护，对收入断档期给予一定支持，帮助有困难的从业人员顺利度过困难期。

第四章

中等职业教育人才培养成效分析

中等职业教育是普及高中阶段教育和建设中国特色职业教育体系的重要基础，目标是培养数亿技术技能人才和高素质劳动者。我国中等职业教育从新中国成立初期为国民经济恢复发展提供了有力的人才支撑，到改革开放后应时代需求，不断立足发展定位进行改革调整，培养了大批技术技能人才，服务经济社会发展成效显著。但是目前中等职业教育的教学条件相对不足，教育吸引力不够；教育经费保障水平不高，增长水平不及经济社会发展速度；各学科人才培养结构不能满足发展需求，毕业生对口就业率不高。建议加大中等职业教育人才培养支持力度，优化中等职业教育人才培养结构，提高中等职业教育人才培养重视程度。

第一节　中等职业教育人才培养历程

一、中等职业教育起步并不断调整规范，为国民经济恢复发展提供了有力的人才支撑（1949~1976年）

新中国成立初期，我国人口受教育水平较低，文盲率高达80%，而国民经济恢复发展和建设急需大量的技术人才，中等职业教育低门槛和技能性的特点使其成为人才培养的重要阵地。党和国家对国民政府遗留的职业学校进行了接管改造，根据发展需要建立起了新中国中等职业教育基本制度框架，并丰富中等教育学校类型，扩大人才培养规模，为国民经济恢复和经济建设提供初级和中级技术人才支撑。

1949 年 12 月 23 日至 31 日，全国第一次教育工作会议召开，强调"教育必须为工农服务，必须为国家的生产建设服务的方针"，要求兴办多种多样的工农速成中学、工农干部文化补习学校（班）和技术专修班，采取短期速成的方法，使一批工农干部、产业工人和解放军指战员达到中等文化程度（李尚，2021）。此后，全国兴办各类学校，为确定原有的和新创的各类学校的适当地位，使不同程度的学校互相衔接，理顺教育制度，政务院（1951）出台《政务院关于改革学制的决定》，提出中等学校包括中学、工农速成中学、业余中学和中等专业学校，其中中等专业学校包括技工学校、师范学校、医药及其他中等专业学校。我国以中等职业教育为主体，工农速成教育、业余教育为辅助的中等职业教育体系初步建立。

同时，国家进行大规模的经济建设，大量地训练与培养中级和初级技术人才成为当务之急，但是中等技术学校在数量与质量上远不能适应发展需求。对此，教育部（1951；1952）召开第一次全国中等教育会议，颁布《中等技术学校暂行实施办法》，政务院（1952）发布《关于整顿和发展中等技术教育的指示》，制定发展中等教育的各项工作方针与措施，包括支持建设各种正规的、速成的、业余的技术学校或训练班，推动学用一致，培养工业、交通、农业、林业等领域的技术人才。与 1949 年相比，中等职业教育学校和人才培养规模迅速扩大，1956 年技工学校由 3 所增加到 212 所，在校生数由 2700 人增加到 110867 人，中等专业学校由 561 所增长到 755 所，在校生由 77100 人增加到 538500 人（贾旻、王迎春，2020）。

进入第二个五年计划，中等职业教育适应大规模经济建设对技术人才的迫切需求继续快速发展。1958 年，《中国共产党中央委员会、国务院关于教育工作的指示》提出"教育与生产劳动结合"，"在一切学校中，必须把生产劳动列为正式课程"，提倡多种多样的办学形式（中国共产党中央委员会、国务院，1958）。在这一文件的指导下，全国随即掀起了工厂、公社大办学校，学校大办工厂、农场的热潮。1960 年，中等专业学校在校生人数达到 137.7 万人，技工学校在校生达到 51.7 万人，农职业中学（含初中和高中）在校生达到 230.2 万人（王扬南，2021）。但是这种"大跃进"式的发展违背了教育发展规律，使得中等职业教育质量急速下降，国家随即出台多项政策，对包括职业教育在内的教育工作全面调整、整顿，压缩规模、合理布局、提高质量。至 1962 年，中等专业学校学生数降至 35.3 万人，技工学校学生数降至 5.95 万人，农职业中学学生数降至 26.7 万人。1964 年，国家进一步推行两种教育制度，半工半读学校获得发展，到 1965 年年底，全国半工（农）半读学校共 7294 所，在校生达 126.6 万人（王扬南，2021）。

1966～1976 年，大量中等专业学校和技工学校被撤销停办，农业中学、职业学校被撤销殆尽，中等教育出现普通高中"一统天下"的局面，各类中等职业学校在校学生占高中阶段学生总数的比重，由 1965 年的 51.8% 下降到 4.4%（王扬南，2021）。

二、中等职业教育应时代需要得到高度重视，承担起人才培养的重要任务（1977～1996 年）

1977 年年底高考恢复，由于招生规模限制，大量青年特别是返城知青面临着无法升学又缺乏一技之长的困境。中等职业教育入学门槛较低，教育内容实用性强，能够快速培养急需人才，解决青年就业问题，满足经济社会发展需要。推进中等教育结构改革，兴办各类中等职业教育学校，扩大招生规模，大力发展中等职业教育成为时代所需。

1978 年邓小平同志在全国教育工作会议上提出改革中等教育结构，改变普通教育大一统的问题（邓小平，1994）。国务院（1980a）也专门发布通知提出"实行普通教育与职业、技术教育并举，将部分普通高中改办为职业（技术）学校、职业中学、农业中学，各行各业举办职业（技术）学校，积极发展和办好技工学校，努力办好中等专业学校"，对学校开办审批、毕业生安排、经费和编制、教师配备等予以支持。至此，单一化的中等教育结构发生了变化，职业技术教育有了初步发展。1982 年，中等职业教育学校数增长至 3827 所，比 1978 年增加了 1167 所；招生数增长至 62.2 万人，比 1978 年增加了 21.5 万人；普职比从 1978 年的 9.4∶0.6 下降至 1982 年的 8.2∶1.8。

由于中等教育改革工作进展不平衡，部分地区工作进展缓慢，中共中央、国务院（1983a）发布《关于加强和改革农村学校教育若干问题的通知》，教育部、劳动人事部、财政部、国家计委（1983）发布《关于改革城市中等教育结构、发展职业技术教育的意见》，中共中央（1985）发布

《关于教育体制改革的决定》，着力调整中等教育结构，大力推进职业技术教育发展，包括改革劳动就业制度、鼓励兴办各类职业学校、扩大招生规模，给予经费、师资、教材等方面支持等。这些举措推动了职业教育的大发展，中等职业学校数从 1982 年的 3927 所猛增至 1988 年的 20570 所，增加了 4.2 倍；招生数从 1982 年的 62.2 万人增加到 1988 年的 251.6 万人，增加了 3 倍；1988 年，中等职业学校招生数首次超过普通高中，普职比从 1982 年的 8.2：1.8 降至 4.7：5.3，中等教育结构严重失衡的局面彻底扭转。

　　虽然中等职业教育取得较大进展，但是无论规模、规格和质量都还不能适应经济建设和社会发展的需要，在整个教育事业中仍然是很薄弱的环节。《国务院关于大力发展职业技术教育的决定》（国务院，1991）和《中国教育改革和发展纲要》（中共中央、国务院，1993）提出支持职业技术教育办学机构建设、扩大招生规模、提高和改善教育质量。1996 年《中华人民共和国职业教育法》正式明确职业教育的法律地位。1988 年至 1996 年，中等职业教育继续快速发展，虽然学校数缓慢上升，仅增加 1580 所，但是招生数快速增长，到 1996 年达到 510.4 万人，普职比进一步下降到 3.6：6.4。详情见图 4－1、图 4－2。

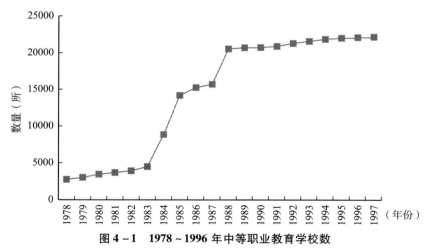

图 4－1　1978～1996 年中等职业教育学校数

资料来源：国家统计局（2022）。

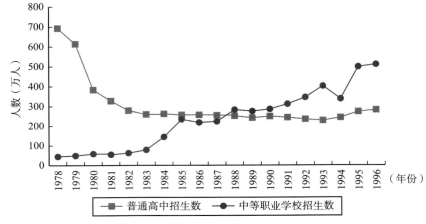

图 4 – 2　1978～1996 年普通高中招生数和中等职业学校招生数

资料来源：国家统计局（2022）。

三、中等职业教育适应发展需要改革调整，着力提升人才培养质量（1997～2009 年）

随着九年义务教育进入普及阶段，人口的受教育程度大幅提升，同时伴随市场经济体制的建立、科技进步和产业结构的调整，经济社会发展对高等教育需求提升，我国开启高校扩招的教育发展新阶段（国务院，1999）。中等职业教育的发展已不能适应培养高素质劳动者和中初级专门人才的需要，也满足不了人民群众日益增长的多样化职业教育需求（教育部，2000a），国家对中等职业教育进行大幅的改革调整。

1997 年，国家教委、国家计委（1997）发布《关于普通中等专业学校招生并轨改革的意见》，结束中等教育在招生录取、收缴学费等方面的双轨制度，实行统一招生，统一录取，学生自行缴费、自主择业。1998 年《面向 21 世纪教育振兴行动计划》将高等教育作为发展重点，在高等学校建设、招生、师资、科研等方面予以政策支持（国务院，1999）。在新的形势下，调整中等职业学校布局结构，优化资源配置势在必行。1999 年，教育部印发《关于调整中等职业学校布局结构的意见》，对现有的中等职业学校进行合并、共建、联办、划转。随后，国务院部门（单位）所属中等专业学校和技工学校也划转地方管理。中等职业教育学校数从 1997 年峰值 22229 所开始减少，招生人数也从 1998 年的峰值 539.5 万人开始下降，2000 年普通高中招生数超过中等职业教育招生数。

在调整中等职业学校布局的基础上，职业教育教学改革也提上日程。针对中等职业教育的职业教育观念和培养模式相对滞后，与生产和生活实际联系不紧密等问题，2000 年教育部发布的《关于全面推进素质教育、深化中等职业教育教学改革的意见》提出实行灵活的教学制度、优化专业设置、加强课程改革和教材建设、加强实践教学等，以培养高素质劳动者和中初级专门人才（教育部，2000a）。2002～2008 年陆续发布的《国务院关于大力推进职业教育改革与发展的决定》（国务院，2002），《教育部等七部门关于进一步加强职业教育工作的若干意见》（教育部、国家发展改革委、财政部、人事部、劳动保障部、农业部、国务院扶贫办，2004），《国务院关于大力发展职业教育的决定》（国务院，2005），《教育部关于加快发展中等职业教育的意见》（教育部，2005a），《教育部关于进一步深化中等职业教育教学改革的若干意见》（教育部，2008a）等文件，提出包括支持企业、行业和社会力量举办职业学校和职业培训机构、改革人才培养模式、优化专业设置和结构、加强经费支持等措施。中等职业教育学校数自 2003 年以来保持相对平稳，招生数从 2001 年以来持续上升，但是总体少于普通高中招生数。详情见图 4-3、图 4-4。

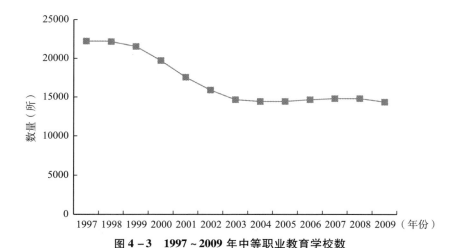

图 4-3　1997～2009 年中等职业教育学校数

资料来源：国家统计局（2022）。

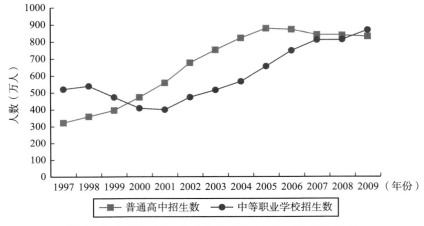

图 4－4　1997～2009 年中等职业教育和普通高中招生数

资料来源：国家统计局（2022）。

四、中等职业教育立足基础地位，配合培养高素质技术技能人才（2010 年至今）

随着教育事业的发展，特别是高等教育的快速发展，职业教育发展面临诸多挑战。中等职业教育作为职业教育的重要环节，面对新的形势，国家提出加强中等职业教育基础地位，促进产教融合、校企合作，畅通不同层次职业教育渠道等发展措施，中等职业教育在改革调整中不断发展。

摆正职业教育地位，提高各级政府及公众对职业教育的重视程度是推动职业教育发展需要首要解决的问题。《国家中长期教育改革和发展规划纲要（2010—2020 年）》提出要大力发展职业教育，增强职业教育吸引力（国家中长期教育改革和发展规划纲要工作小组办公室，2010）。此后国家密集出台政策措施，包括召开全国职业教育工作会议，印发《国务院关于加快发展现代职业教育的决定》（国务院，2014a）、《现代职业教育体系建设规划（2014—2020 年）》（教育部、国家发展改革委、财政部、人力资源和社会保障部、农业部、国务院扶贫办，2014）等文件，提出要把加快发展现代职业教育摆在更加突出的位置，对于中等职业教育要提高发展水平，通过调整优化中等职业教育布局等措施巩固基础地位。

同时，教育部下发专门文件推动发挥行业对职业教育的指导作用，提出在行业的指导下全面推进教育教学改革（教育部，2011a）。此后，《教育部关于深化职业教育教学改革全面提高职业教育人才培养质量的若干意见》（教育部，2015a）、《国务院办公厅关于深化产教融合的若干意见》（国务院办公厅，2017）、《职业学校校企合作促进办法》（教育部、国家发展改革委、工业和信息化部、财政部、人力资源和社会保障部、国家税务总局，2018）等文件均着力深化行业指导，推动产教融合、校企合作，以形成产教融合、校企合作、工学结合、知行合一的共同育人机制，建立健全政府主导、行业指导、企业参与的办学机制等。

畅通不同层次职业教育渠道，推动与普通教育的融通，是提高职业教育吸引力、推动职业教育发展的重要内容，国家也一直努力推动。《国家职业教育改革实施方案》提出完善国家职业教育制度体系，包括提高中等职业教育发展水平、推进高等职业教育高质量发展、完善高层次应用型人才培养体系（国务院，2019）。《关于推动现代职业教育高质量发展的意见》更明确提出推进不同层次职业教育纵向贯通、不同类型教育横向融通（中央办公厅、国务院办公厅，2021）。新修订后的《职业教育法》在法律层面明确职业教育的类型定位，指出"职业教育是与普通教育具有同等重要地位的教育类型"。自2010年至今，中等职业教育布局结构持续优化，学校数不断减少，2020年为9896家；招生数呈现先下降后上升的状态，2018年以来持续上升。详情见图4-5、图4-6。

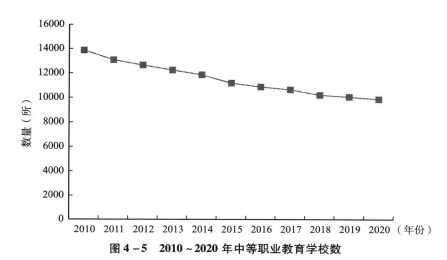

图4-5　2010～2020年中等职业教育学校数

资料来源：国家统计局（2022）。

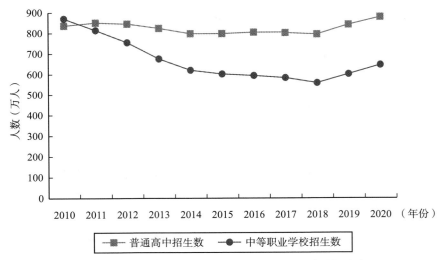

图 4-6　2010～2020 年中等职业教育和普通高中招生数

资料来源：国家统计局（2022）。

第二节　中等职业教育人才培养主要成就

一、培养大批技术技能人才，服务经济社会发展成效显著

在人才培养规模上，1978 年以来中等职业教育已经培养了 1.46 亿毕业生，现在每年有将近 500 万毕业生，就业率也持续保持高位水平，2006～2016 年均在 95% 以上，2017～2021 年毕业生半年后就业率也稳定在 95% 左右（丁雅诵、闫伊乔，2021），见图 4-7。中等职业教育为经济社会发展培养了源源不断的技术技能人才，有效缓解了各地经济社会发展与高素质技术技能人才供给不足之间的矛盾，为普及高中阶段教育、提高人口整体素质做出了巨大贡献。

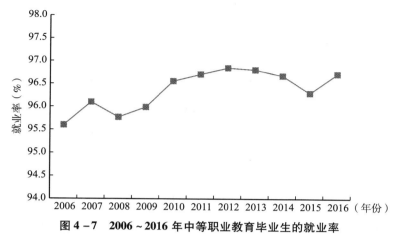

图 4 - 7 2006～2016 年中等职业教育毕业生的就业率

资料来源：教育部（2007c；2008c；2009；2010c；2011c；2012c；2013；2014b；2015c；2016c；2017a）。

在服务区域发展上，60% 以上的中等职业学校毕业生在本地就业，有力支撑了地区经济社会发展。此外，国家实施"东西职业院校协作全覆盖、东西中职招生协作兜底、职业院校全面参与东西劳务协作"三大行动，服务区域协调发展。如广东组织珠三角中职学校面向粤东西北地区"转移招生" 80 万人，协作帮扶 8 省区超百所职业院校，联合四川省甘孜藏族自治州职业技术学校开展中高职贯通培养（教育部，2022a）。具体就业地域分布情况见图 4 - 8。

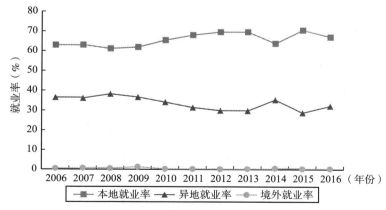

图 4 - 8 2006～2016 年中等职业学校毕业生就业地域分布情况

资料来源：教育部（2007c；2008c；2009；2010c；2011c；2012c；2013；2014b；2015c；2016c；2017a）。

在服务乡村振兴上，中等职业学校作为培养技能型人才的主阵地，在推进乡村人才振兴、实施乡村振兴战略方面有着独特的优势。"十三五"期间，共创建国家级农村职业教育与成人教育示范县（市、区）261个。职业院校70%以上的学生来自农村，中等职业学校免学费、助学金分别覆盖超过90%和40%的学生，千万家庭通过职业教育实现了拥有第一代大学生的梦想，"职教一人，就业一人，脱贫一家"成为阻断贫困代际传递见效最快的方式（教育部，2022b）。

二、推进教育教学改革，保障人才培养质量

不断调整专业设置，适应经济社会发展需要。一是出台《中等职业学校专业设置管理办法（试行）》（教育部办公厅，2010），规范和完善中等职业学校专业设置管理，扩大中等职业学校专业设置自主权，引导中等职业学校依法自主设置专业，推动人才培养结构调整与需求结构变迁更好对接。二是适应新业态发展和技术进步需要，在科学分析产业、职业、岗位、专业关系基础上，对接现代产业体系，对专业设置进行增补和删减。《职业教育专业目录（2021年）》（教育部，2022c）根据产业需求，更新升级一批现有专业、增设和适度超前规划一批新专业、淘汰一批落后专业，其中设置中职专业358个，较原目录的调整幅度达到61.1%（国务院，2021）。

推动产教融合、校企合作，服务经济社会发展主动性增强。推动中等职业教育产教融合、校企合作，能够促进教育链、人才链与产业链、创新链的有机衔接，实现人才培养供给侧和产业需求侧的有效匹配。10年来，我国组建了1500多个职业教育集团（联盟），涵盖企业、学校、行业、科研机构在内的4.5万余家成员单位，世界500强企业中有175家企业参与职业教育集团化办学。同时，全国培育了3000多家产教融合型企业、试点建设了21个产教融合型城市；职业学校与企业共建实习实训基地2.49万个，现代学徒制试点覆盖1000多个专业点，惠及10万余学生（学徒）（教育部，2022d）。中等职业教育与产业的相融共生、同频共振，有力支撑了产业的升级发展。调查数据表明，在现代制造业、战略性新兴产业和现代服务业等领域，一线新增从业人员70%以上来自职业院校毕业生（教育部，2022e）。中等职业教育毕业生获得职业资格证书的比例也不断

升高，2013 年以来一直在 70% 以上。见图 4 – 9。

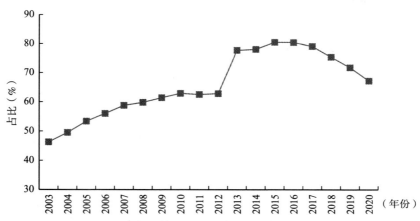

图 4 – 9 2003 ～ 2019 年中等职业学校毕业生获得职业资格证书占比情况

资料来源：教育部发展规划司（2004：78 – 79；2005：80 – 81；2006：80 – 81；2007：80 – 81；2008：80 – 81；2009：80 – 81；2010：80 – 81；2011：80 – 81；2013a：84 – 85；2013b：84 – 85；2014：84 – 85；2015：84 – 85；2016：84 – 85；2017：86 – 86；2018：90 – 91；2019：90 – 91；2020：84 – 85；2021：84 – 85）。

　　贯通人才培养体系，搭建起了人才成长的立交桥。中等职业教育是普及高中阶段教育和建设现代职业教育体系的重要基础，2014 年《国务院关于深化考试招生制度改革的实施意见》提出"高职院校考试招生与普通高校相对分开，实行'文化素质 + 职业技能'评价方式"（国务院，2014b）。此后，中等职业教育学历提升的通道不断扩展，包括建立"职教高考"制度；推进不同层次职业教育纵向贯通，注重让中等职业学校为高等职业教育输送生源；促进不同类型教育横向融通，推动中等职业学校与普通高中课程互选、学分互认。中等职业教育不再是学历终结的教育，可以与高等职业院校直接衔接，还能与职业本科及以上学历贯通起来，吸引力不断提高（教育部，2022f）。

三、加大投入力度，提升中等职业教育吸引力

　　加大投入力度，改善办学条件。2007 ～ 2019 年中等职业学校生均教育经费从 0.2 万元增长至 1.89 万元，增长了 7.45 倍，并于 2013 年超过普通高中生均教育经费。中等职业学校生均教育经费水平和增长速度目前均高

于普通高中。同时，2010～2020年中等职业学校校均占地面积从3.7万平方米上升到4.4万平方米，校均图书拥有量从2.5万册上升到3.2万册，校均计算机拥有量从167台上升到352台，校均教学、仪器设备资产从293.9万元上升到977.1万元，生均教学用计算机数以及生均教学和仪器设备资产也均高于普通高中，见图4-10、图4-11、图4-12。

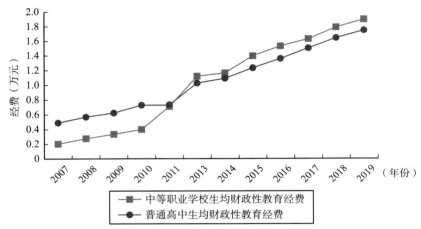

图4-10　2007～2019年中等职业学校和普通高中的生均财政性教育经费

资料来源：教育部发展规划司（2009；2010；2011；2013a；2013b；2015；2016；2017；2018；2019；2020；2021）；国家统计局（2022）。

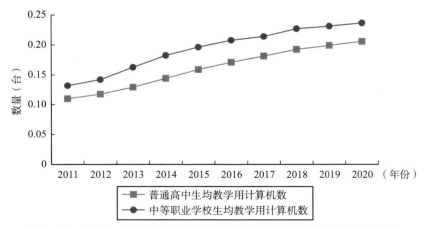

图4-11　2011～2020年中等职业学校和普通高中的生均教学用计算机

资料来源：教育部发展规划司（2013a；2013b；2014；2015；2016；2017；2018；2019；2020；2021）；国家统计局（2022）。

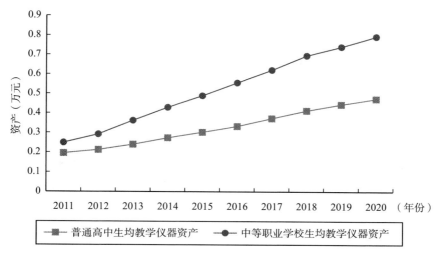

图 4 – 12　2011 ~ 2020 年中等职业学校和普通高中的生均教学仪器资产

资料来源：教育部发展规划司（2013a；2013b；2014；2015；2016；2017；2018；2019；2020；2021）；国家统计局（2022）。

　　优化学校布局，提升中等职业教育吸引力。1997 年以来，通过撤销、合并、兼并、划转、转型、共建等措施，整合了一批弱、小、散的中等职业学校，推动中等职业教育资源向优质校集中，中等职业学校数量也从 1997 年的峰值 22229 所减少到 2020 年的 9896 所，减少了55.5%，全国已建成近千所国家中等职业教育改革发展示范学校，2000所中等职业学校达到省级骨干学校建设标准，国家级、省级示范（骨干）学校等优质资源覆盖一半以上的在校生（教育部，2021a）。中等职业学校布局的优化，使得资源更加集中，办学效益不断增强，吸引力不断提升。

第三节　中等职业教育人才培养存在的问题

一、教学条件相对不足，教育吸引力不够

生师比是指学校在校学生数与专任教师数的比例，是衡量学校办学水

平的重要指标。从生师比看，2001～2010 年中等职业学校生师比在持续升
高，在 2003 年超过普通高中。与 2004 年以来普通高中生师比持续下降相
比，虽然中等职业学校生师比在 2010 年之后有所下降，但是始终高于普
通高中。见图 4 – 13。

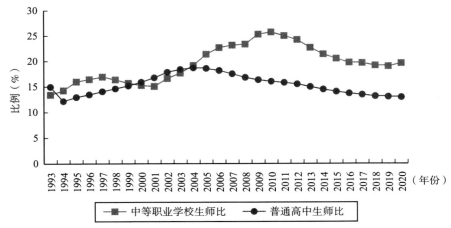

图 4 – 13　1993～2020 年中等职业学校和普通高中的生师比

资料来源：教育部发展规划司（2011；2021）。

从学校占地面积看，2020 年，中等职业学校校均占地面积 4.37 万平
方米，普通高中校均占地面积 7.87 万平方米，相差 3.5 万平方米；中等
职业学校生均占地面积 35.55 平方米，普通高中生均占地面积 44.93 平方
米，相差 9.38 平方米。2011～2020 年，中等职业学校校均占地面积从
3.9 万平方米扩大到 4.37 万平方米，增长了 12.1%，生均占地面积从 28.79
平方米扩大到 35.55 平方米，增长了 23.5%；普通高中校均占地面积从
6.69 万平方米扩大到 7.87 万平方米，增长了 17.6%，生均占地面积从
37.30 平方米扩大到 44.93 平方米，增长了 20.5%。中等职业学校占地面
积无论是校均规模还是生均规模都不及普通高中，且两者的差距呈现逐步
扩大趋势。见图 4 – 14、图 4 – 15。

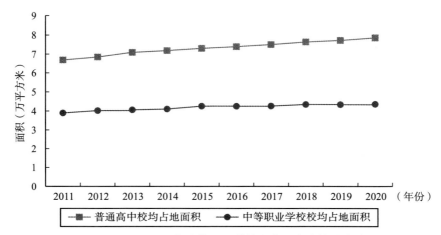

图 4 – 14　2011～2020 年中等职业学校和普通高中校均占地面积

资料来源：教育部发展规划司（2013a；2013b；2014；2015；2016；2017；2018；2019；2020；2021）；国家统计局（2022）。

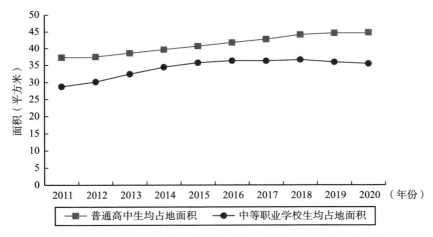

图 4 – 15　2011～2020 年中等职业学校和普通高中生均占地面积

资料来源：教育部发展规划司（2013a；2013b；2014；2015；2016；2017；2018；2019；2020；2021）；国家统计局（2022）。

从图书量来看，2020 年中等职业学校校均图书量 2.69 万册，普通高中校均图书量 6.69 万册，相差 4 万册；中等职业学校生均图书量 26.15，普通高中生均图书量 41.16 册，相差 15.01 册。2011～2020 年，中等职业学校校均图书量从 2.69 万册增长到 3.21 万册，增长了 19.3%，生均图书量从 19.81 册增长到 26.15 册，增长了 32%，普通高中校均图书量从 6.69 万册增长到 7.87 万册，增长了 17.6%，生均图书量从 26.15 册增长到 41.16 册，增长了 57.4%。中等职业学校图书量无论是校均规模还是生均规模都不及普通高中，两者的差距呈现逐步扩大趋势。见图 4-16、图 4-17。

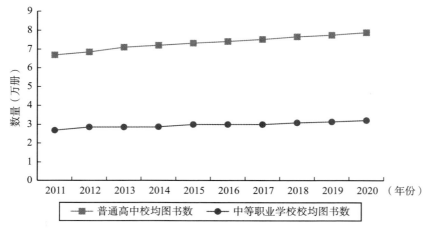

图 4-16　2011~2020 年中等职业学校和普通高中校均图书数

资料来源：教育部发展规划司（2013a；2013b；2014；2015；2016；2017；2018；2019；2020；2021）；国家统计局（2022）。

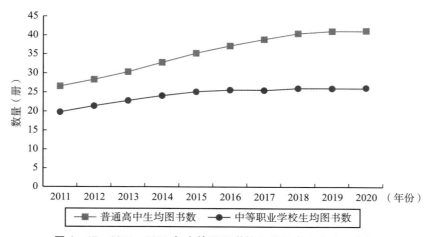

图 4-17　2011~2020 年中等职业学校和普通高中生均图书数

资料来源：教育部发展规划司（2013a；2013b；2014；2015；2016；2017；2018；2019；2020；2021）；国家统计局（2022）。

二、教育经费保障水平不高，增长水平不及经济社会发展速度

按照现有统计口径，在教育经费绝对量方面，虽然中等职业学校的国家财政性教育经费持续增长，但是与普通高中教育经费的绝对差越来越大，2007 年相差 282.6 亿元，2019 年相差 1907.3 亿元，中等职业教育的经费保障明显低于普通高中。见图 4－18。

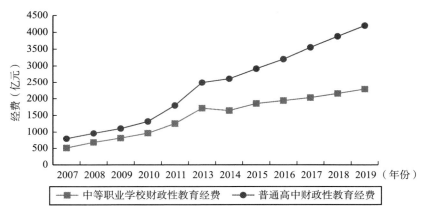

图 4－18　2007～2019 年中等职业学校和普通高中的财政性教育经费

资料来源：教育部发展规划司（2009；2010；2011；2013a；2013b；2015；2016；2017；2018；2019；2020；2021）。

在总教育经费占比方面，2014 年以来普通高中占总教育经费的比重总体呈增长态势，从 2014 年的 7.98% 上升到 2019 年的 8.39%，而中等职业教育学校占总教育经费的比重总体呈下降态势，从 2014 年的 5.02% 下降到 2019 的 4.59%，中等职业教育学校和普通高中的财政性教育经费占总教育经费的比重差值越来越大，见图 4－19。

在教育经费占 GDP 比重方面，2014 年以来普通高中财政性教育经费占 GDP 的比重相对稳定，在 0.42% 左右，而中等职业教育财政性教育经费占 GDP 的比重呈持续下降态势，2019 年仅 0.23%，相当于 2009 年的经费投入水平。中等职业教育的经费保障水平并没有随着经济社会的发展而提高，反而保障水平在下降。见图 4－20。

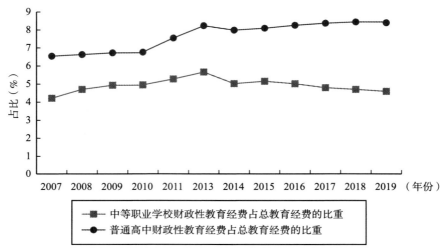

图 4 – 19　2007～2019 年中等职业学校和普通高中财政性教育经费占总教育经费的比重

资料来源：教育部发展规划司（2009；2010；2011；2013a；2013b；2015；2016；2017；2018；2019；2020；2021）。

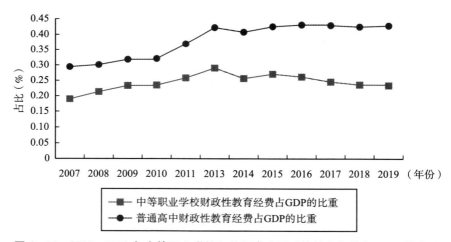

图 4 – 20　2007～2019 年中等职业学校和普通高中财政性教育经费占 GDP 的比重

资料来源：教育部发展规划司（2009；2010；2011；2013a；2013b；2015；2016；2017；2018；2019；2020；2021）；国家统计局（2022）。

三、各学科人才培养总量和结构与实际需求存在差距，毕业生对口就业率不高

随着我国经济社会进入高质量发展阶段，对技术技能型人才的需求愈

益强烈，供需结构性失衡问题愈加凸显。从中等职业教育的人才供给来看，中等职业教育毕业生数在 2012 年之后持续减少，从 2012 年的 674.6 万人减少到 2020 年的 484.9 万人，减少了 28.1%，人才供给不能满足发展需求。普通高中的毕业生数在 2010 年后相对稳定地保持在 785 万左右，见图 4 - 21。

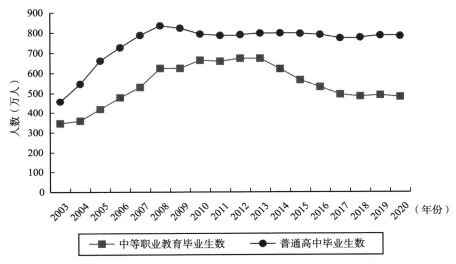

图 4 - 21 2003 ~ 2020 年中等职业学校和普通高中毕业生数

资料来源：教育部发展规划司（2004；2005；2006；2007；2008；2009；2010；2011；2013a；2013b；2014；2015；2016；2017；2018；2019；2020；2021）。

从中等职业教育的人才培养结构来看，2010 ~ 2020 年毕业生人数排名前十的专业大类分别是信息技术类、加工制造类、财经商贸类、交通运输类、教育类、医药卫生类、农林牧渔类、旅游服务类、文化艺术类、土木水利类。从 2010 ~ 2020 年中等职业教育毕业生排名变动情况来看，信息技术类、加工制造类和财经财贸类毕业生人数最多且排名相对稳定；交通运输类和教育类毕业生人数排名呈显著上升趋势；医药卫生类、农林牧渔类和文化艺术类毕业生人数排名呈显著下降态势；旅游服务类和土木水利类毕业生数量相对较少，见表 4 - 1。

表 4 – 1　　2010～2020 年各科中等职业教育毕业生人数排名及变动情况

分类	2010	2011	2012	2013	2014	2015	2016	2017	2018	2019	2020	变动趋势
信息技术类	2	1	1	1	1	1	1	1	1	1	1	平稳
加工制造类	1	2	2	2	2	2	2	2	2	2	2	平稳
财经商贸类	3	3	3	4	4	4	3	3	3	3	3	平稳
交通运输类	7	6	6	6	7	7	7	6	4	4	4	上升
教育类	8	8	7	6	6	5	5	5	5	5	5	上升
医药卫生类	4	4	5	5	5	4	4	4	6	6	6	下降
农林牧渔类	6	5	4	3	3	3	6	7	7	7	7	下降
旅游服务类	9	9	9	9	10	8	9	9	8	8	8	上升
文化艺术类	5	7	8	8	8	9	8	8	9	9	9	下降
土木水利类	10	10	10	10	9	10	10	10	10	10	10	平稳

数据来源：教育部发展规划司（2011；2013a；2013b；2014；2015；2016；2017；2018；2019；2020；2021）。

　　党的十九届五中全会提出，坚持把发展经济的着力点放在实体经济上，坚定不移建设制造强国、质量强国、网络强国、数字中国，推进产业基础高级化、产业链现代化，提高经济质量效益和核心竞争力。虽然从中等职业教育各专业大类毕业生人数排名变动情况来看，信息技术类、加工制造类和交通运输类等与实体经济、智能制造等密切相关的专业排名相对靠前，但是实际毕业生人数与经济社会发展需求并不契合。2010～2020 年信息技术类毕业生从 128.9 万人减少到 66.8 万人，毕业生人数占当年中等职业教育毕业生总人数的比重从 25.29% 降到 16.7%；加工制造类毕业生也从 130.8 万人减少到 44.5 万人，毕业生人数占当年中等职业教育毕业生总人数的比重也从 25.67% 降到 12.06%，见图 4 – 22、表 4 – 2。

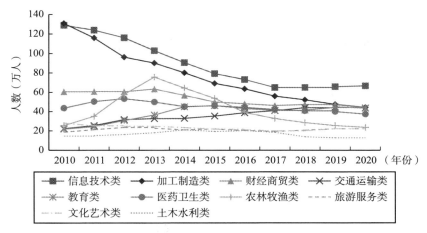

图 4 - 22　2010～2020 年中等职业学校各专业大类毕业生人数

资料来源：教育部发展规划司（2011；2013a；2013b；2014；2015；2016；2017；2018；2019；2020；2021）。

表 4 - 2　2010～2020 年中等职业教育各类毕业生数占当年毕业生总数的比重

分类	2010 年	2011 年	2012 年	2013 年	2014 年	2015 年	2016 年	2017 年	2018 年	2019 年
信息技术类	25.29	22.91	20.95	18.48	17.58	16.79	16.63	16.00	16.40	16.70
加工制造类	25.67	21.44	17.39	16.21	15.55	14.63	14.44	13.81	13.18	12.06
财经商贸类	11.89	11.24	10.93	11.38	11.02	10.58	10.94	11.40	11.94	11.98
交通运输类	4.39	4.71	5.72	5.87	6.40	7.48	8.81	10.09	11.10	11.35
教育类	4.28	4.50	5.54	6.55	8.71	9.77	9.81	10.16	10.49	11.23
医药卫生类	8.55	9.33	9.63	8.97	8.76	9.74	10.08	10.38	10.29	10.15
农林牧渔类	5.00	6.50	10.44	13.59	12.48	11.38	8.89	8.06	7.19	6.46
旅游服务类	3.68	3.92	4.25	4.08	4.07	4.65	4.64	4.80	5.22	5.63
文化艺术类	5.50	4.67	4.47	4.44	4.53	4.59	4.81	4.93	5.10	5.62
土木水利类	2.88	2.81	2.93	3.25	4.08	4.10	4.60	4.54	3.50	3.26

资料来源：教育部发展规划司（2011；2013a；2013b；2014；2015；2016；2017；2018；2019；2020；2021）。

　　对口就业率是反映学校专业人才培养和市场需求之间供需关系的指标，也能从侧面反映具体学科人才培养质量。根据教育部数据，2013 年、

2015 年、2016 年中等职业教育毕业生的对口就业率仅在 76% 左右（教育部，2014；2016；2017），且 2015 年以来中等职业教育毕业生获得职业资格的比重处于持续下降状态。

第四节　中等职业教育人才培养的对策建议

一、加大中等职业教育人才培养支持力度

一是加大中等职业教育经费保障力度，对国家重点发展的行业、产业以及经济社会急需的人才类别，加大与之相关的中等职业教育学科的经费投入，确保教育经费增长水平与经济社会发展同步。二是加强师资队伍建设，加强师资的培养培训，动员中等职业学校和行业企业联合建设师资队伍。三是加强教学条件保障，继续因地制宜优化学校布局，改善办学条件。

二、优化中等职业教育人才培养结构

一是建立以专业分类为基础的中职毕业生就业调查统计体系，加强行业指导作用，推动形成与行业结构调整需求相适应的中等职业教育专业体系，尤其要注重与现代先进制造业、生产性服务业紧密相关的中等职业教育专业发展，以促进中等职业教育培养的人才结构与经济社会发展的需求结构相吻合，提高学生在就业市场中的竞争力。二是优化专业结构，根据产业发展、毕业生就业状况、行业结构调整、国家战略布局等及时调整专业设置，形成紧密对接产业链、创新链的专业体系。三是继续探索优化人才培养模式，强化就业导向，将中职教育课程主动对接市场，推进产教深度融合、校企合作，让中等职业教育更好地服务产业发展。

三、提高中等职业教育人才培养重视程度

一是充分认识中等职业教育在整个教育体系中的定位以及对经济社会发展，特别是对普及高中阶段教育、培养高素质技术技能人才的作用。二

是各级政府要将推动中等职业教育发展摆在更加突出的位置，更好支持和帮助中等职业教育发展，包括纳入地方经济社会发展规划和考核等，推动普通教育和职业教育协调发展。三是加强中等职业教育宣传，包括学习条件、育人模式、就业前景等，提高社会认同度。

第 五 章

高等教育人才培养成效分析

高等教育是一个国家发展水平和发展潜力的重要标志，在教育强国建设中起龙头作用。我国高等教育从新中国成立初期建立新的社会主义高等教育体系，到改革开放后不断深化改革，提高人才培养能力和水平，建成了世界最大规模的高等教育体系，有力支撑了经济社会发展，助力国家科技创新和发展。但是，目前我国高等教育人才培养结构待优化，与经济社会发展需求有错位；高等教育经费投入结构不均衡，高职高专的财政性教育经费保障水平较低。建议优化高等教育人才培养结构，加强高等职业教育人才培养支持力度。

第一节　高等教育人才培养历程

一、高等教育制度框架初步建立，工科人才成为培养重点（1949～1957 年）

新中国成立初期，我国 5.4 亿人口中近 80% 是文盲，大学生更是少之又少，全国仅有 10 多万名（张东，2021）。在旧的教育制度下，高等教育更多为社会上层精英服务，劳动人员缺乏受教育机会，"肃清封建的、买办的、法西斯主义的"旧教育，建立"民族的、科学的、大众的文化教育"成为当务之急（中国人民政治协商会议，1949）。

1949 年 12 月 23 日至 31 日，全国第一次教育工作会议召开，明确了教育为国家建设服务、为工农服务的方针，从此全国开始有步骤地、谨慎地对旧有教育制度进行改革，包括课程改革、院系调整、专业调整等（张力，2019）。1950 年 5 月，为更有效管理全国高等学校，政务院颁布了《各大行政区高等学校管理暂行办法》，对高等学校的管理隶属、领导任命、预算等事宜进行初步规定。1950 年 6 月，教育部召开第一次全国高等教育会议，专门讨论改造高等教育的方针和新中国高等教育的建设方向（新华社，1950）。随后，政务院发布《教育部关于实施高等学校课程改革的决定》《政务院关于改革学制的决定》，教育部发布《高等学校暂行规程》《专科学校暂行规程》，高等教育的整体制度架构初步建立，课程和教学内容改革推进。

随着各项工作基本稳定，高等学校院系调整工作逐步提上日程。1951 年 11 月，教育部召开全国工学院院长会议，提出了工学院的调整方案（姜澎，2014）；1952 年教育部根据"以培养工业建设人才和师资为重点，发展专门学院，整顿和加强综合大学"的方针，在全国范围内进行高等学校院系调整工作；到 1953 年，一般高等院校的院系调整工作基本完成。经过调整，我国高等学校分为综合大学、工业院校、农业院校、林业院校、医药院校、师范院校、语文院校、财经院校、政法院校、体育院校、艺术院校和其他院校，学校数量从 1949 年的 205 所减至 1953 年的 181 所，其中综合大学、语文院校、财经院校、政法院校、艺术院校和其他院校的数量减少，其余学校的数量增加（《中国教育年鉴》编辑部，1984）。

在进行院系调整的同时，我国参照苏联高等学校制度，从 1952 年开始按专业培养人才，到 1953 年初，全国高校共设置专业 215 种，其中工科 107 种，理科 16 种，文科 19 种，农科 16 种，林科 5 种，医科 4 种，师范 21 种，财经 13 种，政法 2 种，体育 1 种，艺术 11 种，各专业实行统一的教学计划和教学大纲。在此基础上，我国也不断对专业设置进行调整，1955 年高等教育部根据《1955—1957 年高等学校院系调整有关事项的通知》指示精神，制定了"1955—1957 年高等工业学校院系、专业调整、新建学校及迁校方案（草案）"。到 1957 年底，高等院校共有专业 323 种，其中工科 183 种，占比达 56.7%，文法商科的比重降低（《中国教育年鉴》编辑部，1984）。

这一时期随着我国高等教育制度框架初步建立并稳定，人才培养数量也迅速增加，高等教育学校数从 1949 年的 205 所增加到 1957 年的 229 所

（见图 5 - 1），学生数从 1949 年的 11.7 万人增加到 1957 年的 44.1 万人，增加了 278.7%，特别是工科学生数，从 1949 年的 3 万人增加到 16.3 万人，增加了 437.7%，本科学生在本专科学生中的比重由 1949 年的 80.6% 上升到 1957 年的 89.2%，出国留学生数从 1950 年至 1956 年持续增加，高等教育人才培养的发展有效支撑了国家经济建设。

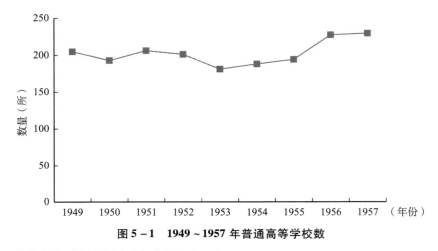

图 5 - 1　1949 ~ 1957 年普通高等学校数

资料来源：《中国教育年鉴》编辑部（1984）。

二、摸索完善高等教育制度，人才培养迈上新台阶（1958 ~ 1965 年）

为了调动业务部门和地方的积极性，1958 年 5 月，中共中央发布《关于高等学校和中等技术学校下放问题的意见》，高等学校陆续下放到地方管理；9 月，中共中央、国务院发布《关于教育工作的指示》，文件提倡多种办学形式，并提出"应当大力发展中等教育和高等教育，争取在十五年左右的时间内，基本上做到使全国青年和成年，凡是有条件和自愿的，都可以受到高等教育"，全国随即出现了大办高等学校的热潮，高等学校数量也从 1957 年的 229 所增加到 1958 年的 791 所，1960 年达到最高，1289 所；专业数量从 1957 年的 323 种增加到 1962 年的 627 种，其中工科 295 种，理科 79 种；学生数量从 1957 年的 44.1 万人增加到 1960 年 96.2 万人，其中工科学生占比 40.4%，理科学生占比 8.7%。但是这种大发展违背了高等教育发展的基本规律，超过了国家经济和学校条件的负担能力，再加上 1959 年起我国面临严重困难，教育事业开始进一步调整（《中国教育年鉴》编辑部，1984）。

1961 年 6 月，邓小平总书记召集会议讨论文教工作，会议认为科学教育水平并不决定于数量，主要是质量，发展速度要放慢，进行调整；7 月，教育部召开高等学校及中等学校调整工作会议，讨论高等学校压缩规模、合理布局、调整专业、提高教学质量等问题；9 月，中共中央发布了《教育部直属高等学校暂行工作条例》，即《高校六十条》，明确了我国高等教育的办学方向和具体途径，学校各项工作逐步走上正轨（杨楠，2019）。1963 年，国务院转批国家计委、教育部《关于修订〈高等学校通用专业目录〉和〈高等学校绝密、机密专业目录〉的报告》，对高等学校的专业设置进行统一安排，包括增加新专业、统一专业名称等。经过学校和专业调整压缩，1965 年我国高等学校数量减至 434 所（见图 5 - 2），其中工业院校 127 所，占比 29.3%；专业数量 601 种，其中工科专业 315 种，占比 52.4%；学生数 67.4 万人，其中工科学生占比 43.8%（《中国教育年鉴》编辑部，1984）。

这一时期我国高等教育事业虽然仍在摸索，但是整体有了很大发展，教学质量和学术水平有了很大提高，人才培养迈上新台阶，1958～1965 年高等学校共招生 632 万人，比上一时期增加 412.4 万人；毕业生数达到 119.6 万，比上一时期增加 95.6 万（《中国教育年鉴》编辑部，1984）。

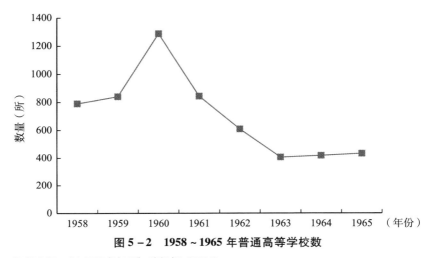

图 5 - 2　1958～1965 年普通高等学校数

资料来源：《中国教育年鉴》编辑部（1984）。

三、高等教育制度遭到破坏，人才培养受重创（1966~1976 年）

1966~1976 年，我国高等教育制度遭到严重破坏：一是在学校方面，大量高等学校被搬、并、迁、散，学校数量从 1965 年的 434 所减至 1976 年的 392 所，减少了 9.7%，许多校舍被占，仪器设备和图书资料被损坏和遭到散失；二是在招生方面，1966~1969 年高等学校没有招生，1970~1976 年的招生采取"群众推荐、领导批准、学校复审"相结合的方法，大搞"唯成分论"，学生文化素质低下，研究生招生工作也全面停止；三是在毕业生方面，1966~1976 年高等学校仅毕业103.3 万人，其中 1966~1971 年的 67.4 万毕业生为 1965 年之前入学的，少为国家培养了百万高等学校毕业生；四是在出国留学方面，十年期间我国仅在 1972~1976 年期间派出留学生，人数仅 997 位，比 1949~1957 年少 6865 人，比 1958~1965 年少 1839 人（《中国教育年鉴》编辑部，1984）。

四、调整恢复高等教育制度，人才培养全面恢复（1977~1984 年）

1977 年 8 月，邓小平复出主持教育科学工作，召开"科学与教育工作座谈会"，决定恢复高考；10 月，国务院批转教育部《关于 1977 年高等学校招生工作的意见》，高考恢复；11 月，教育部联合中国科学院发出《1977 年招收研究生的通知》，研究生考试恢复，教育战线开始全面恢复、调整和提高（龙平平、张曙，2014）。

在学校建设方面，国务院发布《国务院转发教育部关于恢复和办好全国重点高等学校的报告》，以迅速提高高等教育水平；教育部召开直属重点高校座谈会，决定扩大学校数量，高等学校的数量也迅速增加，从 1977年的 404 所增加到 1984 年的 901 所。在高职学校建设方面，1980 年，国家教委批准建立了 13 所职业大学，高等职业院校正式诞生；1982 年，第五届全国人民代表大会第五次会议明确提出，要试办一批花钱少，见效快，可收学费，学生尽可能走读，毕业生择优录用的专科学校和短期职业大学。根据这一精神，国家教委在 1983 年又批准成立了 33 所职业大学（平和光、程宇、李孝更，2018）。

在学校管理方面，教育部发布《关于讨论和试行全国重点高等学校暂行工作条例（试行草案）的通知》，中共中央批转教育部党组《关于建议重新颁发〈关于加强高等学校统一领导、分级管理的决定〉的报告》，恢复"中央统一领导，中央和省、市、自治区两级管理"的领导管理体制，实行党委领导下的校长负责制。

在教师管理方面，国务院批转教育部《关于高等学校恢复和提升教师职务问题的请示报告》，教育部发布《关于高等学校教师职责及考核的暂行规定》《全国重点高等学校接受进修教师工作暂行办法》《教育部关于试行高等学校教师工作量制度的通知》等文件，对高等学校教师的职务、职责、考核、进修等事宜予以规范。

在学生管理方面，国务院批转《教育部关于做好一九七八年普通高等学校毕业生调配工作的意见》，教育部发布《高等学校学生学籍管理的暂行规定》，全国人大常委会审议通过《中华人民共和国学位条例》，对学生毕业分配、学籍管理、学位制度等进行规范。

在专业设置方面，1982 年全国人大五届五次会议《关于第六个五年计划的报告》明确指出："要调整高校的专业设置，过去的专业划分过细，学生知识面过窄，不能适应各项建设工作和继续深造的需求""在大力发展自然科学的同时，重视发展社会科学"。面对当时高校专业设置问题，教育部先后召开全国高等学校文科教学工作会议、高等学校管理专业教育座谈会、政法学院教育工作座谈会等，加强文科、财经、政法专业；召开教育部署综合大学理科专业调整会议、修订高等学校工科本科专业目录，调整理工科专业设置，使之更适合现代化建设和科学技术发展需要。

在教育教学方面，教育部、外交部、财政部发布《关于加强外国教材引进工作的规定和暂行办法》，编审新教材，修订学科教学计划，加强设施设备建设，提高教育教学质量。

经过这一时期的调整，我国高等教育的各项制度快速恢复并提高，人才培养成效立刻显现，学校数从 1977 年的 404 所增加到 1984 年的 901 所（见图 5 - 3），招生数从 21.7 万增加了 47.5 万，在校生从 1.8 万增加到139.6 万（见图 5 - 4）。

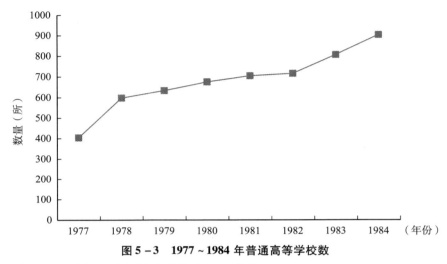

图 5 - 3　1977～1984 年普通高等学校数

资料来源:《中国教育年鉴》编辑部（1984；1986）。

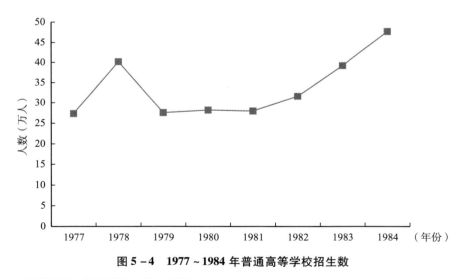

图 5 - 4　1977～1984 年普通高等学校招生数

资料来源:《中国教育年鉴》编辑部（1984；1986）。

五、高等教育深化改革，人才培养模式调整（1985～1997 年）

1985 年，中共中央发布《关于教育体制改革的决定》，提出改革统包统分的高等学校招生和毕业分配制度，扩大高校在招生、人事、教学、对外交流、财务等方面的自主权，实行中央、省、中心城市三级办学体制等，使高等教育与社会需要更好地结合，该文件拉开了这一时期高等学校改革的序幕。1993 年，中共中央、国务院印发《中国教育改革和发展纲要》，进一步明确了高等教育发展目标和改革方向，包括深化高等教育体制改革、改革高等学校的招生和毕业生就业制度、深化人事劳动制度改革、提高教育质量等，该文件是 20 世纪 90 年代乃至 21 世纪初引领教育改革和发展的纲领性文件，推动高等教育进一步深化改革。在上述两个文件的指导下，这一时期我国高等教育在各方面不断改革。

在招生方面，国家教委在 1986 年和 1987 年先后发布《普通高等学校接受委托培养学生管理工作暂行规定》《普通高等学校招生暂行条例》，我国开始实行不收费的国家计划招生和收费的国家调节招生并存的"双轨制"，至 1994 年，国家教委发布关于《进一步改革普通高等学校招生和毕业生就业制度的试点意见》，我国开始实行招生并轨，即统一录取分数和收费标准，并于 1997 年基本完成公办高校招生收费并轨。

在毕业生就业分配方面，1989 年，国务院批转国家教委《关于改革高等学校毕业生分配制度报告》，将高校毕业生分配由国家分配向社会就业方向转变，推动建立毕业生自主择业、用人单位择优录用的"双向选择"制度；1993 年，中共中央、国务院印发《中国教育改革和发展纲要》，明确规定要改革高等毕业生"统包统分"和"包当干部"的就业制度，实行少数毕业生由国家安排就业，多数由学生"自主择业"的就业制度。1994 年，新入学大学生不再由国家统一分配工作，实行自主择业。

在管理体制方面，当时中央各部委办大学（"条"），地方省市也办大学（"块"），"条块分割"的管理体制使得教育资源被严重分割，体制改革提上日程。1985 年的决定即提出对高等教育管理体制进行改革，进入90 年代，随着经济体制改革的大力推进以及中央政府机构的改革，改革"部门办学"的时机逐渐成熟。1994 年、1995 年、1996 年、1998 年，国务院相继召开了四次高等教育管理体制改革座谈会，并在 1995 年转发《国家教委关于深化高等教育体制改革若干意见的通知》，明确要求淡化和改变学校单一的隶属关系和单纯为本部门培养人才的办学格局，变条块分割为条块有机结合。

在财务制度方面，推动高等学校由政府全额拨款向多元筹资转变。1986 年，国家教委、财政部发布《高等学校财务管理改革实施办法》，实行"综合定额加专项补助"的拨款模式，同时开始招收自费生和委托生，有自我收入；1989 年，国家教委、国家物价局、财政部联合发布《关于普通高等学校收取学杂费和住宿费的决定》，正式建立高校学费制度；1993 年，《中国教育改革和发展纲要》提出了提高财政性教育经费支出、征收城乡教育附加费、发展校办产业和社会服务等多种筹措教育经费的方法，并在 1995 年的《中华人民共和国教育法》中进一步明确。1997 年，公办高校的招生收费也实现并轨，高等学校财务制度基本完成改革转变。

在普通高等学校建设方面，1986 年，国务院发布《普通高等学校设置暂行条例》，规范高等学校的设置和调整；1993 年，纲要提出要"办好100 所左右重点大学和一批重点学科"；1994 年，《国务院关于〈中国教育改革和发展纲要〉的实施意见》宣布启动建设"211 工程"，着力提高高等教育质量、科学研究、管理水平及办学效益。

在高等职业学校建设方面，1987 年，《关于改革和发展成人教育的决定》提出，"职工大学、职工业余大学、管理干部学院要结合需要举办高等职业教育"；1991 年，《国务院关于大力发展职业技术教育的决定》提出建立从初级到高级的职业技术教育体系；1994 年，《国务院关于〈中国教育改革和发展纲要〉的实施意见》明确提出积极发展高等职业教育；1995 年，国家教委发布《关于推动职业大学改革与建设的几点意见》，1996 年，《中华人民共和国职业教育法》以法的形式明确了职业教育的地位、体系构成。

这一时期我国高等教育在宏观管理体制和微观的内部管理机制方面都实行了新的制度，人才培养适应社会主义市场经济的发展实现了模式调整，普通高等学校的招生数不断攀升，并于 1997 年达到 100.04 万人（见图 5 - 5），在校生人数达到 317 万人，研究生毕业生数量达到 4.3 万人。

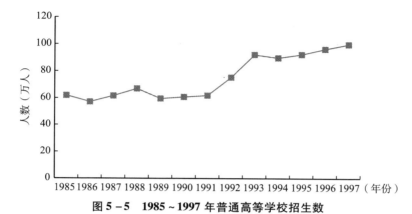

图 5 - 5　1985 ~ 1997 年普通高等学校招生数

资料来源：教育部发展规划司（1999）。

六、高等教育规模扩张，人才培养规模扩大（1998 ~ 2009 年）

1998 年，教育部制定了《面向 21 世纪教育振兴行动计划》，提出了到 2000 年高等教育入学率达到 11% 左右，2010 年接近 15% 的行动目标，扩大高等学校的数量和规模成为重点。1999 年，《中共中央　国务院关于深化教育改革全面推进素质教育的决定》提出通过多种形式积极发展高等教育，扩大高等教育的规模。此后，我国高等教育领域实行全面扩招，1999 年我国高等教育招生数从 1998 年的 108.4 万增长至 154.9 万，增长率达到 42.9%，至 2005 年，我国高等教育招生数增长率均在 10% 以上（见图 5 - 6）。2002 年，我国高等教育毛入学率达到 15%（教育部发展规划司，2003），进入高等教育大众化发展阶段。

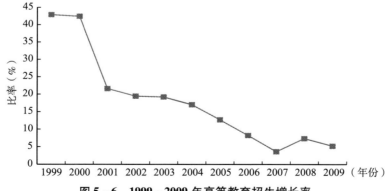

图 5 - 6　1999 ~ 2009 年高等教育招生增长率

资料来源：教育部发展规划司（2010）。

在管理体制方面，《面向 21 世纪教育振兴行动计划》提出继续实行"共建、调整、合作、合并"的方针，推动高等教育体制改革。1998 年，抓住政府机构改革的契机，国务院做出《关于调整撤并部门所属学校管理体制的决定》，对裁撤的部委所属高校进行了调整，国务院有关部门直属的 367 所普通高校改革后只剩下 111 所，其余划转省级政府管理，逐步扩大省（自治区、直辖市）对高等教育的统筹权。在此基础上，国务院又先后发布《国务院关于进一步调整国务院部门（单位）所属学校管理体制和布局结构的决定》和《国务院办公厅转发教育部等部门关于调整国务院部门（单位）所属学校管理体制和布局结构实施意见的通知》，形成了中央和地方政府两级管理、分工负责，在国家政策指导下以省级政府统筹为主的新体制，对部门所属高校的管理体制及布局结构进行了调整和改革，大多数高校实行了省级政府管理、地方与中央共建的体制，形成了中央和地方两级政府管理、省级管理为主的高等教育管理格局。

在重点学校建设方面，1998 年，教育部发布《面向 21 世纪教育振兴行动计划》，提出继续并加快进行"211 工程"，建设启动"985 工程"，出台了《"211 工程"建设实施管理办法》和《"985 工程"建设管理办法》；2007 年，教育部发布《关于加快研究型大学建设增强高等学校自主创新能力的若干意见》，提出建设一批具有国家重点科学研究基地、具有承担国家重大科研任务能力和广泛国际合作基础的研究型大学。

在重点学科建设方面，一方面，不断调整高等学校学科专业结构，1998 年，教育部颁布新的《普通高等学校本科专业目录》，全国普通高等学校普遍进行了本科专业整理和学科专业结构调整工作；2001 年，出台《关于做好普通高等学校本科学科专业结构调整工作的若干意见》，提出优先发展高新技术类专业，大力发展应用类专业等。另一方面，加强重点和特色学科建设，教育部于 2006 年、2008 年先后出台《教育部关于加强国家重点学科建设的意见》《教育部关于加强"质量工程"本科特色专业建设的指导性意见》，推动学科建设。

在教育教学方面，2004 年，国务院印发《2003—2007 年教育振兴行动计划》，实施"高等学校教学质量和教学改革工程"，以深化课程体系、教学内容、教学方法、教学管理等方面改革，提高教学质量。2007 年，教育部先后发布《教育部财政部关于实施高等学校本科教学质量与教学改革工程的意见》《关于进一步深化本科教学改革全面提高教学质量的若干意见》，从专业结构调整、课程建设、教学改革、师资队伍建设等方面提出提高高等学校教学质量的方法。

这一时期，我国高等教育规模迅速扩大，高等学校数从 1998 年的 1022 所增加到 2009 年的 2305 所（见图 5-7），增长了 126%；招生数从 1998 年的 108.4 万增长到 2009 年的 639.5 万，增长了 490%；毛入学率从 1998 年的 9.8% 增长到 2009 年的 24.3%，高等教育人才培养进入大众化发展阶段。

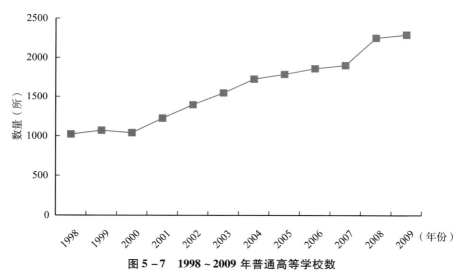

图 5-7 1998~2009 年普通高等学校数

资料来源：教育部发展规划司（2010）。

七、高等教育内涵式发展，人才培养质量不断提升（2010 年至今）

高等教育在经历规模扩张后，进入提高教育质量的内涵式发展阶段。2010 年，《国家中长期教育改革和发展规划纲要（2010—2020 年）》提出"全面提高高等教育质量""注重教育内涵发展"；2012 年，教育部先后印发《关于全面提高高等教育质量的若干意见》《国家教育事业发展第十二个五年规划》，强调高等教育要"走以质量提升为核心的内涵式发展道路"；党的十八大报告提出"推动高等教育内涵式发展"；党的十九大报告提出"加快一流大学和一流学科建设，实现高等教育内涵式发展"。

在专业设置方面，2012 年，教育部公布《普通高等学校本科专业设置管理规定》，对高校专业设置和调整实行备案或审批管理；2017 年，教育部等五部委联合发布《关于深化高等教育领域简政放权放管结合优化服务改革的若干意见》，改进高校本专科专业设置，实行备案管理，鼓励根据经济社会发展需要设置新专业；2019 年，教育部印发《关于加快推进高等学校学科专业调整优化提升支撑引领经济社会发展能力的指导意见》，实施一流专业建设"双万计划"和一流课程建设"双万计划"。同时，教育部在 2012 年、2020 年、2021 年、2023 年颁布新修订的《普通高等学校本科专业目录》，对目录进行动态调整管理。高等职业学校的专业管理也进一步规范和科学。

在招生制度方面，积极推进招生制度改革，一是推进高考制度改革，2014 年，国务院印发《国务院关于深化考试招生制度改革的实施意见》，改革考试形式和内容，规范考试加分、自主招生，启动高考综合改革试点；2016 年，教育部印发《关于进一步推进高中阶段学校考试招生制度改革的指导意见》，进一步推进综合改革试点，规范考试加分等。二是推进普通本科与高等职业教育分类考试，2012 年，教育部开展了高等职业教育入学考试由省（区、市）组织的试点，2016 年，印发《关于做好普通高职（专科）招生计划管理工作的通知》，推进高等职业教育分类考试招生。

在教育教学方面，一是加强教学管理，推进"本科教学工程"，研究制定本科各专业类教学质量国家标准和有关专业人才培养质量评价标准，开展教育质量监督评估和课程改革。二是不断扩大教育对外开放，2016 年，中共中央办公厅、国务院办公厅印发《国家公派出国留学管理规定》，推动完善留学服务体系、双边多边教育合作等；2013 年和2019 年先后修订《中外合作办学条例》，推动对外交流与合作；2016 年，教育部印发《推进共建"一带一路"教育行动》，2017 年，我国牵头制定《亚洲太平洋经济合作组织（APEC）教育战略》，推动地区间教育合作。

在职业教育方面，这一时期我国大力推动职业教育发展，2014 年，国务院印发《关于加快发展现代职业教育的决定》，提出建立产教深度融合、中职高职衔接、职业教育与普通教育相互沟通的现代职业教育体系；2015 年，教育部先后印发《关于深化职业教育教学改革全面提高人才培养质量的若干意见》《职业院校管理水平提升行动计划（2015—2018 年）》《高等职业教育创新发展行动计划（2015—2018 年）》，推动高等职业教育改革发展；2019 年，国务院印发《国家职业教育改革实施方案》明确职业教育与普通教育具有同等重要地位；2022 年，党的二十大提出"统筹职业教育、高等教育、继续教育协同创新，推进职普融通、产教融合、科教融汇，优化职业教育类型定位"。

这一时期我国高等教育快速发展，普通高等学校数总体呈持续增长状态，2022 年达到 2760 所（见图 5-8）；招生数持续增长，2021 年达到 1001.3 万人（见图 5-9）；在学总人数 2022 年超过 4430 万人，毛入学率从 2012 年的 30%，提高至 2021 年的 57.8%，高等教育进入普及化阶段。

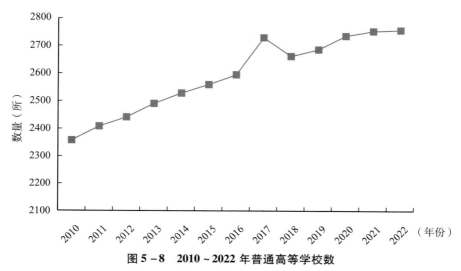

图 5-8 2010~2022 年普通高等学校数

资料来源：教育部发展规划司（2022）。

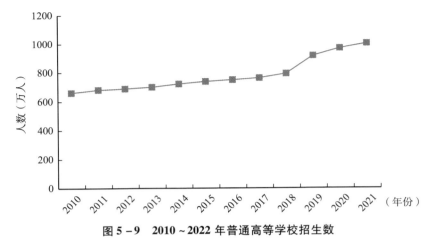

图 5 - 9　2010～2022 年普通高等学校招生数

资料来源：教育部发展规划司（2022）。

第二节　高等教育人才培养主要成就

一、建成世界最大规模高等教育体系，人才培养规模不断扩大

新中国成立以后，我国建立了新的社会主义高等教育体系，为有效支撑当时国家经济建设需要，理工科人才成为培养重点，工科学生数占比从 1949 年的 26% 增长到 1969 年的 56.6%，理科学生数从 1949 年的 6.4% 增长到 1969 年的 11.5%。改革开放后，随着我国市场经济体制的发展，高等教育不断改革发展，高等教育人才培养能力不断提升，学校规模、人才培养规模迅速扩大，建成了世界上最大规模的高等教育体系。

我国高等教育学校数从 1978 年的 598 所增长到 2021 年的 2756 所，增长了 3.6 倍；高等教育招生数从 1978 年的 40.2 万增长到 2021 年的 1001.3 万，增长了 23.9 倍；高等教育在校生人数从 1978 年 85.6 万增长到 2021 年的 3496.1 万，增长了 39.8 倍；每十万人口中普通高校的在校生数从 1978 年 89 人上升到 2022 年的 3510 人，增长了 38.4 倍；各种形式的高等教育在学总规模 2021 年达到 4430 万人（教育部，2022）（见图 5 - 10），全球高等教育在学规模是 2.35 亿人，占比为 18.9%，人才培养规模世界

第一；高等教育毛入学率 2002 年达到 15%，进入高等教育大众化发展阶段，2019 年超过 50%，进入高等教育普及化发展阶段，而美国高等教育从大众化阶段进入精英化阶段用了 29 年，英国用了 25 年，见图 5-11、表 5-1。

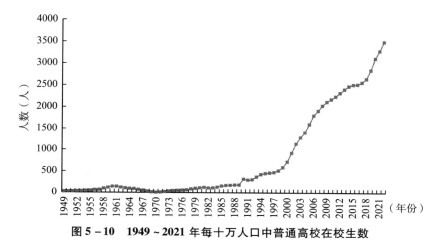

图 5-10 1949~2021 年每十万人口中普通高校在校生数

资料来源：教育部发展规划司（2022）。

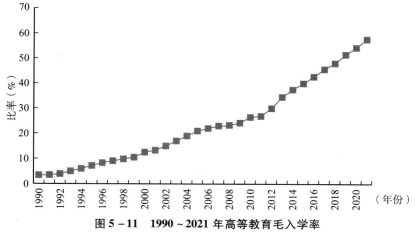

图 5-11 1990~2021 年高等教育毛入学率

资料来源：教育部发展规划司（2022）。

表 5 - 1 中国、英国、美国高等教育毛入学率

国家	精英化阶段 （5%）	大众化阶段 （15%）	普及化阶段 （50%）
中国	1993 年	2002 年	2019 年
英国	1954 年	1970 年	1995 年
美国	1911 年	1941 年	1970 年

资料来源：联合国教科文组织（UNESCO，2022）。

二、有力支撑经济社会发展，人才培养成效显著

高等教育的快速发展为经济社会提供了强有力的人才支撑。从就业方面看，高等教育每年为社会经济发展供给了大批高素质的劳动力。2010 年以来我国本科毕业生和高职毕业生的毕业去向落实率均在 87% 以上。同时，高等教育人才招生状况与毕业去向落实情况形成良好呼应。2019 年。我国高职毕业生的毕业去向落实率超过本科，专科招生数也超过本科招生数，并且距离不断拉大，专科招生占比从 2019 年的 52.86% 上升到 2021 年的 55.19%，本科招生占比从 2019 年的 47.14% 下降到 2022 年 44.81%，见图 5 - 12。

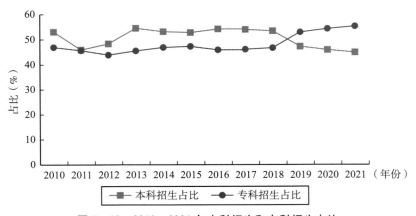

图 5 - 12 2010 ~ 2021 年本科招生和专科招生占比

资料来源：教育部发展规划司（2022）。

　　从就业人员的学历构成来看，高等教育的快速发展推动我国劳动力素质结构不断优化，就业人员中大学本科、大学专科、研究生学历的比例不断上升，大学专科学历的比重从 2007 年的 4.25% 上升到 2022 年的11.51%，大学本科学历的比重从 2007 年的 2.14% 上升到 2022 年的10.26%，研究生学历的比重从 2007 年的 0.23% 上升到 2012 年的 1.27%，见图 5 - 13。

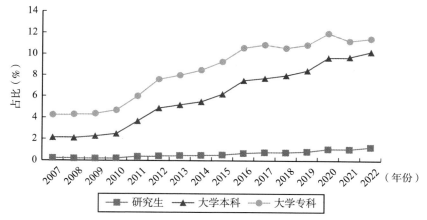

图 5 - 13　2007～2022 年就业人口中研究生、大学本科、大学专科学历占比

资料来源：国家统计局人口和就业统计司（2007；2008；2009；2010；2011；2012；2013a；2013b；2015；2017a；2017b；2018；2019；2020；2021；2022）。

三、助力国家科技创新与发展，人才效能不断提升

　　高校作为基础研究的主力军和重大科技突破策源地，是国家战略科技力量的重要组成部分，习近平总书记在两院院士大会、中国科协第十次全国代表大会上的重要讲话中指出："高水平研究型大学要把发展科技第一生产力、培养人才第一资源、增强创新第一动力更好结合起来，发挥基础研究深厚、学科交叉融合的优势，成为基础研究的主力军和重大科技突破的生力军。"近年来，高校的科技创新能力和水平显著提高，从普通高等学校科技人力来看，2000 年普通高等学校研究与发展人员 22.92 万人，2018 年达到 44.5 万人，增长了 94%；研究与发展全时人员从 2000 年的12.96 万增长到 2018 年的 26.7 万，增长了 1.06 倍，见图 5 - 14。

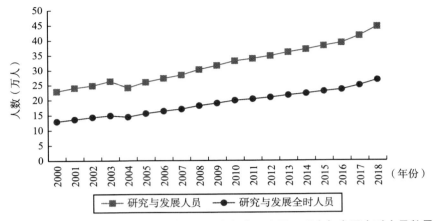

图 5 – 14　2000～2018 年普通高等学校研究与发展人员、研究与发展全时人员数量

资料来源：教育部发展规划司（2020）。

　　从普通高等学校研究与发展课题来看，2000 年普通高等学校科技课题数为 10.8 万项，2020 年增长到 80.7 万项，增长了 6.5 倍，见图 5 – 15。

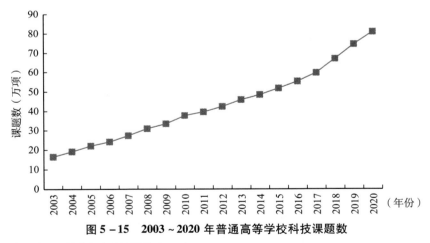

图 5 – 15　2003～2020 年普通高等学校科技课题数

资料来源：教育部发展规划司（2021）。

　　从普通高等学校科技成果来看，2000～2020 年普通高等学校累计出版科技专著 204689 部，知识产权授权数从 2000 年的 1952 项增长到 2020 年的 268450 项，2000～2020 年累计知识产权授权量达到 149.8 万项，见图 5 – 16。

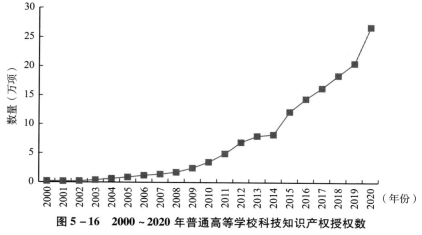

图5－16　2000～2020年普通高等学校科技知识产权授权数

资料来源：教育部发展规划司（2021）。

　　从普通高等学校科技成果转化情况来看，普通高等学校技术转让合同数从2000年的4946项增长到2020年19936项，增长了3倍，专利出售数从2000年的299项增长到2020年的15160项，增长了49.7倍；技术转让收入从2000年的118.5亿元增长到2020年的416.2亿元，增长了2.5倍，专利出售实现金额从2000年的12.5亿元增长到2020年的810.9亿元，增长了63.9倍，见图5－17、图5－18。

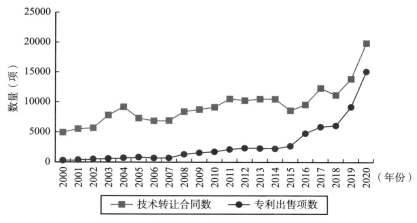

图5－17　2000～2020年普通高等学校技术转让合同数和专利出售数

资料来源：教育部发展规划司（2021）。

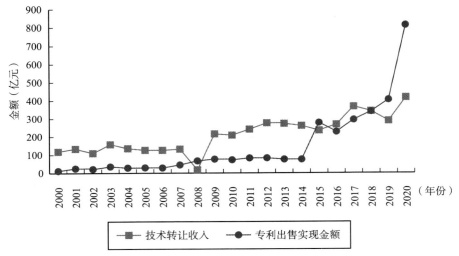

图 5 – 18   2000 ~ 2020 年普通高等学校技术转让收入和专利出售实现金额

资料来源：教育部财务司、国家统计局社会科技和文化产业统计司（2022）。

第三节   高等教育人才培养存在的问题

一、高等教育人才培养结构待优化，与经济社会发展需求有错位

整体来看，我国高等教育毕业生的就业率呈下降态势，且毕业生结构与就业状况不符。一方面，本科毕业生的就业率从 2014 年的 93.6%持续下降到 2021 年的 87.8%，高职高专毕业生的就业率从 2018 年开始下降，从 92.5% 下降至 2021 年的 90.6%。另一方面，虽然高职高专毕业生的就业率不断上升且在 2018 年超过本科并不断拉大差距，但是本科毕业生数 2013 年以来一直高于专科毕业生数，在 50% 以上，见图 5 – 19。

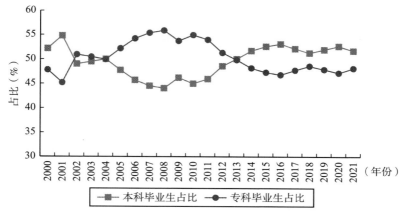

图 5 – 19　2000 ~ 2021 年普通本科和专科毕业生占比

资料来源：教育部发展规划司（2022）。

　　从具体专业来看，在本科学科门类中，工学就业率排名第一，但是毕业生占比从 2004 年的 36.99% 下降到 2021 年的 32.78%；艺术学就业率排名倒数第二，但是毕业生的比重从 2004 年的 4.05% 上升到 2021 的 9.50%；法学学科的就业率在所有专业大类中降幅最大，但是法学学科的毕业生规模从 2004 年的 6.3 万人增长到了 2021 年 15.3 万人。

　　在专科专业大类中，能源动力与材料大类、土木建筑大类、生物与化工大类学生的就业率排在前列，但是毕业生占比不断下降，能源动力与材料大类毕业生占比从 2016 年的 1.22% 下降到 2021 年的 1.02%，土木建筑大类毕业生占比从 2016 年的 11.55% 下降到 2021 年的 7.09%，生物与化工大类毕业生占比从 2016 年的 1.30% 下降到 2021 年的 0.73%。同时，农林牧渔大类、医药卫生大类、旅游大类、新闻传播大类毕业生就业率均排名较后，而毕业生的规模不断扩大，农林牧渔大类毕业生数从 2016 年的 55911 人增长到 2021 年的 68098 人，医药卫生大类毕业生数从 2016 年的 373714 人增长到 2021 年的 552134 人，旅游大类毕业生数从 2016 年的 102422 人增长到 2021 年的 124153 人，新闻传播大类毕业生数从 2016 年的 28837 人增长到 2021 年的 35364 人（见表 5 - 2、表 5 - 3）。总之，无论是本科还是专科，人才培养结构与经济社会发展需求有错位。

表 5 - 2 2007～2021 年普通本科各学科门类毕业生占比

	哲学	经济学	法学	教育学	文学	历史学	理学	工学	农学	医学	管理学	艺术学
2021	0.06%	5.82%	3.57%	4.31%	9.88%	0.46%	6.55%	32.78%	1.68%	7.06%	18.35%	9.50%
2020	0.05%	5.92%	3.50%	4.07%	9.73%	0.44%	6.52%	32.85%	1.69%	6.86%	18.91%	9.44%
2019	0.05%	5.96%	3.59%	3.85%	9.35%	0.46%	6.53%	32.81%	1.71%	6.74%	19.37%	9.58%
2018	0.06%	5.94%	3.59%	3.78%	9.29%	0.47%	6.61%	32.81%	1.75%	6.79%	19.35%	9.58%
2017	0.05%	6.00%	3.62%	3.69%	9.64%	0.48%	6.71%	32.48%	1.73%	6.81%	19.29%	9.49%
2016	0.05%	5.99%	3.60%	3.58%	10.01%	0.48%	6.88%	32.77%	1.72%	6.27%	19.48%	9.17%
2015	0.06%	6.12%	3.66%	3.46%	10.25%	0.49%	7.13%	32.92%	1.70%	6.24%	19.11%	8.87%
2014	0.06%	6.04%	3.80%	3.29%	10.63%	0.49%	7.48%	33.17%	1.75%	6.14%	18.57%	8.57%
2013	0.06%	6.05%	3.83%	3.27%	11.12%	0.49%	7.78%	33.09%	1.84%	6.01%	17.98%	8.49%
2012	0.07%	6.20%	4.00%	3.42%	11.43%	0.51%	9.68%	31.75%	1.77%	5.86%	17.39%	7.93%
2011	0.08%	6.17%	4.22%	3.40%	11.50%	0.51%	9.98%	31.63%	1.83%	6.03%	16.91%	7.74%
2010	0.08%	6.11%	4.42%	3.49%	11.61%	0.53%	10.39%	31.39%	1.87%	6.27%	16.64%	7.21%
2009	0.07%	6.14%	4.77%	3.53%	11.65%	0.55%	10.77%	31.10%	1.91%	6.21%	16.27%	7.03%
2008	0.07%	6.27%	5.14%	3.59%	11.75%	0.56%	11.15%	31.22%	2.02%	6.16%	15.78%	6.28%
2007	0.07%	6.35%	5.31%	3.63%	11.64%	0.62%	11.43%	31.75%	2.17%	6.15%	15.20%	5.69%

资料来源：根据教育部发展规划司（2008；2009；2010；2011；2013a；2013b；2014；2015；2016；2017；2018；2019；2020；2021；2022）相关数据计算。

表 5 - 3　　　　　2016～2021 年普通专科各学科大类毕业生占比

	2016	2017	2018	2019	2020	2021
农林牧渔大类	1.70%	1.60%	1.65%	1.62%	1.67%	1.71%
资源环境与安全大类	1.81%	1.59%	1.34%	1.13%	1.14%	1.19%
能源动力与材料大类	1.22%	1.17%	1.12%	1.07%	0.99%	1.02%
土木建筑大类	11.55%	10.97%	8.87%	7.61%	7.28%	7.09%
水利大类	0.42%	0.41%	0.39%	0.38%	0.37%	0.37%
装备制造大类	11.71%	12.05%	12.12%	11.59%	11.21%	10.09%
生物与化工大类	1.30%	1.19%	1.10%	0.87%	0.78%	0.73%
轻工纺织大类	0.52%	0.50%	0.47%	0.46%	0.47%	0.45%
食品药品与粮食大类	1.52%	1.56%	1.64%	1.62%	1.62%	1.59%
交通运输大类	4.57%	4.95%	5.35%	6.06%	6.48%	7.73%
电子信息大类	8.59%	8.84%	9.86%	11.24%	12.41%	13.30%
医药卫生大类	11.33%	11.94%	12.48%	13.43%	13.53%	13.86%
财经商贸大类	21.73%	22.05%	22.12%	20.75%	19.32%	17.54%
旅游大类	3.11%	3.04%	3.04%	3.12%	3.13%	3.12%
文化艺术大类	4.98%	4.84%	4.78%	4.47%	4.48%	4.86%
新闻传播大类	0.87%	0.78%	0.81%	0.80%	0.82%	0.89%
教育与体育大类	10.74%	10.29%	10.67%	11.58%	12.10%	12.20%
公安与司法大类	1.46%	1.33%	1.31%	1.33%	1.25%	1.13%
公安管理与服务大类	0.87%	0.90%	0.87%	0.88%	0.96%	1.15%

资料来源：根据教育部发展规划司（2017；2018；2019；2020；2021；2022）相关数据计算。

二、高等教育经费投入结构不均衡，高职高专经费保障水平较低

从普通高等教育的财政性教育经费结构来看，自 2000 年至今，本科学校财政性教育经费占比稳定在 81% 左右，高职高专学校财政性教育经费占比稳定在 19% 左右。但是 2019 年以来，高职高专学校的招生数已经超过了本科学校，且差距在不断拉大，职高中专学校毕业生的毕业去向落实率在 2019 年也超过了本科毕业生。同时，我国目前在大力鼓励职业教育发展，2022 年新修订《中华人民共和国职业教育法》明确规定"职业教育是与普通教育具有同等重要地位的教育类型"，2021 年中共中央办公

厅、国务院办公厅印发的《关于推动现代职业教育高质量发展的意见》提出要不断提高职业教育吸引力和培养质量，"优化支出结构，新增教育经费向职业教育倾斜"。因此，无论是国家政策方向，还是高职高专教育在招生、就业的重要作用，都需要提高高职高专学校财政性教育经费在普通高等学校财政性教育经费的比重，目前的19%经费保障水平较低。具体经费情况见图5-20。

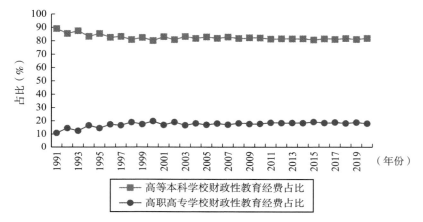

图5-20　1991～2020年普通本科和高职高专在普通高等教育财政性教育经费中的占比

资料来源：教育部财务司、国家统计局社会科技和文化产业统计司（2022）。

第四节　高等教育人才培养的对策建议

一、优化高等教育人才培养结构

一是建立以专业分类为基础的高等毕业生就业调查统计体系，加强行业指导作用，推动形成与行业结构调整需求相适应的高等教育专业体系，尤其要注重与经济社会发展需要相关专业发展，以促进高等教育培养的人才结构与经济社会发展的需求结构相吻合，提高学生在就业市场中的竞争力。二是优化专业结构，根据产业发展、毕业生就业状况、行业结构调整、国家战略布局等及时调整专业设置，形成紧密对接产业链、创新链的专业体系。三是继续探索优化人才培养模式，强化就业导向，将高等教育课程主动对接市场，推进产教深度融合、校企合作，让高等教育更好地服务产业发展。

二、加强高等职业教育人才培养支持力度

加大高等职业教育经费保障力度，保障高等职业教育有与其人才培养规模相对应的经费保障，对国家重点发展的行业、产业以及经济社会急需的人才类别，加大与之相关的高等职业教育学科的经费投入。同时加强高等职业教育师资队伍建设和教学条件保障，不断提高高等职业教育教学质量。

第 六 章

来华留学人才培养成效分析

　　留学生作为潜在的人才储备，对提升接收国的研究和创新能力、促进国家间文化交流、构建有利国际环境具有积极意义，广泛吸引各国优秀留学生也是世界各国保持竞争力的重要手段。

　　我国一直重视来华留学生人才队伍的培养和发展，在新时代人才队伍建设中，持续加强来华留学人才培养，对推进我国教育国际化、促进我国科技创新发展和共建"一带一路"具有更重要的意义，是更加积极、更加开放、更加有效的人才政策的充分体现。一方面，来华留学生通过在华学习能够更加深入地了解真实的中国，为促进各国人民民心相通、加强中外交流互鉴发挥积极作用。另一方面，来华留学生作为重要的人力资源支撑，将推动我国实现"聚天下英才而用之"的目的，并进一步促进共建"一带一路"的长久持续发展。

　　本文中"留学生"指学历教育中的高等教育留学生以及非学历教育留学生。

第一节　来华留学生发展趋势

　　我国是全球留学生第三大、亚洲最大接收国，在华留学生的人数仅次于美国和英国。近年来，尤其是"一带一路"倡议提出以来，我国来华留学生数量逐年大幅增加，层次结构持续优化，来华就业意愿持续提升，来华留学取得了较大进展。

一、来华留学生数量逐年攀升

根据教育部相关统计，2018 年，来华留学生总数为 492185 人，其中学历生 25.8 万人，非学历生 23.4 万人，覆盖世界 196 个国家和地区。这一数字比 1999 年的 44711 人扩大了十倍，基本实现了教育部在 2010 年《留学中国计划》中提出的"到 2020 年使我国成为亚洲最大的留学目的地国家、全年在内地高校及中小学校就读的外国留学人员达到 50 万人次，其中接受高等学历教育的留学生达到 15 万人"的目标（教育部，2012a）。

从 1999 年到 2018 年的二十年间，来华留学生人数保持稳定增长，年均增速为 13.4%。其中 2004 年增速达到 42.6%，此后的年增速保持在 7%~15%。学历生人数年均增速为 17.8%，非学历生人数年均增速为 10.8%。见图 6-1、图 6-2、图 6-3。

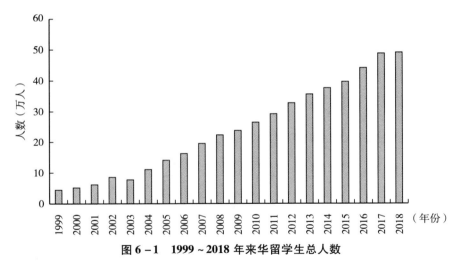

图 6-1　1999~2018 年来华留学生总人数

资料来源：教育部国际交流与合作司（2000；2001；2002；2003；2004；2005；2006；2007；2008；2009；2010；2011；2012；2013；2014；2015；2016；2017；2018；2019）。

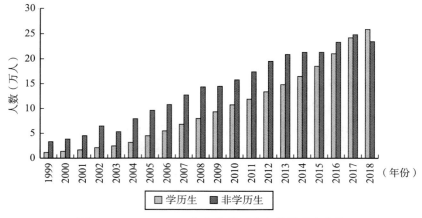

图 6 - 2   1999 ~ 2018 年来华学历生和非学历生人数

资料来源：教育部国际交流与合作司（2000；2001；2002；2003；2004；2005；2006；2007；2008；2009；2010；2011；2012；2013；2014；2015；2016；2017；2018；2019）。

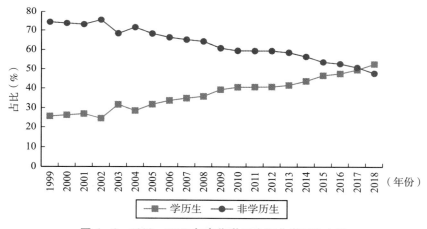

图 6 - 3   1999 ~ 2018 年来华学历生和非学历生占比

资料来源：教育部国际交流与合作司（2000；2001；2002；2003；2004；2005；2006；2007；2008；2009；2010；2011；2012；2013；2014；2015；2016；2017；2018；2019）。

二、来华留学生主要来自亚非国家

2018 年，亚洲来华留学生数量最多，达到了 29.5 万人，其次为非洲，共有 8.22 万人，接下来是欧洲、美洲和大洋洲。一直以来，来华留学生的主要来源国都集中在亚洲，各国留学生总人数、学历生和非学历生人数的占比始终居于五大洲首位。1999 年，有 71.4% 的来华留学生来自亚洲国家，这一比例自 2003 年起逐年下降，直至 2018 年达到 59.9％，但亚洲国家留学生依然占来华留学生的大多数。2013 年之前，按来华留学生总人数由高到低排序，亚洲之后分别为欧洲、美洲、非洲、大洋洲。2013 年，非洲来华留学生总人数开始超过美洲居于第三位，2017 年开始超过欧洲，居于第二位（见图 6 - 4 和图 6 - 5）。

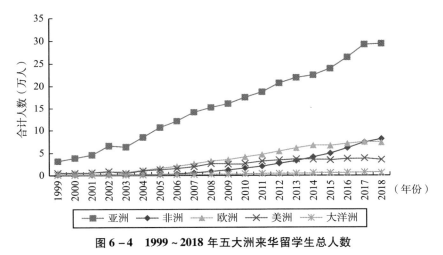

图 6 - 4　1999～2018 年五大洲来华留学生总人数

资料来源：教育部国际交流与合作司（2000；2001；2002；2003；2004；2005；2006；2007；2008；2009；2010；2011；2012；2013；2014；2015；2016；2017；2018；2019）。

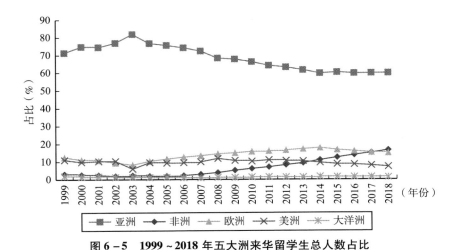

图 6 - 5　1999～2018 年五大洲来华留学生总人数占比

资料来源：教育部国际交流与合作司（2000；2001；2002；2003；2004；2005；2006；2007；2008；2009；2010；2011；2012；2013；2014；2015；2016；2017；2018；2019）。

　　学历生人数方面，过去近二十年间，除亚洲外，非洲国家学历生人数几乎一直保持在五大洲的第二位，与欧洲学历生人数相当，2008 年后学历生数量更是迅速增长，与欧洲的差距日益增大。非学历生人数方面，除亚洲外，欧洲、美洲国家非学历生人数一直高于非洲和大洋洲，始终分别居于第二、第三位（见图 6 - 6 ~ 图 6 - 9）。

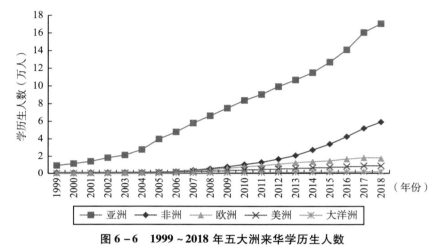

图 6 - 6　1999 ~ 2018 年五大洲来华学历生人数

资料来源：教育部国际交流与合作司（2000；2001；2002；2003；2004；2005；2006；2007；2008；2009；2010；2011；2012；2013；2014；2015；2016；2017；2018；2019）。

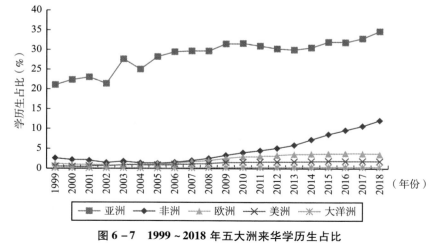

图 6 - 7　1999 ~ 2018 年五大洲来华学历生占比

资料来源：教育部国际交流与合作司（2000；2001；2002；2003；2004；2005；2006；2007；2008；2009；2010；2011；2012；2013；2014；2015；2016；2017；2018；2019）。

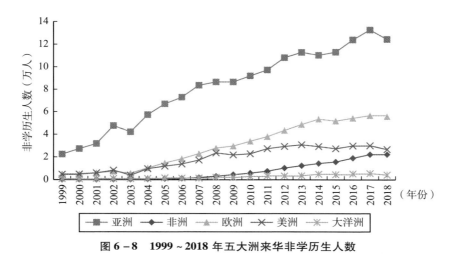

图 6 - 8 1999～2018 年五大洲来华非学历生人数

资料来源：教育部国际交流与合作司（2000；2001；2002；2003；2004；2005；2006；2007；2008；2009；2010；2011；2012；2013；2014；2015；2016；2017；2018；2019）。

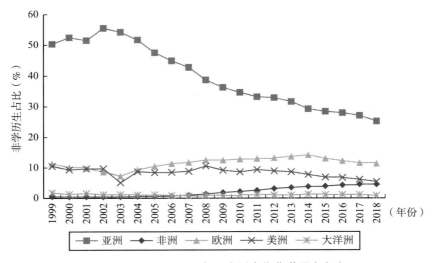

图 6 - 9 1999～2018 年五大洲来华非学历生占比

资料来源：教育部国际交流与合作司（2000；2001；2002；2003；2004；2005；2006；2007；2008；2009；2010；2011；2012；2013；2014；2015；2016；2017；2018；2019）。

　　与此同时，在五大洲中，非洲留学生的学历生比例最高，自 1999 年以来一直保持在 60% 以上，虽然在 2012 年前处于下降趋势，但近年来又重新开始持续上升。亚洲留学生的学历生比例在五大洲中一直居于第二位，并且在持续上升，2014 年起超过了亚洲留学生总人数的一半。欧洲、美洲、大洋洲留学生的学历生比例都较低，基本在 30% 以下。这在一定程度上说明各大洲来华留学人员层次上存在着较大差异（见图 6 – 10）。

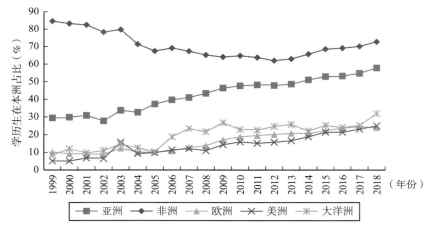

图 6 – 10　1999 ~ 2018 年五大洲来华学历生占本洲来华留学人数的比例

资料来源：教育部国际交流与合作司（2000；2001；2002；2003；2004；2005；2006；2007；2008；2009；2010；2011；2012；2013；2014；2015；2016；2017；2018；2019）。

从国别角度来看，韩国自 2000 年起就是我国留学生的最大来源国，其占比在 2003 年为 45% 以上，虽然在 2003 年后比例逐渐下降，但其数量仍然占有绝对优势（教育部国际交流与合作司，2000；2001；2002；2003；2004；2005；2006；2007；2008；2009；2010；2011；2012；2013；2014；2015；2016；2017；2018；2019）。在 2008 年之前，除韩国外，日本、美国、德国、法国、俄罗斯等国家都曾长期位列前十大留学生来源国，韩国和日本留学生人数基本处于前两位。而 2008 年之后，泰国、巴基斯坦、印度等国家的留学生数量和比例迅速增加，哈萨克斯坦、老挝等国家也陆续跻身前十大来源国。到 2018 年，排名前十位的在华留学生来源国为韩国、泰国、巴基斯坦、印度、美国、俄罗斯、印度尼西亚、老挝、日本、哈萨克斯坦（见图 6 – 11）。

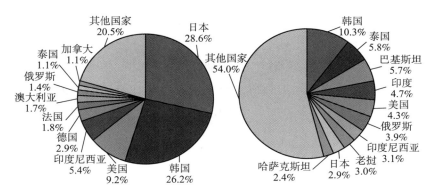

图 6 - 11　1999 年（左）和 2018 年（右）来华留学生主要来源国

资料来源：教育部国际交流与合作司（2000；2019）。

三、来华留学生总体素质不断提升

过去二十年间，来华留学生的总体素质不断提升，具体表现在学历留学生的比例有了大幅提高，来华留学生中硕博研究生的比例也持续增长。

1999 年，来华留学的学历生有 1.2 万人、非学历生 3.3 万人，学历生是非学历生的 1/3。1999～2005 年，学历生增速与非学历生增速相当，或低于非学历生增速，保持在 20% 左右。自 2005 年起，学历生增速开始持续高于非学历生增速。到 2018 年，来华留学的学历生比例首次超过非学历生，学历生占比 52.4%，非学历生占比 47.6%。2019 年，来华留学生的学历生比例进一步提高到 54.6%（见图 6 - 12）。

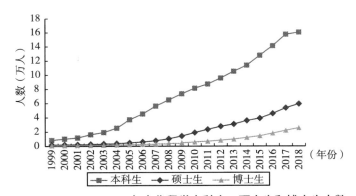

图 6 - 12　1999～2018 年来华留学本科生、硕士生和博士生人数

资料来源：教育部国际交流与合作司（2000；2001；2002；2003；2004；2005；2006；2007；2008；2009；2010；2011；2012；2013；2014；2015；2016；2017；2018；2019）。

来华留学的学历生一直以本科、硕士和博士研究生为主，专科生占学历生总人数的比例较低，保持在 1% ~ 4%。1999 年，来华留学的专科生占比为 1.6%、本科生 73.2%、硕士研究生 17.4%、博士研究生 7.8%。1999 年到 2018 年间，硕士和博士研究生总数的比例持续上升，到 2018 年，专科生占比为 4.8%，本科生占比为 62.3%，硕士和博士研究生占比分别提高到 23% 和 9.9%（见图 6 - 13）。

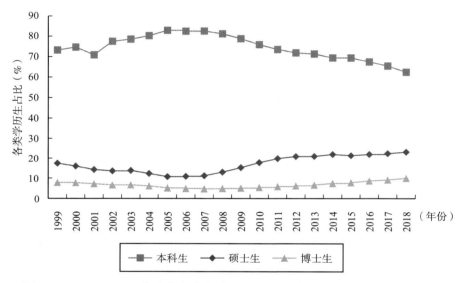

图 6 - 13　1999 ~ 2018 年来华留学本科生、硕士生和博士生占学历生总人数比例

资料来源：教育部国际交流与合作司（2000；2001；2002；2003；2004；2005；2006；2007；2008；2009；2010；2011；2012；2013；2014；2015；2016；2017；2018；2019）。

四、汉语言文学为热门专业

我国高校共有 14 个（类）专业可以接收来华留学生，分别为汉语言、工科、西医、管理、经济、文学、法学、中医、理科、艺术、教育、农科、历史和哲学。2018 年，来华留学人员学习人数最多的前三个专业为汉语言、工科和西医，分别有 18.5 万人、7.3 万人、5.5 万人。哲学是来华留学人员学习人数最少的专业，仅有 854 人。

自 2000 年起，汉语言专业就一直为来华留学人员学习人数最多的专业，占来华留学总人数的比例一度高达 71.4%（2001 年）。近年来，随着其他专业留学生人数的增加，这一比例逐年下降，到 2018 年为 37.7%。这一专业的非学历生的占比始终远高于学历生，以 2018 年为例，汉语言专业学历生人数为 3.3 万人，非学历生则高达 15.2 万人，是学历生人数的近 5 倍（见图 6 - 14）。

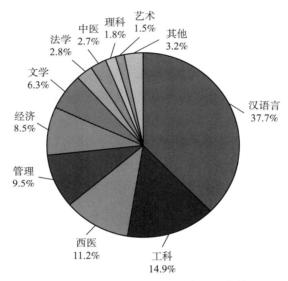

图 6 - 14　2018 年来华留学生专业分布情况

资料来源：教育部国际交流与合作司（2019）。

除汉语言专业外，在 2005 年之前，中医和文学始终为位列学习人数第二、第三多的两个专业。2005 年后，西医取代中医，跃居学习人数第二多的专业，并一直保持至 2016 年。2014 年，西医学习人数首次突破 10%，也是除汉语言专业外首个学习人数超过 10% 的专业，2018 年学习人数比例为 11.2%。自 2011 年起，工科开始取代文学，成为学习人数第三多的专业，并在 2017 年超过西医，成为学习人数第二多的专业，2018 年学习人数比例达到 14.9%。值得一提的是，工科和西医专业在 2018 年的学历生数量分别为 5.9 万人和 5.3 万人，远超汉语言专业的 3.3 万人（见图 6 - 15、图 6 - 16）。

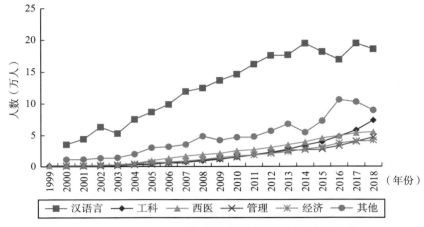

图6-15 2000~2018年来华留学生在主要专业的人数

资料来源：教育部国际交流与合作司（2000；2001；2002；2003；2004；2005；2006；2007；2008；2009；2010；2011；2012；2013；2014；2015；2016；2017；2018；2019）。

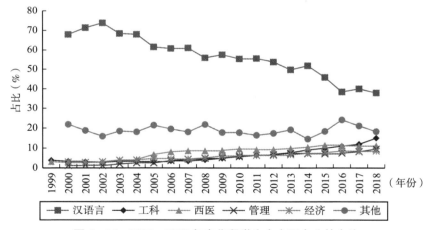

图6-16 2000~2018年来华留学生在主要专业的占比

资料来源：教育部国际交流与合作司（2000；2001；2002；2003；2004；2005；2006；2007；2008；2009；2010；2011；2012；2013；2014；2015；2016；2017；2018；2019）。

五、来华留学生主要集中于一线城市和东部地区

2018年，接收留学生最多的前十个省市为北京、上海、江苏、浙江、辽宁、天津、广东、湖北、云南、山东。见图6-17。留学生聚集的原因主要与各省市高校的数量和质量以及地理位置有关（例如边境省市）。

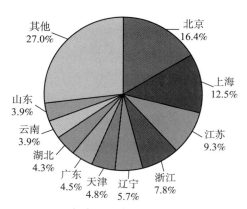

图 6 - 17　2018 年来华留学生在我国各省市分布情况

资料来源：教育部国际交流与合作司（2019）。

一直以来，北京和上海都是接收留学生最多的两个城市，北京更是以绝对优势遥遥领先于其他省市。天津、广东、浙江、江苏、辽宁等也排名靠前，接收留学生的比例保持在 5% ~ 8% 。自 2002 年起，上海接收留学生的数量比例与北京的差距开始缩小。2008 年后，上海和北京接收留学生的比例也开始逐年降低，天津、广东、浙江、江苏等省市接收留学生的数量和比例则日益提升，其他省市接收留学生的数量也逐渐从无到有、从少到多（见图 6 - 18）。

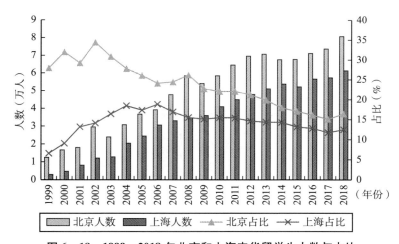

图 6 - 18　1999 ~ 2018 年北京和上海来华留学生人数与占比

资料来源：教育部国际交流与合作司（2000；2001；2002；2003；2004；2005；2006；2007；2008；2009；2010；2011；2012；2013；2014；2015；2016；2017；2018；2019）。

六、来华留学生在华就业意愿不断提升

2001 年，北京语言大学针对本校学生的调查发现，近 1/3 的国际学生想留在中国工作。2009 年，北京大学进行了类似的调查，结果显示82.7% 的国际学生选择来华留学的主要原因是"将来想从事与中国有关的工作"。根据 2018 年全球化智库组织的来华留学生就业意向调查，62.32% 的受访者有明确的在华工作意愿，73% 的受访者表示有意愿到海外中资企业就业（李锋亮、王亮，2017）。2019 年开展的北京高校留学生就业调查结果显示，约 2/3 的受访留学生表示有意向毕业后在华就业，超过一半的受访留学生表示有意愿在海外中资企业工作（谭洁，2019）。

七、共建"一带一路"国家来华留学生数量质量持续提高

1. 共建"一带一路"国家来华留学生的总量和占比持续上升

1999 ~ 2018 年，共建"一带一路"国家来华留学生总量从 2.19 万人增长至 37.9 万人，占全球来华留学生总数的比例从 49.2% 提升至 77.1%，共建"一带一路"国家已经成为来华留学生主要来源地（见图 6 - 19、图 6 - 20）。

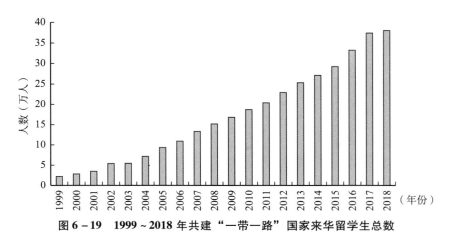

图 6 - 19　1999 ~ 2018 年共建"一带一路"国家来华留学生总数

资料来源：教育部国际交流与合作司（2000；2001；2002；2003；2004；2005；2006；2007；2008；2009；2010；2011；2012；2013；2014；2015；2016；2017；2018；2019）。

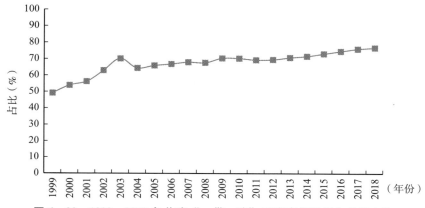

图 6 - 20　1999 ~ 2018 年共建"一带一路"国家来华留学生总数占比

资料来源：教育部国际交流与合作司（2000；2001；2002；2003；2004；2005；2006；2007；2008；2009；2010；2011；2012；2013；2014；2015；2016；2017；2018；2019）。

　　2018 年，前十大留学生来源国中，有七个属于共建"一带一路"国家，且排名前三的韩国、泰国和巴基斯坦均为共建"一带一路"国家。其中，泰国从 2013 年起超过日本，成为中国的第三大生源国，巴基斯坦在 2005 年进入前十大生源国行列，从 2017 年起稳定在第三位。哈萨克斯坦和老挝分别于 2008 年和 2017 年开始进入前十大生源国（见图 6 - 21）。

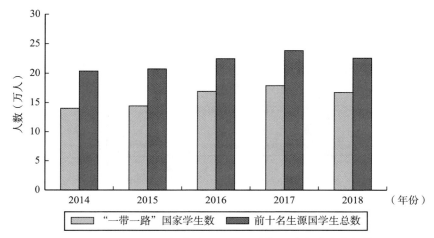

图 6 - 21　2014 ~ 2018 年共建"一带一路"国家留学生人数情况

资料来源：教育部国际交流与合作司（2015；2016；2017；2018；2019）。

2. 共建"一带一路"国家来华留学生学历层次不断优化

在来华留学生来源国中，共建"一带一路"国家的留学生学历层次较高，且不断优化。2018 年，共建"一带一路"国家学历生总数达到近 22 万人，比 1999 年增加了近 24 倍。学历生总数占共建"一带一路"国家留学生总数的 58%，而其他国家学历生总数占比仅为 33.8%。在学历生中，共建"一带一路"国家硕博研究生总数为 7.6 万人，占学历生总数的 34.6%，其他国家硕博研究生总数占学历生总数的 23.7%。共建"一带一路"国家博士研究生总数占全球各国来华博士研究生总数的 91.8%，详情见图 6－22。

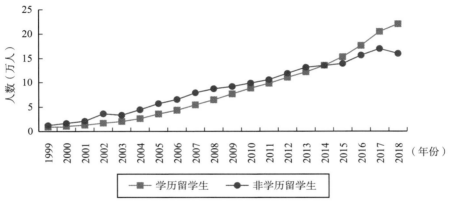

**图 6－22　1999～2018 年共建"一带一路"国家学历留学生
和非学历留学生总数情况**

资料来源：教育部国际交流与合作司（2000；2001；2002；2003；2004；2005；2006；2007；2008；2009；2010；2011；2012；2013；2014；2015；2016；2017；2018；2019）。

在来华本科生达到或超过 1000 人的国家中，共建"一带一路"国家数量一直占总国家数的 86% 以上。2018 年，31 个来华本科生达到或超过1000 人的国家中，有 28 个是共建"一带一路"国家。这些共建国家本科生总数基本占当年来华留学本科生总数的 61% 以上，且比例逐年上升，2018 年，这一比例已达到 68%（见图 6－23）。

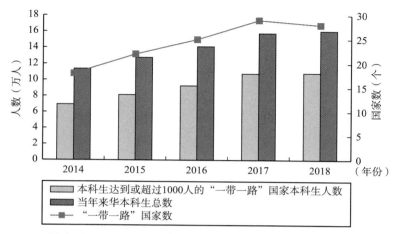

图 6 - 23　2014～2018 年来华本科生达到或超过 1000 人的

共建"一带一路"国家来华本科生人数

资料来源：教育部国际交流与合作司（2015；2016；2017；2018；2019）。

　　在来华硕博研究生达到或超过 100 人的国家中，共建"一带一路"国家数量一直占总国家数的 78% 以上。2018 年，94 个来华硕博研究生达到或超过 100 人的国家中，有 77 个属于共建"一带一路"国家。这些共建"一带一路"国家硕博研究生总数基本占当年来华留学硕博研究生总数的 61% 以上，且比例逐年上升，2018 年这一比例已达到 86.1%（见图 6 - 24）。

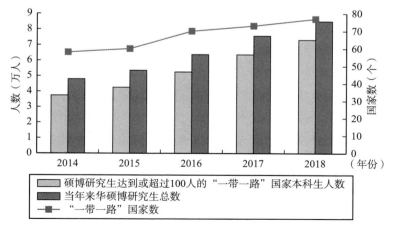

图 6 - 24　2014～2018 年来华硕博研究生达到或超过 100 人的

共建"一带一路"国家来华硕博研究生人数

资料来源：教育部国际交流与合作司（2015；2016；2017；2018；2019）。

3. 共建"一带一路"国家来华留学生集中于亚洲

根据 2018 年统计数据，共建"一带一路"国家来华留学生中，亚洲留学生占比为 67%，非洲留学生占比 21%，欧洲留学生占比 9.7%，美洲留学生占比 1.3%，大洋洲留学生占比 0.6%。在亚洲，共建"一带一路"国家来华留学生中，东南亚国家来华留学生占比最高，为 38.9%，其次为东亚和南亚国家留学生，分别为 23.7% 和 19.2%（见图 6 - 25）。

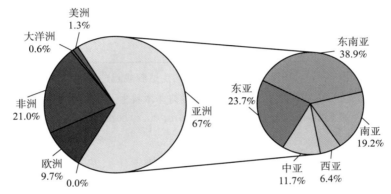

图 6 - 25　2018 年共建"一带一路"国家来华留学生中各大洲人数占比

资料来源：教育部国际交流与合作司（2019）。

4. 获中国政府奖学金的共建"一带一路"国家来华留学生比例较高

2018 年，共建"一带一路"国家来华留学生中，超过 5.5 万人获得中国政府奖学金支持，比 1999 年的 3486 人增加了近 15 倍。与全球其他来华留学生相比，共建"一带一路"国家来华留学生获奖学生占比较高，2018 年，获得中国政府奖学金的来华留学生占当年共建"一带一路"国家来华留学生总数的 14.5%，全球其他国家来华留学生中奖学金生的占比仅为 7%。在全球各国获得政府奖学金的来华留学生中，共建"一带一路"国家留学生始终占较大比例，且占比持续提升，已从 1999 年的 66.9% 增长到 2018 年的 87.4%（见图 6 - 26、图 6 - 27、图 6 - 28）。

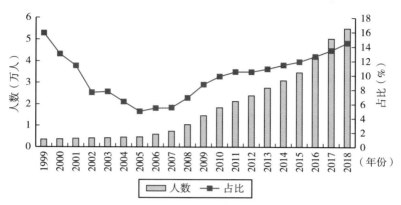

图 6 - 26　1999～2018 年共建"一带一路"国家
来华留学生获中国政府奖学金情况

资料来源：教育部国际交流与合作司（2000；2001；2002；2003；2004；2005；2006；2007；2008；2009；2010；2011；2012；2013；2014；2015；2016；2017；2018；2019）。

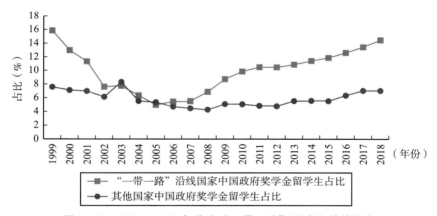

图 6 - 27　1999～2018 年共建"一带一路"国家和其他国家
来华留学生中政府奖学金生占比

资料来源：教育部国际交流与合作司（2000；2001；2002；2003；2004；2005；2006；2007；2008；2009；2010；2011；2012；2013；2014；2015；2016；2017；2018；2019）。

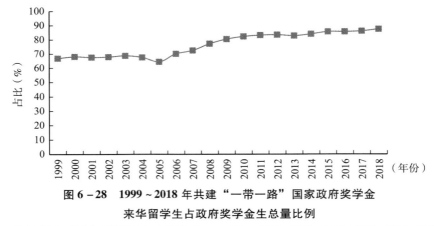

图 6 - 28　1999 ~ 2018 年共建"一带一路"国家政府奖学金来华留学生占政府奖学金生总量比例

资料来源：教育部国际交流与合作司（2000；2001；2002；2003；2004；2005；2006；2007；2008；2009；2010；2011；2012；2013；2014；2015；2016；2017；2018；2019）。

第二节　来华留学政策分析

改革开放以来，我国高度重视来华留学工作，来华留学相关工作得到迅速发展。2010 年，为贯彻落实《国家中长期教育改革和发展规划纲要（2010—2020 年）》，教育部制定《留学中国计划》，提出加强中外教育交流与合作，推动来华留学事业持续健康发展，提高我国教育国际化水平的总体目标。2014 年，习近平总书记对全国留学工作会议作出重要指示，强调"统筹谋划出国留学和来华留学，综合运用国际国内两种资源，培养造就更多优秀人才，努力开创留学工作新局面"（新华社，2014）。"一带一路"倡议提出后，2016 年教育部印发《推进共建"一带一路"教育行动》，提出通过开展教育互联互通合作、人才培养培训合作、共建丝路合作机制，促进共建"一带一路"国家教育加强合作、共同行动，为共建"一带一路"提供人才支撑（教育部，2016b）。2020 年，教育部等八部门印发《关于加快和扩大新时代教育对外开放的意见》，对新时代教育对外开放进行了重点部署，提出推动教育对外开放实现高质量内涵式发展，做强"留学中国"品牌，深化教育国际合作（教育部，2020b）。

一、来华留学生的招收和管理

近年来，尤其是"一带一路"倡议提出以来，我国政府各部门对来华留学生招收和管理方面的工作重视程度不断提升，出台了各项政策措施，细化来华留学生的招生、教学管理，并明确各主管部门的管理职责。国内高校也纷纷和国内外高校、企业开展合作国际人才培养项目，加大来华留学生的招生培养。

1. 来华留学生相关管理政策

2017 年，根据法律法规和部门管理职责，教育部、外交部、公安部联合制定了《学校招收和培养国际学生管理办法》（以下简称《管理办法》），并于 2017 年 7 月 1 日起施行。该管理办法对高等学校的招生管理、教学管理、校内管理、奖学金等做出了具体规定。在留学生招收方面，《管理办法》规定，高等学校按照其办学条件和培养能力自主确定国际学生招生计划和专业，按照国家招生规定制定和公布本校国际学生招生简章，按照招生简章规定的条件和程序招收国际学生。在留学生教学管理方面，《管理办法》规定，中华人民共和国通用语言文字是高等学校培养国际学生的基本教学语言，具备条件的高等学校，可以为国际学生开设使用外国语言进行教学的专业课程。同时规定，汉语和中国概况应当作为高等学历教育的必修课，政治理论应当作为哲学、政治学专业国际学生的必修课（教育部、外交部、公安部，2017）。

2018 年，教育部印发《来华留学生高等教育质量规范（试行）》（以下简称《规范》），明确对留学生的学科专业水平、对中国的认识和理解水平以及语言能力要求。《规范》进一步要求"来华留学生在学科专业上的培养目标和毕业要求与所在学校和专业的中国学生一致，符合相应教育层次、专业的教育教学标准或相关规范"，来华留学生应当熟悉中国历史、地理、社会、经济等中国国情和文化基本知识，了解中国政治制度和外交政策，理解中国社会主流价值观和公共道德观念，形成良好的法治观念和道德意识。以中文为专业教学语言的学科、专业中，来华留学生应当能够顺利使用中文完成本学科、专业的学习和研究任务，并具备使用中文从事本专业相关工作的能力；以外语为专业教学语言的学科、专业中，来华留学生应当能够顺利使用相应外语完成本学科、专业的学习和研究任务，并具备使用相应外语从事本专业相关工作的能力（教育部，2018b）。

2020 年，教育部发布《关于规范我高等学校接受国际学生有关工作的通知》，作为《管理办法》的补充规定，要求进入我国高等学校本专科阶段学习的外国国籍学生应持有有效外国护照或国际证明文件 4 年（含）以上，且最近 4 年之内有在外国实际居住 2 年以上的记录（教育部，2020c）。

2. "一带一路"高校战略联盟

2015 年 10 月，在甘肃省政府的倡议下，由兰州大学发起，8 个共建"一带一路"国家和地区的 47 所高校成立了"一带一路"高校联盟。该联盟旨在搭建学术资源共享平台，通过探索科研人员与学生交流机制，组建协同创新共同体，联合开展研究，共同培养具有国际视野的人才，服务共建"一带一路"国家和地区经济社会发展。联盟还设立了"甘肃省丝绸之路专项奖学金"，每年划拨 510 万元专项经费，用于培养共建"一带一路"国家留学生。该联盟已覆盖 27 个国家的 178 所高校。

此后，我国相关高校又陆续发起成立"一带一路"中波大学联盟、丝绸之路职业教育联盟、"一带一路"标准化教育与研究大学联盟、"一带一路"工程教育国际联盟、"一带一路"矿业高校联盟、"一带一路"财经类高校联盟等十余个高校联盟组织。这些高校联盟通过汇集各国高校优势资源，推动共建"一带一路"国家各高校之间的国际交流与合作，创新人才培养机制，探索学科专业共建，推进科技成果转化，服务共建"一带一路"国家的发展建设。

二、来华留学生的资助

作为国际通行做法，为外国留学生全额或部分提供奖学金是吸引优秀人才并推进我国高等教育的国际化的重要方式。我国自 20 世纪 50 年代设立了中国政府奖学金，用于资助到我国高校学习或开展科研的非中国籍公民。随着我国经济社会的发展和吸引优秀外国留学生的需求不断增强，我国的国家、地方和高校各层面不断完善来华留学生资助政策并提升资助标准。例如，2010 年，教育部《留学中国计划》提出要"根据国家战略和发展需要，逐步增加中国政府奖学金名额"（教育部，2012b）。2016 年，教育部提出设立"丝绸之路"中国政府奖学金，每年资助 1 万名共建国家新生来华学习或研修，为共建各国专项培养行业领军人才和优秀技能人才。

目前，我国对留学生的资助主要通过国家、地方和学校层面设置的奖学金项目实现，也逐渐开始有企业通过探索建立校企合作项目，为所在行业和所需专业的来华留学生提供资助。

1. 中国政府奖学金

在国家层面，教育部委托国家留学基金委设立中国政府奖学金，用于资助到中国高校学习或开展科学研究的外国籍公民，包括本科生、硕士研究生、博士研究生、普通进修生和高级进修生。中国政府奖学金下设国别双边项目、高校项目和专项奖学金。其中，国别双边项目是根据中国与有关国家政府、机构、学校以及国际组织等签订的教育合作与交流协议或达成的共识提供奖学金。高校项目是根据指定高校的选拔推荐而提供的奖学金。专项奖学金则包括长城奖学金、中国－欧盟学生交流项目、中国－东盟大学奖学金项目、太平洋岛国论坛项目等，见表6－1。

除教育部委托的项目外，商务部在2015年设立了"援外高级学历学位教育专项计划"，重点资助受援国中青年友华人士来华攻读硕士或博士学历学位。中华全国总工会在2020年设立了共建"一带一路"国家工会干部汉语研修奖学金项目，为来自共建"一带一路"国家的工会干部来华汉语进修提供全额资助奖学金。以上奖学金项目均委托国家留学基金委负责具体管理工作。

表6－1　　　　　　　　　中国政府奖学金专项项目

项目名称	申请人范围	资助类别	申请受理机构
长城奖学金项目	发展中国家学生、学者	普通进修生 高级进修生	所在国联合国教科文 组织全国委员会
中国－欧盟学生 交流项目	欧盟成员国学生、学者	本科生 硕士研究生 博士研究生 普通进修生 高级进修生	中国驻欧盟使团 教育文化处
中国－东盟大学 奖学金项目	东盟成员国学生、学者	硕士研究生 博士研究生	东盟院校组织（AUN） 秘书处

项目名称	申请人范围	资助类别	申请受理机构
太平洋岛国论坛项目	太平洋地区岛屿国家学生、学者	本科生 硕士研究生 博士研究生 普通进修生 高级进修生	太平洋岛国论坛秘书处
世界气象组织项目	有志于气象学科方面研究的世界各国学生、学者	本科生 硕士研究生 博士研究生	世界气象组织

资料来源：国家留学基金管理委员会（2021a）。

从 2014 年起，教育部提高了中国政府奖学金资助标准。奖学金分为三个档次，根据学科类别对应相应的资助标准，见表 6-2。

表 6-2 　　　　　　　　中国政府奖学金资助标准

	一类 哲学、经济学、法学、教育学、文学（除文艺类外）、历史学、管理学	二类 理学、工学、农学	三类 文学（文艺类）、医学
本科	59200 元	62200 元	66200 元
硕士	70200 元	74200 元	79200 元
博士	87800 元	92800 元	99800 元
全英文授课的研究生和进修生，额外提供每人每年 5000 元的教学补助。			

资料来源：国家留学基金管理委员会（2021a）。

奖学金覆盖范围为来华留学生的学费、住宿费、生活费、综合医疗保险费和国际旅费。其中，学费、住宿费拨付奖学金生就读高校，由高校统筹。生活费拨付奖学金生就读高校，由高校逐月定期发放给奖学金生。综合医疗保险费由教育部按规定为奖学金生购买综合医疗保险。国际旅费按协议由国家留学基金管理委员会按规定为奖学金生购买国际机票。

2018 年共有 6.3 万名中国政府奖学金生在华学习，占来华留学生总数的 12.8%，其中攻读学位的硕博研究生占 69.7%，学历来华留学生较上年增长了9.7%，非学历来华留学生下降了8.9%。从1999年至2018年，受政府奖学金资助的学历生比例逐年上升，从56.5%提高到89.9%，其中硕博研究生的占比从占少数的21.5%逐年提高到69.7%，受资助留学生的层次和水平都得到了较大提高（见图6-29～图6-32）。

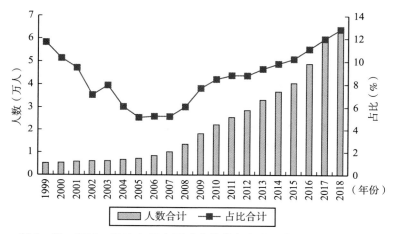

图6-29 1999～2018年受中国政府奖学金资助留学生的人数和占比

资料来源：教育部国际交流与合作司（2000；2001；2002；2003；2004；2005；2006；2007；2008；2009；2010；2011；2012；2013；2014；2015；2016；2017；2018；2019）。

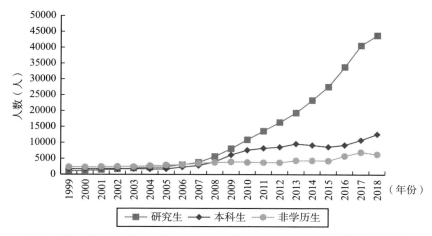

图6-30 1999～2018年受中国政府奖学金资助的各学历类型留学生人数

资料来源：教育部国际交流与合作司（2000；2001；2002；2003；2004；2005；2006；2007；2008；2009；2010；2011；2012；2013；2014；2015；2016；2017；2018；2019）。

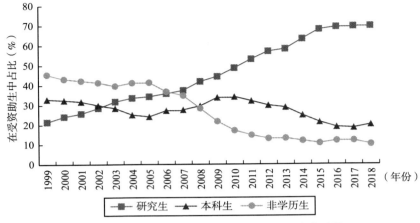

图 6 – 31　1999 ~ 2018 年受中国政府奖学金资助的
各学历类型留学生在受资助生中占比

资料来源：教育部国际交流与合作司（2000；2001；2002；2003；2004；2005；2006；2007；2008；2009；2010；2011；2012；2013；2014；2015；2016；2017；2018；2019）。

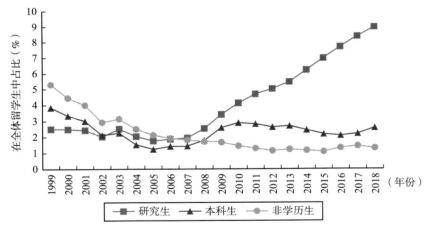

图 6 – 32　1999 ~ 2018 年受中国政府奖学金资助的
各学历类型留学生在全体留学生中占比

资料来源：教育部国际交流与合作司（2000；2001；2002；2003；2004；2005；2006；2007；2008；2009；2010；2011；2012；2013；2014；2015；2016；2017；2018；2019）。

2018 年受政府奖学金资助的来华留学生中，亚洲、非洲、欧洲、美洲、大洋洲各州留学生分别占 58.0%、19.8%、14.3%、6.6%、1.2%。

过去近二十年间，亚洲来华留学生受政府奖学金资助最多，保持在50%左右，欧洲、美洲受资助的留学生占比近年来有所缩减，非洲、大洋洲受资助的留学生占比较为稳定，分别保持在25%和2%左右。见图6－33、图6－34。

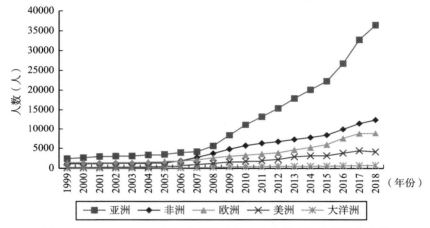

图6－33　1999～2018年各大洲受中国政府奖学金资助留学生人数

资料来源：教育部国际交流与合作司（2000；2001；2002；2003；2004；2005；2006；2007；2008；2009；2010；2011；2012；2013；2014；2015；2016；2017；2018；2019）。

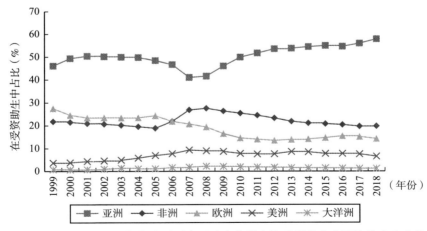

图6－34　1999～2018年各大洲受中国政府奖学金资助留学生在受资助生中占比

资料来源：教育部国际交流与合作司（2000；2001；2002；2003；2004；2005；2006；2007；2008；2009；2010；2011；2012；2013；2014；2015；2016；2017；2018；2019）。

2018年各大洲受政府奖学金资助的留学生占各洲留学生总数的比例相当，亚洲、非洲、欧洲、美洲、大洋洲的比例分别为 12.4%、15.3%、12.3%、11.6%、12.3% 中。1999 年到 2018 年，非洲受政府奖学金资助的留学生占该洲留学生总数的比例始终保持最高，但在过去近二十年间持续下降，与其他各洲之间的差距日益缩小。见图 6 – 35。

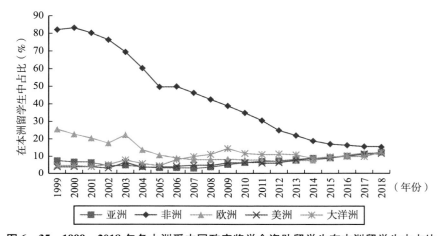

图 6 – 35 1999 ~ 2018 年各大洲受中国政府奖学金资助留学生在本洲留学生中占比

资料来源：教育部国际交流与合作司（2000；2001；2002；2003；2004；2005；2006；2007；2008；2009；2010；2011；2012；2013；2014；2015；2016；2017；2018；2019）。

2. 其他专项奖学金

除国家奖学金外，我国各省、市，以及高校和企业也都针对各地、各高校的优势专业或企业发展需要的人才设置不同额度、不同侧重的奖学金项目。甘肃省政府、西安市政府、成都市政府、北京大学、人民大学等还专门设立了"一带一路"奖学金项目或"丝绸之路"奖学金项目，旨在为更多共建"一带一路"国家优秀学生提供来华学习的机会，吸引更多外国留学生来华深造。中建八局一公司在山东大学捐赠设立"山东大学 – 中建八局奖学金"，用于支持世界各国尤其是共建"一带一路"国家优秀青年学生在山东大学攻读 2 年制全英文授课"国际项目管理"硕士专业。

赴各高校攻读学位或进修的外国留学生可根据自身情况申请各类奖学金。以北京大学为例，外国留学生可申请中国政府奖学金、孔子学院奖学金、北京市外国留学生奖学金、教育部优秀留学生奖学金、国家开发银行奖励金等不同层级、不同资助额度的奖学金项目。见表6-3。

表6-3　　　　　　　　　　　北京大学留学生奖学金

奖学金名称	授予机构	对象	资助内容	申请阶段
中国政府奖学金	教育部	全部留学生	全奖、部分奖	入学前
中国政府奖学金——高校自主招生项目	教育部	硕、博	全奖	入学前
北京大学外国留学生奖学金	北京大学	本、硕、博	全奖、部分奖	入学前 入学后
孔子学院奖学金	国家汉办	对外汉语专业硕士 普通进修生	全奖	入学前
孔子新汉学计划	国家汉办	博士生、高级进修	全奖	入学前
北京市外国留学生奖学金	北京市政府	本、硕、博	学费补助	入学前、入学后
优秀留学生奖学金	教育部	本、硕、博	生活补助	入学后
国家开发银行奖励金	国开行	本、硕（限经济、管理或金融类专业）	一次性奖励	入学后
郭氏基金奖学金	嘉里集团	马来西亚本科留学生	全奖	入学前

资料来源：北京大学（2022）。

三、来华留学生的就业

1. 来华留学生学习和工作签证转换政策

学习签证与工作签证的有效衔接是促进来华留学生在华就业的重要因素。2016年之前，我国并没有建立起明确的外国人来华学习与工作签证、居留签证的转换机制。教育部在2000年发布的《高等学校接受外国留学生管理规定》中明确规定，外国留学生在校期间不得就业、经商或从事商业活动，但可以参加学校规定的勤工助学活动。外国留学生毕业、结业、肄业、退学后，必须在规定的时间内离境（教育部、外交部、公安部，2000）。根据这一规定，来华留学生无法在毕业后直接在华实习或工作，只能在回国一段时间后，重新办理来华工作相关的许可和签证，大大限制了来华留学生在华工作的积极性和可能性。

自 2016 年起，我国开始探索加强海外人才引进的制度建设，其中就包括来华留学生就业的相关举措。2016 年 2 月，中共中央办公厅、国务院办公厅印发《关于加强外国人永久居留服务管理的意见》，要求"放宽外国优秀留学生在华工作限制，为其毕业后在中国境内工作和申请永久居留提供渠道"（中共中央办公厅、国务院办公厅，2016）。2016 年 2 月，中共中央印发《关于深化人才发展体制机制改革的意见》，提出了构建具有国际竞争力的引才用才机制的要求，具体要求"出台学位研究生毕业后在华工作的相关政策"（中共中央，2016）。

2017 年，为贯彻落实《关于深化人才发展体制机制改革的意见》，人力资源和社会保障部等发布《关于允许优秀外籍高校毕业生在华就业有关事项的通知》（人力资源和社会保障部、外交部、教育部，2017），拟允许部分无工作经历的优秀外籍高校毕业生在华就业。通知规定，在中国境内高校取得硕士及以上学位且毕业一年以内的外国留学生在具备相关条件后，可发放外国人就业许可证书。具体要求包括取得相应学历与学位、平均成绩不低于 80 分、有确定的聘用单位且从事工作岗位与所学专业对口。具体薪酬标准由各省级人力资源和社会保障部门根据就业市场实际和引进人才工作的需要合理确定。通知还规定，外籍高校毕业生在华就业实行配额管理，各省级人力资源和社会保障部门要根据本省企业对外籍高校毕业生的需求数量、本地区高校毕业生就业形势等因素，提出配额需求数量。

此外，根据国家外国专家局 2017 年发布的《外国人来华工作分类标准（试行）》，40 岁以下在国（境）外高水平大学或中国境内高校从事博士后研究的青年人才可认定为"优秀青年人才"，列入"外国高端人才（A 类）"，实行"绿色通道"和"容缺受理"服务，可以先申请人才签证，入境后凭人才签证办理外国人来华工作许可。这一规定在一定程度上也为外国留学人才直接获得在华工作签证提供了支持与便利。

2. 来华留学生在华就业创业的支持政策

在很长一段时期内，我国对于来华留学生在华实习和就业创业进行了严格的限制。自 2015 年起，公安部陆续出台系列举措，优化部分出入境政策措施并扩大实施范围，支持上海、北京、广东等重点区域建设发展，其中就包括吸引外国留学生来华创新创业等内容。此后，我国从国家和地方层面都开始逐渐放宽来华留学生就业创业的相关政策，在来华留学生在华就业创业支持政策方面取得了重大的突破。

2015 年 7 月，公安部推出支持上海科技创新中心建设的系列出入境政策措施（公安部，2015a），明确支持外国留学生在我国高等院校应届毕业后直接在上海创新创业，吸引在华外籍优秀高校毕业生的智力资源。

2016 年，公安部推出支持北京创新发展的 20 项出入境政策措施，除支持外国留学生在我国高等院校应届毕业后直接在北京创新创业外，还允许在京高校外国留学生在中关村兼职创业。具有在北京创新创业意愿，并在我国高等院校毕业的外国留学生，凭高等院校毕业证书，政府有关主管部门出具的申请人创新创业相关证明等材料，可以申请有效期不超过 5 年的私人事务类居留许可（加注"创业"）。在京创新创业期间，被有关单位聘雇的，应当按规定办理工作类居留许可。在京高校外国学生有在中关村兼职创业需求的，提交中关村管委会或分园管委会出具的创业意向证明，所在高校留学生管理部门同意并出具推荐函后，可以申请在学习类居留许可上加注"创业"，在中关村实施兼职创业活动（公安部，2015b）。

2016 年 8 月，公安部正式批复同意广东省实施支持广东自贸区建设和创新驱动发展的 16 项出入境政策措施，其中的第 13 条政策为支持外国留学生在我国高等院校（含港澳地区的高等院校）毕业后直接在广东省创新创业。具有在广东省创新创业意愿的外国留学生，可以凭高等院校毕业证书申请有效期 2 年以内的私人事务类居留许可（加注"创业"），进行毕业实习及创新创业活动。期间，被有关单位聘雇的，按规定办理工作类居留许可（公安部，2016）。

除公安部的支持措施外，相关部委和各省市也陆续出台支持外国留学生来华就业创业的支持政策。例如 2018 年，人社部正式印发《支持海南人力资源和社会保障事业全面深化改革开放的实施意见》，明确指导和支持海南实施积极的就业创业政策，允许在中国高校获得硕士及以上学位的优秀外国留学生在海南就业和创业，给予发放工作许可（人力资源和社会保障部，2018）。2019 年，江西省在《关于推广支持创新相关改革举措的通知》中，也鼓励引导优秀外国留学生在赣就业创业，通知要求尽早实现外国留学生凭国内高校毕业证书、创业计划书，申请加注"创业"的私人事务类居留许可。注册企业的，凭国内高校毕业证书和企业注册证明等材料，可申请工作许可和工作类居留许可。获得硕士及以上学位的外国留学生，符合一定条件的，可直接申请外国人来华工作许可和工作类居留许可（江西省人民政府办公厅，2019）。

3. 来华留学生在华就业相关服务

在来华留学生在华就业相关政策的引领下，我国政府部门、各省市也都加强了来华留学生在华就业服务的提供，通过留学人才招聘会、对接会等方式，为来华留学生在华就业提供更多便利。例如教育部留学服务中心自 2016 年起开始举办"来华留学人才招聘会"，到 2019 年共举办了七届。累计共有来自 100 多个国家的 20000 万多外国留学生参加，涉及招聘职位达 3200 余个，且前来应聘的留学生人数逐年增加。招聘会为来华留学生成功在华实习、就业、创业以及毕业后派往海外就业搭建了重要平台。

2017 年，中关村"一带一路"产业促进会发起启动藤蔓计划。该计划通过对接会，实现中国服务高新技术企业及机构与国际青年创新创业相对接，为企业机构、在华国际留学生搭建桥梁和平台。通过派送留学生进入企业机构实习的方式，推动中国产品、技术服务在"一带一路"快速拓展与深度融合。到 2019 年，"藤蔓计划"已吸引 8000 余名国际留学生和 500 多家中国企业参与，超过 1000 名国际留学生获得在华实习机会。

4. 来华留学生海外就业促进举措

自"一带一路"倡议提出以来，中国企业迎来了"走出去"的机遇和挑战，企业的海外发展亟须高质量的国际化人才，既要熟悉当地语言、文化、法律背景情况，又要对中国的语言、文化、企业运行等情况有一定的了解。在这样的背景下，来华留学人员，尤其是共建"一带一路"国家来华留学生成为我国驻海外企业重要的人力资源支撑。我国有关部门、部分院校也都采取了促进来华留学生海外就业的举措，助力我国"走出去"企业的人才需求和可持续发展。

（1）校企合作人才培养。

面对新形势，部分院校与企业开始尝试开展联合培养项目，搭建"学校－企业"的利益共享平台，针对走出去企业在人才培养方面的需求，与企业和所在国家的高校密切合作，以意向或联合人才培养等形式，吸引优质生源来华留学，形成可持续的"人才培养＋产学研合作"模式。例如，北京化工大学与中国石油和化工行业国际产能合作企业联盟联合成立了

"一带一路"国际人才培养中心，重点服务走出去企业的人才培养，通过与企业所在国友好学校签署联合培养协议，开展 2 + 2 双学位联合培养项目。联合培养的学生可以到合作企业观摩和实习实践。再如安徽芜湖职业技术学院与海外中资企业共同开设"国际订单班"，招收的国际学生毕业回国后，可直接前往海外中资企业就业（赵健雅、刘广青、李齐方、张帅、张加阜，2022）。

（2）来华留学人员海外就业对接平台。

我国有关省市、部分驻海外使领馆针对来华留学毕业人员举办招聘会，为来华留学人员提供海外工作机会。例如 2018 年初，江苏省教育厅和商务厅合作，基于省商务厅企业信息库和省教育厅外国留学生资源库，构建了面向全省"走出去"企业、来苏外国留学生和留学生就读学校的信息交流和招聘平台。我国驻卢旺达、哈萨克斯坦、沙特阿拉伯使领馆也都举办来华留学人员招聘会，为当地的来华留学生和我国驻海外企业架设了对接的桥梁。

第三节　来华留学人才培养的主要成效

一、来华留学人才总量提升、布局优化

一是来华留学人才总量实现跨越式提升。改革开放以来至今，来华留学人员总量有了跨越式提升，从 1978 年的 1236 人到 2018 年的 49.2 万人，来华留学人才总量规模扩大了近 400 倍。共建"一带一路"国家来华留学生总数从 1999 年的 2 万余人增长到 2018 年的近 38 万人，占全部来华留学生总数的比例也从近 50% 增长至 77.1%，共建"一带一路"国家成为来华留学生主要来源地。

二是来华留学人才布局持续优化。来华留学生来源国家从 1978 年的 70 余个增长到 2018 年的 196 个国家和地区，见图 6 - 36。从 2018 年留学生来源国的分布比例以及过去二十年间各国留学生比例的变化可以看出，来华留学生不再大规模集中于某个或某几个国家，学生来源日益多元化。来华留学生的学习目的地从北京、上海等较发达地区扩展到 31 个省、自治区、直辖市的 1004 所高等院校和科研院所。此外，来华留学生的专业

分布也更加均衡，从原来的集中于汉语言文学，到目前的工科和西医等14个专业均有分布。

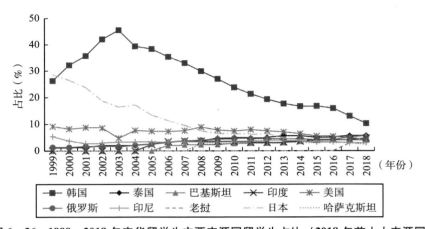

图 6 – 36　1999～2018 年来华留学生主要来源国留学生占比（2018 年前十大来源国）

资料来源：教育部国际交流与合作司（2000；2001；2002；2003；2004；2005；2006；2007；2008；2009；2010；2011；2012；2013；2014；2015；2016；2017；2018；2019）。

三是来华留学人才层次不断提高。来华留学人才中，学历生的比例和硕博研究生的比例都持续大幅提高。2019 年，来华留学生的学历生比例已经提高到 54.6%。2018 年，来华留学学历生中的专科生占比为 4.8%，本科生占比为 62.3%，硕士和博士研究生占比分别从 1999 年的 17.4% 和7.8% 提高到 23% 和 9.9%。2018 年中国政府奖学金生中，硕博研究生的占比也从 1999 年的 21.5% 提高到 69.7%，占获奖学生的大多数（教育部，2020a）。

二、来华留学人才管理体系建设取得实效

一是来华留学招生机制持续健全。学校双向自主选择学生与中国政府奖学金生相结合的招生模式持续推进。2017 年，教育部出台《学校招收和培养国际学生管理办法》（教育部、外交部、公安部，2017），要求招收国际生的高校按照国务院教育行政部门规定的事项和程序进行备案，对提出报名申请的国际生的入学资格和经济保证证明进行审查，对其进行考试或者考核，依法依规加强管理。在中国政府奖学金生的招生和管理方面，既扩大了发放对象范围，奖学金类别日益多元，同时又实施严格遴选、统一管理、预科教育、结业考试、年度评审等制度，有效保证了中国政府奖学金生的培养质量。从近年来共建"一带一路"国家中国政府奖学金获奖学生数量和占比快速增长可以看出，"丝绸之路"中国政府奖学金等项目的设置成效明显。

二是来华留学管理规范化。2018 年，教育部印发的《来华留学生高等教育质量规范（试行）》明确了来华留学生高等教育在人才培养、招生录取、教育教学、管理服务等方面的质量规范，尤其提出要推进中外学生教学、管理和服务的趋同化，要求来华留学生在学科专业上的培养目标和毕业要求与所在学校和专业的中国学生一致，且同一课程中应当对中外学生采用相同的考试考核方式，保障中外学生的文化交流与合法权益（教育部，2018b）。对照规范要求，教育部、各地教育部门也定期开展来华留学教育督导检查，加强治理整顿，持续规范来华留学人员的管理。

三、来华留学人才就业服务政策体系日益完善

一是初步探索建立学习就业签证转换机制。我国关于留学生在华就业的有关政策，从规定"外国留学生毕业、结业、肄业、退学后，必须在规定的时间内离境"，放宽至"允许部分无工作经历的优秀外籍高校毕业生在华就业"，为学习和就业签证转换机制的建立提供了政策支持。上海、安徽、粤港澳大湾区等地已经试行为在当地创新创业的应届外国留学毕业生直接发放居留许可，为有创新创业意愿的外国留学生等高端外籍人才提供出入境便利。这表明我国已经开始对来华留学生学习和就业签证的转换机制进行初步探索，是在体制机制方面取得的重要突破。

二是来华留学生就业创业支持体系持续完善。2016 年以来，国家、地方层面出台多项来华留学生就业创业支持政策，以选拔高层次来华留学人才为目标，放宽对工作经历、居留时间等方面的要求，支持优秀来华留学生在华就业创业。在政策支持下，政府部门、高校也为来华留学生就业创业提供全方位服务，包括提供就业指导、建立就业信息对接平台、定期举办招聘会等，持续完善来华留学生就业创业支持体系。

第四节　来华留学人才培养存在的问题

"一带一路"倡议提出以来，我国来华留学生相关工作取得了较大进展，实现了《留学中国计划》提出的大部分目标。但由于来华留学工作起步仍然较晚，我国的来华留学生队伍建设还存在着一些突出的问题，相关的政策举措仍需进一步完善。

一、来华留学生队伍的突出问题

1. 来华留学生比例相对偏低

虽然目前来华留学生数量排名世界第三位，仅次于美国和英国。但根据美国国际教育协会统计，2018 年，美国、英国、加拿大、澳大利亚、法国、日本等国家的高等教育留学生人数占高等教育总人数的比例分别为 5.5%、20.9%、21.2%、28.0%、12.8%、5.7%，同年我国这一比例仅为 1.3%。与这些国家相比，来华留学生的数量和比例仍有待提升。

2. 来华留学生层次结构有待完善

根据美国国际教育协会的数据，1999 年，美国留学生的学历生占比已达到93%，此后的年平均水平保持在 90% 以上，2018 年学历生占比为 93%，远高于来华留学生的学历生52% 的占比，见图 6 - 37。

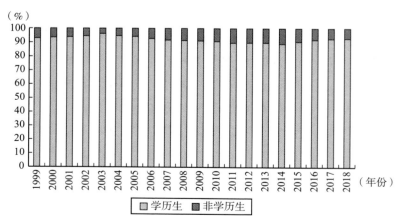

图 6 - 37　1999 ~ 2018 年在美留学生的学历生与非学历生比例

资料来源：美国国际教育协会（International Institute of Education，2022）。

在学历生中，2018 年，美国本科生和硕博研究生的占比分别为45% 和46%，而来华留学生本科生和硕博研究生的占比则分别为62% 和33%，两国之间存在较大差异，在美留学生的层次结构明显优于我国，来华留学生的层次结构仍有较大的完善空间，见表6－4、图6－38、图6－39。

表6－4　　　　　　　　2018 年中美学历生、非学历生数量及比例

类别	美国	占比	中国	占比
总数	872214	—	492185	—
学历生	809873	93%	258122	52%
本科	361644	45%	160783	62%
硕士	245362	30%	59444	23%
博士	132581	16%	25618	10%
其他	70286	9%	12277	5%
非学历生	62341	7%	234063	48%

资料来源：教育部国际交流与合作司（2019）；美国国际教育协会（International Institute of Education，2022）。

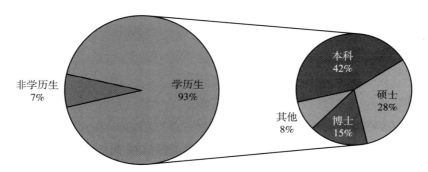

图6－38　2018 年在美留学生学历结构

资料来源：美国国际教育协会（International Institute of Education，2022）。

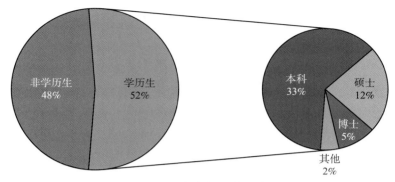

图6－39　2018年来华留学生学历结构

资料来源：教育部国际交流与合作司（2019）。

3. 留学生来源国多为发展中国家

从过去二十年的情况来看，来华留学生来源国多集中在亚洲和非洲，以不发达国家居多，欧美发达国家的留学生尤其是学历生数量较少。在美留学生来源国虽然也多集中于亚洲，主要是中国和印度，但来自欧洲和美洲的留学生也占较大比例，非洲和大洋洲留学生的比例基本在10%以下。2018年，排名前十的在美留学生来源国为中国、印度、韩国、德国、加拿大、巴西、法国、日本、意大利和西班牙，大部分为发达国家，生源质量优于我国，见图6－40。

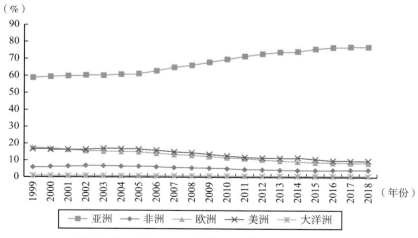

图6－40　1999～2018年美国留学生洲别分布情况

资料来源：美国国际教育协会（International Institute of Education，2022）。

4. 基础学科和重点专业留学生人数比例偏低

过去二十年间，来华留学生学习的专业曾一度集中于人文类学科，理工科专业学习的人数相对较少。最近几年西医和工科开始成为较热门专业，其他专业的人数也都有所增长且更加均衡，但汉语言专业人数始终稳居第一，其他各专业留学生人数所占比例依然较低。从2013～2018年在美留学生的专业分布情况可以看出，在美留学生中，STEM学科人数一直保持在74%以上，其中自然和生命科学专业的人数占比最高，保持在1/3以上，见表6-5。

表6-5　　　　　　　　**2013～2018年在美留学生专业分布情况**　　　　单位：%

主要专业	2013年	2014年	2015年	2016年	2017年	2018年
STEM学科	74.5	74.2	76.0	76.0	77.0	77.3
农业	4.3	4.5	4.2	4.6	4.7	4.8
工程	15.5	16.2	16.6	17.1	17.6	17.7
医学	13.4	13.1	14.2	14.6	14.4	13.3
数学和计算机	5.7	5.7	6.2	6.0	6.0	6.3
自然和生命科学	35.6	34.7	34.7	33.7	34.3	35.3
社会科学	8.0	8.0	7.7	7.1	7.2	6.8
人文学科	3.8	3.8	3.7	3.5	3.7	3.4
商业和管理	3.4	3.3	3.5	3.2	3.5	3.7
教育	1.9	1.9	2.0	1.8	1.7	1.7
艺术	1.6	1.7	2.0	1.8	1.8	1.9
法学	—	1.6	1.6	1.5	1.4	1.4
新闻传媒	—	0.9	0.9	0.8	0.9	0.9
其他	6.7	4.3	2.7	4.3	2.7	2.9

资料来源：美国国际教育协会（International Institute of Education，2022）。

5. 来华留学生地域分布不平衡

我国的留学生一直都集中于北京、上海等一线城市和东部地区。虽然这与各地经济发展水平和高校数量、高等教育水平都有着密切的联系，但各地留学生人数的差距依然过大。2018年，北京、上海的来华留学生占比达到了16.4%和12.5%，而海南、贵州、内蒙古、安徽、甘肃、新疆、山西、宁夏、青海、西藏等地区的来华留学生人数占比不到1%，其中仅有22名来华留学生在西藏学习。

从美国2020年各州接收留学生的情况可以看出，美国也存在着类似的问题。留学生多集中在加利福尼亚州、纽约和得克萨斯州，这三地的留学生约占在美留学生总数的1/3。但相较于我国，美国留学生较多的州在全国的地域分布更为均衡，各州之间的差距也不太大。

6. 在华就业留学生比例仍然较低

根据美国布鲁金斯学会2014年发布的报告，45%的外国留学毕业生能够延长他们的签证，在与其所在高校相同的地区工作。根据美国国家科学基金会2017年对美国高等院校STEM学科博士学位获得者的调查，72%的外国博士生在获得学位10年后仍在美国工作（Emma Israel，Jeanne Batalova，2021）。与此相比，由于大多数来华留学生尚不能在毕业后直接在华申请工作签证，且相关限制较多，能够直接实现在华就业的来华留学生比例较低。

二、来华留学相关政策的突出问题

1. 留学生资助形式单一，受资助留学生比例较低

虽然近年来，各省市、各高校以及企业都推出了针对来华留学生的奖学金资助，但由于地方政府层面的奖学金资助政策起步较晚，且发展不平衡，我国主要的来华留学生资助方式依然是中国政府奖学金，详情见表6-6。2018年，中国政府奖学金资助的留学生占留学生总数的12.8%。同年，主要依靠从美国获得各类留学资助作为留学经费的在美留学生占比为37.8%，其中由美国政府资助的留学生占0.2%，美国高校资助的留学生占16.8%，美国私人机构资助的留学生占0.2%，还有20.6%的留学生通过工读方式（助教等）获得主要的经费支持。其余62.2%的留学生主要通过个人、家庭、来源国以及国际组织获得主要经费支持，见图6-41。

表 6 - 6　　　　　　我国各省区市来华留学生资助政策出台年份

年份	省份
2004	云南
2005	内蒙古
2006	上海、湖北、江西
2007	广西、北京、重庆
2008	辽宁
2009	浙江
2010	新疆、江苏、吉林
2011	湖南、山东
2012	黑龙江、福建、宁夏、海南
2013	安徽、贵州、广东、四川
2015	陕西
2016	天津、河北、河南、甘肃、陕西
2018	青海

资料来源：陆晓静（2021）。

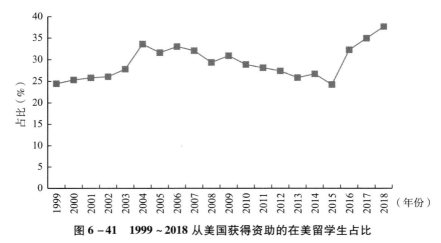

图 6 - 41　1999～2018 从美国获得资助的在美留学生占比

资料来源：美国国际教育协会（International Institute of Education，2022）。

　　1999～2018 年，美国政府资助的留学生占比始终保持在 0.2% 左右，美国私人机构资助的留学生占比有所下降，近年来也约为 0.2%，而美国高校资助的留学生比例始终较高，在 2014 年前保持在 20% 左右，虽然在近年来有所下降，但也在 15% 以上。通过工读支持留学经费的留学生占比在 2015 年后迅速提升，成为最主要的资助方式。由此可见，在美留学生从美国获得的留学资助，主要来自高校资助和工读薪酬，见图 6 – 42。

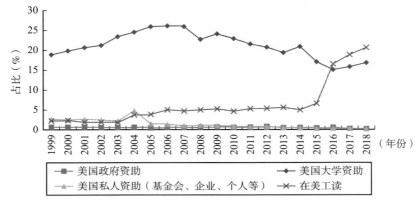

图 6 – 42　1999 ~ 2018 从美国获得各类留学资助的在美留学生占比

资料来源：美国国际教育协会（International Institute of Education，2022）。

此外，世界其他国家还通过联合项目等方式对留学生提供资助。欧盟于 2020 年开始推行欧洲联合博士项目（原伊拉斯谟联合博士项目），向符合条件的外国学生提供 36 个月的奖学金，便于其在欧盟内高校完成博士研究，申请者须至少在 3 个不同国家的 3 个高校求学，在前三年可在任意一个接待国最长居留 12 个月。根据 2016 年对伊拉斯谟系列项目的评估，1/3 的项目参与人都在接收国实现了就业，参加项目的意大利和葡萄牙籍留学生中有 50% 在接收国就业（European Parliament，2020）。德国联邦教育和研究部在 2021 年提供了总额约为 2500 万欧元的资金，建立三所"人工智能卓越学院"，吸引全球人工智能领域的硕士生、博士生和研究人员赴德学习、研究（German Research Center for Artificial Intelligence，2021）。

2. 签证的过渡和转换不畅，留学生在华就业面临障碍

一是学习签证向工作签证的转换尚未形成制度。2016 年以来，我国在国家和地方层面出台了一系列政策措施，方便高层次优秀外籍留学生在毕

业后留华就业创业，但学习签证向工作签证的转换尚未形成普遍、系统的制度。目前，我国只有粤港澳大湾区、上海、北京中关村等地针对在华就业创业外籍毕业生提供创业居留许可或 2～5 年的私人事务类居留许可，在国家层面和其他省市尚没有制度化的就业缓冲期或求职签证的规定。因此大多数来华留学生在结束学习后，依然不能顺畅地获得工作签证，这成为留学生在华就业的最大障碍。

世界主要的技术移民国家都会为留学生提供就业缓冲期或求职签证申请机会，例如美国的专业实习期（OPT）、澳大利亚的 485 毕业生临时签证等。美国 F1 签证留学生毕业后，可于 60 天内在相关专业领域寻找工作单位并申请 OPT，通常为 1 年，STEM 学科等核心专业的留学生专业实习期目前最长可达到 36 个月。在签订正式雇佣合同后，可申请由学生签证（F1）转换为工作签证（H1B）。据统计，美国近年来通过 OPT 后就业的留学生人数有所增加，2019 年处于 OPT 实习期的留学生人数约为 22.25 万，占当年留学生总数的 20.8%。美国英特尔公司也正是通过每年向硕博留学生发放 OPT 机会，每年可招用 1500 名留学生，占新招聘毕业生的 70%（U. S. Citizenship and Immigration Services，2021）。澳大利亚则通过 485 毕业生临时签证延长外国留学生毕业后留澳的工作期限，减轻了雇主对拥有较短工签时间的毕业生的顾虑，让毕业生有时间来完善自己各方面的技能，积累工作经验，同时也可在澳就读移民加分课程，以满足移民要求（Australian Government，2021）。

在 2020 年新冠疫情之后，世界各国也开始完善留学生学习签证向工作签证的过渡政策。例如比利时从 2021 年 8 月起将欧盟之外第三国学生的居留时长延长到完成学业后 12 个月（European Parliament，2020）。英国在 2021 年 8 月开放了毕业生签证，在英国高校获得博士学位的留学生可以在学习结束后留在英国生活和工作三年，获得本科和硕士学位的留学生在学习结束后能够留英两年（UK Government，2021）。

二是留学生在华就业创业仍然受限较多。根据我国各省市出台的支持留学生在华创新创业和就业的措施，大部分政策仅针对"优秀"或"高层次"外国留学生，其中一部分政策要求外国留学生拥有博士学位，相对于普通在华留学生群体来说，标准过高，而另一部分政策则标准不明，在华留学生难以准确地把握其在华就业的前景。此外，大部分省市的政策也仅局限于鼓励优秀外国留学生在华开展创新和创业工作，来华留学生在就业地点和就业单位的选择方面具有较大的局限性。

在留学生就业政策方面，世界各国已经积累了丰富的经验。澳大利亚明确了工作签证和永久居留申请的计点积分制度标准，毕业生临时签证和海外毕业生签证持有人均有机会通过计点积分获得工作签证或居留许可（Australia Government，2021）。韩国则规定，取得韩国高校专科及以上学位的留学生不限制专业和就业领域，均可在韩国就业。韩国政府还计划在2022年上半年推行"优秀人才永久居留及入籍快速通道制度"，在韩国获得硕博士学位的外国人在留学签证到期后也可在韩国居留并就业（OECD，2022）。

3. 对重点专业关注不足，缺少专门的学习和就业支持政策

在我国，多年来来华学习专业都集中在汉语言、中医等领域。虽然近年来学习西医和工科的来华留学生人数日益增多，但包括STEM学科在内的基础学科和重点专业对留学生的吸引力始终不足。虽然中国政府奖学金将受资助留学生按专业分为三类，但是各类专业之间的差距未能充分体现，且分类不够细化。现有的来华留学生就业支持政策，更是几乎没有学科或专业的区分。整体来看，缺少对基础学科和重点专业留学生及其就业的重点支持政策。

基础专业和重点学科是一国研究和创新能力的关键，世界各国都十分重视对重点专业留学生及其就业的支持，希望能够通过吸引外国优秀年轻人才，保持本国相关领域的竞争优势。美国政府于2022年1月21日宣布了旨在促进美国经济发展和增强竞争力的人才吸引政策，计划将包括云计算、数据可视化和数据科学在内的22个新的研究领域纳入可享受36个月OPT的STEM学科范围内，并继续放宽STEM学科访问学者和学生申请专业实习期和杰出人才签证的条件。美国国务院教育和文化事务局（ECA）还提出了"早期职业STEM研究计划"，加强在美留学生与美国STEM相关机构或中小企业的联系，促进STEM学科的研究、培训或教育交流。这一系列政策都是为了使STEM学科留学生能够对自身在美国的未来职业道路形成清晰的愿景，从而鼓励其继续为美国的学术研究和创新做出实质性贡献（White House，2022）。

第五节　政策建议

经过多年的发展，我国来华留学生数量已经实现了新的突破，来华留学生的招收、管理、资助体系也已经较为成熟。在新时期，还应聚焦我国经济社会发展和共建"一带一路"重点领域，完善来华留学和就业政策支持，有针对性地对来华留学生就业提供指导与服务，持续提升来华留学生的数量与质量，更好地为我国经济社会发展和共建"一带一路"提供人才支撑。

一、持续加强来华留学政策支持

一是拓宽来华留学渠道。各省市可发挥自身社会经济发展、教育资源、地理区位等优势，在共建"一带一路"框架下，针对重点地区国家和高校开展合作办学、联合培养、学分互换、学位互认等交流合作，还可设立专项奖学金，并扩大在重点地区国家和高校的招生与宣传，加大对来华留学生的吸引力度。

继续拓展并深化校企合作，根据企业在国内或海外发展的具体需求，开展来华留学生联合培养项目。企业在参与联合培养的过程中，可以为留学生提供经费支持、实习机会和就业渠道，不但能够促进高校和企业开展产学研合作，推进"一带一路"共建，还能够扩大企业的国际影响力，为企业未来发展提供人力资源储备。

二是加大对来华留学生的资助。国家层面，可围绕核心技术相关的重点学科领域和创新方向设置专项基金、资助项目、专门奖项等，有重点地加强对来华留学生的资助。高校层面，一方面，可针对本校优势专业和具体需求增设奖学金项目；另一方面，可将助教、助研等校内岗位向留学生开放，通过工读方式为来华留学生提供资助。除此之外，应鼓励企业、行业协会等结合自身的专业、技术需求，设置相应的奖学金、助学金项目，给予来华留学生更多的资助方式和渠道。

二、继续完善来华留学生就业政策

一是扩大来华留学生创新创业试点范围。目前的优秀外籍毕业生在华创新创业试点还局限于北京、上海、广州，以及部分沿海省市。应持续扩大试点范围，并根据各地实际情况和需求，逐步放宽来华留学生在华就业的学历、专业、签证时长等限制。同时，明确、细化相关标准和要求，增强试点的可操作性，为更多优秀外籍毕业生提供在华创新创业的机会。

二是完善学生签证与工作签证的转换机制。在前期试点成果和落实《关于允许优秀外籍高校毕业生在华就业有关事项的通知》基础上，在推行来华留学生在华创新创业试点的同时，逐步积累经验，完善学生签证向工作签证转换的机制。可在部分地区试点来华留学生求职签证或就业缓冲期制度，例如，符合条件的硕士、博士来华留学生毕业后，可在华重新申请 1~2 年的求职签证，或延长其学生签证 1~2 年作为就业缓冲期，在实现就业后，由所在单位直接在华为其申请工作许可和工作签证。通过允许在华转换签证种类，使来华留学生在华就业更加便利、顺畅，提高来华留学生在华就业的意愿。

三是合理设置来华留学生就业限制。一方面，聚焦实际需求，尤其是共建"一带一路"所需的重点学科和专业，对相关专业的来华留学生就业给予重点支持，如延长就业缓冲期时长、为其提供对口岗位信息等。另一方面，对来华留学生的就业给予一定的限制，筛选优秀、急需的来华留学生人才。例如，就业缓冲期可根据劳动力市场实际需求情况采取配额制。再如，可适当提高部分职业和岗位对来华留学生的准入要求。

三、持续做好来华留学生就业指导和服务

一是做好来华留学生就业指导工作。一方面，应进一步加强我国来华留学生就业相关支持和资助政策的宣传，鼓励来华留学生在华就业创业。当前，我国的国际交流交往的深度和广度持续推进，对国际化人才的需求也不断加大，涌现出大量的工作机会。有关部门和高校应提升对来华留学生就业工作的关注和认识，为来华留学生提供更全面的就业指导，留住、用好更多知华、友华的国际化人才。另一方面，应积极引导更多来华留学生，尤其是共建"一带一路"国家留学生赴海外中资公司、跨国公司工作，充分发挥其天然的桥梁作用。随着共建"一带一路"的持续深入发展，大量"走出去"企业都需要了解当地和中国文化、通晓国际规则、掌握多种语言、专业素质较高的复合型人才。以电力企业为例，据相关统

计，目前中国电力企业在海外需要的员工每年将超过 6000 人，对共建国家的学生需求巨大。目前所有国内高校电力专业的来华留学生均以共建"一带一路"国家为主，所提供的电力人才国籍与中国电力企业"走出去"对象国具有一致性。因此，有关部门和高校有必要利用政策红利，加强对来华留学生提供有针对性的就业指导。

二是加强来华留学生就业服务。一方面，有关部门、高校和企业可共同建立统一或行业性的来华留学生就业对接平台，包括在线招聘平台、线下招聘会、校企联盟等，实现信息的共享和服务的整合，使来华留学生更加高效便捷地获取在华就业信息和相关服务。另一方面，有关部门和高校应加强来华留学人员的信息收集，掌握其就业创业服务方面的动态需求，并开展定期研究，为来华留学生在华就业创业提供更有针对性的服务，不断完善来华留学生就业服务体系。

第 七 章

专业技术人员继续教育成效分析

40 余年来，我国专业技术人员继续教育从起步到发展壮大，探索出一条具有中国特色的专业技术人员继续教育道路，对提升专业技术人员素质、促进经济社会发展做出了重要贡献。本研究从专业技术人员继续教育的发展历程、现状、成效、问题进行分析，进而提出促进我国专业技术人员继续教育发展的政策建议。

第一节　专业技术人员继续教育的发展历程

自 20 世纪 70 年代末继续教育概念引入国内以来，我国专业技术人员继续教育不断发展壮大；整体而言，40 余年来的发展历程可划分为起步与探索、快速推进、全面展开和深入发展四个阶段。

一、起步与探索阶段（1979～1989 年）

20 世纪 50 年代，在当时大力推进"学科学、用科学"的社会背景下，我国也逐渐开展了一些在职技术职工的再教育和培训工作（郜岭，2009），当时的专业技术人员继续教育主要依赖政府组织的"传、帮、带"业余短期培训模式，但整体而言，专业技术人员继续教育仍处于萌芽状态，尚不能称之为现代意义上的继续教育。我国专业技术人员继续教育的真正发展始于 20 世纪 70 年代末。1979 年 5 月第一次世界继续工程教育大会在墨西哥城召开，我国首次派代表参加大会，"继续工程教育"这一在国际上使用的名词和概念引入我国。

随着国家经济、科技、社会的发展和改革开放的不断深入，尊重知识、尊重人才的风尚在社会上重新得以确立，国家现代化建设所需的大批人才开始得到有计划的培养，专业技术人员继续教育制度建设取得了突破，专业技术人员继续教育工作成为贯彻落实党的知识分子政策的一项重要内容。

1981 年《科学技术干部管理工作试行条例》颁布，专门从制度上要求"每三年给予三个月至半年的进修期"，规定国务院各部门及省、自治区、直辖市"根据国家的统筹安排，制定向国外派遣研究生、进修人员的计划"。1986 年，"七五"规划报告明确提出"要逐步建立和完善对科技人员继续教育的制度"，这是首次将继续教育列入政府工作规划。1987年，《企业科技人员继续教育暂行规定》《关于大学后继续教育的暂行规定》相继颁布。

在地方立法方面，专业技术人员继续教育也取得了突破。1989 年，天津市第十一届人大常委会第十一次会议通过《天津市专业技术人员继续教育规定》，并自 1990 年 1 月 1 日起正式实施。这是全国首个专业技术人员继续教育地方性法规，该规定共二十二条，从立法目的、适用对象、主要原则、组织实施、具体内容、形式方法、学时要求、经费来源、师资建设、办学条件、权利义务、考核制度等多个方面对专业技术人员的继续教育进行了细致的规定。同一时期，吉林、宁夏、山东等相继出台规范性文件对专业技术人员继续教育工作进行规范与管理。

与此同时，一些行业也开始颁布实施行业内的专业技术人员继续教育规定，包括《农业专业技术人员继续教育暂行规定》《继续医学暂行规定》等。

这一时期，继续教育培训机构也经历了从无到有的发展过程。1985年，我国第一所继续教育学院在清华大学成立，随后北京航空航天大学、上海第二工业大学等也相继成立了继续教育学院。除高校外，一些大型国有企业也开始积极参与专业技术人员的继续教育工作，通过设立职工大学或职业教育中心等，对企业内的专业技术人员进行培训。

专业技术人员继续教育开始了国际化探索。20 世纪 80 年代，我国先后派出十几个团组出国考察继续教育情况和参加有关学术会议。1989 年，在北京成功地举办了第四次世界继续工程教育大会，增进了我国与世界各国在继续教育方面的交流与合作（人事部，1991）。

二、快速推进阶段（1990～1999年）

20世纪90年代以来，随着专业技术人员继续教育政策文件的相继出台与相关实践探索经验的不断积累，我国专业技术人员继续教育工作得到了快速推进。

为加强对全国专业技术人员继续教育工作的宏观管理和指导，1991年，人事部专门制定了《全国专业技术人员继续教育"八五"规划纲要》，明确了"八五"期间继续教育的指导思想、目标及主要任务，以及实行"八五"继续教育目标和任务的措施。1993年，《中国教育改革和发展纲要》中提出要制订教师培训计划，促进教师特别是中青年教师不断进修提高，使绝大多数中小学教师更好地胜任教育教学工作。1995年，《中华人民共和国教育法》以法律的形式确认"国家实行职业教育制度和继续教育制度""国家鼓励发展多种形式的继续教育，使公民接受适当形式的政治、经济、文化、科学、技术、业务等方面的教育，促进不同类型学习成果的互认和衔接，推动全民终身学习"。同年，人事部颁布了《全国专业技术人员继续教育暂行规定》，对专业技术人员继续教育的总则、方式、内容等方面作了说明。

专业技术人员继续教育地方立法方面也进展迅速：广东、福建、北京、陕西和河南出台了本省（市）的专业人员继续教育条例。上海、重庆、黑龙江、山东、安徽等多个省市发布地方性规章、规范性文件对专业技术人员继续教育的各方面进行管理。

这一时期，随着国务院机构改革的推进，专业技术人员继续教育的管理体制也得到了相应的调整：人事部负责专业技术人员的继续教育工作，各省、自治区、直辖市人事行政部分负责制定本地区继续教育的政策、规划、实施与综合管理工作。

三、全面展开阶段（2000～2010年）

进入21世纪，专业技术人员继续教育日益受到重视，2002年党的十六大报告指出"要加强职业教育和培训，发展继续教育，构建终身教育体系"。

为大力实施人才强国战略，建设宏大的高素质人才队伍，2003 年《中共中央、国务院关于进一步加强人才工作的决定》颁布，提出构建中国特色的终身教育体系，加强各类人才的培训和继续教育工作。

为加快培养创新型专业技术人才，2005 年 9 月，人事部会同有关部门正式启动专业技术人才知识更新工程，即从 2005 年到 2010 年的 6 年时间里，要在现代农业、现代制造、信息技术、能源技术和现代管理五大重点领域，培训 300 万名紧跟科技发展前沿、创新能力强的中高级专业技术人才。

2007 年 6 月 30 日，人事部、教育部、科学技术部、财政部印发《关于加强专业技术人员继续教育工作的意见》，提出不断加大对继续教育事业的投入。建立健全政府、单位、个人共同出资的多层次、多渠道的继续教育投入机制。加大对继续教育事业的投入，中央财政继续在部门预算中安排继续教育工作经费。一般企业按照职工工资总额的 1.5% 足额提取职工教育经费，从业人员技术素质要求高、培训任务重、经济效益较好的企业可按 2.5% 提取。事业单位可参照企业相关规定，不断加大对专业技术人员继续教育经费的投入。要在重大项目中拿出一定份额的项目经费用于培训人才，使项目建设与人才培养同步发展，相互促进。

在专业技术人员继续教育地方立法方面，包括宁夏、北京、天津、重庆、甘肃在内的多个省市对已制定的专业技术人员地方性政策文件进行了修订。

随着对继续教育重要性认识的提高，很多行业陆续对专业技术人员提出了继续教育的明确要求，出版、药学、审计、会计、林业、环保、测绘、水利、统计、档案、建筑等行业也制定了相应的继续教育实施规范。

在专业技术人员继续教育管理体制方面，2008 年，人事部与劳动保障部职能合并，组建人力资源和社会保障部，并下设专业技术人员管理司，具体负责专业技术人员继续教育工作，拟定继续教育政策法规，编制继续教育规划并组织实施，完善分类分层的继续教育体系，组织实施重大继续教育专项。

根据相关统计，2009 年，全国专业技术人员参加继续教育达 3000 万人次，举办 79 期高级研修班，培训 4000 多名中高级专业技术人才，新疆、西藏人才特殊培养工程共培养468名少数民族专业技术人才，青海三江源人才培养工程共培养2420名专业技术人才（人力资源和社会保障部，2010）。2010年全年全国专业技术人员参加继续教育达3000万人次，举办95期高级研修班，培训6000多名中高级专业技术人才，新疆、西藏专业技术人才特殊培养工程共培养345名少数民族专业技术人才，青海三江源人才培养工程共培养1100名专业技术人才（人力资源和社会保障部，2011）。

四、深入发展阶段（自2011年至今）

2011年初，为贯彻落实党中央、国务院关于人才工作决策部署，在中央人才工作协调小组领导下，中共中央组织部、人力资源和社会保障部印发《专业技术人才队伍建设中长期规划（2010—2020年）》，提出以实施专业技术人才知识更新工程为龙头、以培养创新精神和创新创业能力为核心的目标要求。

为配合专业技术人才知识更新工程的实施，人社部、财政部、科技部、教育部、中国科学院联合颁布《专业技术人才知识更新工程实施方案》，并先后制定了包括《专业技术人才知识更新工程急需紧缺人才培养培训项目和岗位培训项目实施办法》《国家级专业技术人员继续教育基地管理办法》《专业技术人才知识更新工程高级研修项目管理的办法》等在内的细化办法。

党的十八大以来，为增强干部队伍适应新时代中国特色社会主义发展要求的能力，《干部教育培训工作条例》《专业技术人员继续教育规定》《2018—2022年全国干部教育培训规划》《关于企业职工教育经费税前扣除政策的通知》《个人所得税专项附加扣除暂行办法》先后出台，对专业技术人员继续教育的工作原则、任务要求、管理体制、激励机制等作了新的规定，提出了新任务、新要求。其中，《专业技术人员继续教育规定》是第一部以部令形式颁布的专业技术人员继续教育方面的部门规章，对专业技术人员继续教育的基本原则、基本要求、基本制度、管理体制等作了明确要求，进一步规范和推进了专业技术人员继续教育活动。

2021年4月30日，为加快培养大批高素质劳动者和技术技能人才，改善新职业人才供给质量结构，支持战略性新兴产业发展，推动数字经济与实体经济深度融合，人社部发布了《关于加强新职业培训工作的通知》。

2021 年 9 月，人力资源和社会保障部、财政部、工业和信息化部、科技部、教育部、中国科学院决定 2021～2030 年继续实施专业技术人才知识更新工程，围绕我国经济结构优化、经济社会高质量发展和自主创新能力提升，在新一代信息技术、生物技术、新能源、新材料、高端装备、新能源汽车、绿色环保以及航空航天、海洋装备等战略性新兴产业领域，开展大规模知识更新继续教育，每年培训 100 万名高层次、急需紧缺和骨干专业技术人才；依托高等院校、科研院所、大型企业现有施教机构，建设一批国家级专业技术人员继续教育基地。

在专业技术人员继续教育管理体制方面，《专业技术人员继续教育规定》提出继续教育工作实行统筹规划、分级负责、分类指导的管理体制。人力资源和社会保障部负责对全国专业技术人员继续教育工作进行综合管理和统筹协调，制定继续教育政策，编制继续教育规划并组织实施。县级以上地方人力资源社会保障行政部门负责对本地区专业技术人员继续教育工作进行综合管理和组织实施。行业主管部门在各自职责范围内依法做好本行业继续教育的规划、管理和实施工作。

第二节　专业技术人员继续教育的主要成效

40 余年来，在党和政府的领导下，我国专业技术人员继续教育从起步到发展壮大，已探索出一条具有中国特色的专业技术人员继续教育道路，对提升专业技术人员素质、促进经济社会发展做出了重要贡献，主要成效如下。

一、开展了大规模的专业技术人员继续教育活动

改革开放以来，我国经济社会发生了翻天覆地的变化，专业技术人员在我国综合国力提升的过程中作出了突出贡献。专业技术人员继续教育工作的开展为实现全面建成小康社会目标提供了重要的人才支撑。

2011～2021 年，我国累计举办专业技术人员高级研修班 3064 期，详见图 7-1。

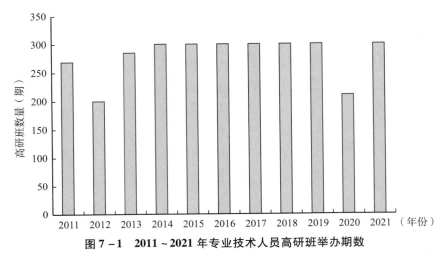

图 7-1　2011~2021 年专业技术人员高研班举办期数

资料来源：人力资源和社会保障部（2012；2013；2014；2016；2017a；2017b；2019a；2019b；2020a；2021a；2022）。

2011 年，培训近 14000 名中高级专业技术人才。2012~2021 年，对高层次专业技术人才的培训数量进行了统计。根据统计，我国培训高层次专业技术人才从 2012 年的 1 万余名增长到 2021 年的 2.1 万余名；2012~2021 年，累计培训高层次专业技术人才超过 17.4 万人，见图 7-2。

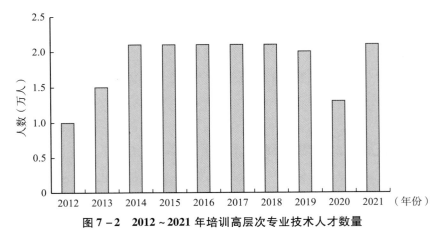

图 7-2　2012~2021 年培训高层次专业技术人才数量

资料来源：人力资源和社会保障部（2013；2014；2016；2017a；2017b；2019a；2019b；2020a；2021a；2022）。

2012 年，各地各部门累计培训约 109 万名急需紧缺人才和骨干专业技术人才；2013 年，累计培训人数增长到 130.8 万名；2014 年，开展急需紧缺类人才培训 82 万人次，岗位培训 224.8 万人次；2015～2020 年，开展急需紧缺人才培养培训和岗位培训累计超过 699.85 万人次，见图 7－3。

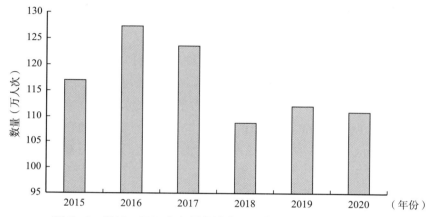

图 7－3　2015～2020 年急需紧缺人才培养培训和岗位培训数量

资料来源：人力资源和社会保障部（2016；2017a；2017b；2019a；2019b；2020a；2021a）。

2011～2021 年，稳步实施新疆、西藏少数民族科技骨干特殊培养工作，每年选拔培养 400 名新疆特培学员和 120 名西藏特培学员，组织 4 期新疆、西藏特培专家服务团活动；累计培养新疆、西藏特培学员 5720 名（人力资源和社会保障部，2012；2013；2014；2015；2016；2017；2018；2019；2020；2021；2022）。

二、推进了专业技术人员继续教育工作的制度化和法制化

改革开放以来，我国已形成了相对完备的专业技术人员继续教育政策体系。

一是专业技术人员继续教育工作已逐步纳入制度化、法制化轨道。相关法律法规政策文件包括宪法、教师法、教育法、职业教育法、高等教育法、就业促进法、劳动法等法律。随着对继续教育重要性认识的提高，很多行业陆续对专业技术人员提出了继续教育的明确要求，出版、药学、审计、会计、林业、环保、测绘、水利、统计、档案、建筑等行业也制定了

相应的继续教育实施规范。

二是专业技术人员继续教育相关管理制度日益规范。《专业技术人才知识更新工程高级研修项目管理办法》《急需紧缺人才培养培训项目和岗位培训项目实施办法》《国家级专业技术人员继续教育基地管理办法》《专业技术人才知识更新工程国家级继续教育基地补助经费管理办法》等政策文件先后出台，从制度层面规范了专业技术人员继续教育工作的运行。

三是专业技术人员继续教育地方法制化建设持续推进。自 1989 年，天津通过全国首个专业技术人员继续教育地方性法规《天津市专业技术人员继续教育规定》后，我国多个省市颁布了专业技术人员继续教育的地方性法规和地方政府规章。据统计，截至 2019 年，国内多地已颁布了 600 余件政府规范性文件对专业技术人员继续教育工作进行规范（李妍，2019），见表 7 - 1。

表 7 - 1　　　　　　　我国专业技术人员继续教育地方立法情况

省区市	法规名称	颁布时间
吉林	吉林省专业技术人员继续教育暂行规定	1988.8.21
广西	广西壮族自治区专业技术人员继续教育暂行规定	1991.1.25
湖南	关于加强专业技术人员继续教育的意见	1991.11.2
青海	青海省专业技术人员继续教育规定	1992.8.7
上海	上海市专业技术人员继续教育暂行规定	1993.4.14
北京	北京市专业技术人员继续教育规定	1995.6.8
福建	福建省专业技术人员继续教育条例	1995.9.29
黑龙江	黑龙江省专业技术人员继续教育规定	1996.6.20
内蒙古	内蒙古自治区专业技术人员继续教育实施办法	1996.9.1
陕西	陕西省专业技术人员继续教育条例	1997.5.31
河南	河南省专业技术人员继续教育条例	1998.9.24
河北	河北省专业技术人员继续教育暂行规定	1999.5.28
辽宁	辽宁省专业技术人员继续教育规定	1999.9.2
云南	云南省专业技术人员继续教育条例	1999.9.24

续表

省区市	法规名称	颁布时间
安徽	安徽省专业技术人员继续教育规定	2000.7.8
天津	天津市专业技术人员和管理人员继续教育条例	2001.12.28
湖北	湖北省专业技术人员继续教育暂行规定	2001.3.19
宁夏	宁夏回族自治区专业技术人员继续教育条例	2001.7.20
四川	四川省专业技术人员继续教育条例	2003.3.27
浙江	浙江省专业技术人员继续教育规定	2003.6.19
重庆	重庆市专业技术人员继续教育条例	2003.9.26
辽宁	辽宁省专业技术人员继续教育规定	2004.6.27
江苏	江苏省专业技术人员继续教育条例	2005.5.26
山东	山东省专业技术人员继续教育条例	2005.7.29
江西	江西省专业技术人员继续教育办法	2007.5.11
甘肃	甘肃省专业技术人员继续教育条例	2007.5.31
贵州	贵州省专业技术人员继续教育规定	2007.7.26
新疆	新疆维吾尔自治区专业技术人员继续教育条例	2008.9.28
广东	广东省专业技术人员继续教育条例	2009.11.26
上海	上海市专业技术人员继续教育暂行规定	2010.12.20
重庆	重庆市专业技术人员继续教育条例	2010.7.23
西藏	关于加强全区专业技术人员继续教育工作的意见	2011.9.20
北京	北京市专业技术人员继续教育规定	2016.11.25
内蒙古	内蒙古自治区专业技术人员继续教育实施办法	2017.1.12
河北	河北省专业技术人员继续教育规定	2017.10.15
吉林	吉林省专业技术人员继续教育规定	2018.11.26

三、形成了系统化的专业技术人员继续教育运行机制

一是形成了统筹协调、分级负责、分类指导的专业技术人员继续教育管理体制。目前，从国家层面来看，人社部及其他各部委都有相关机构和人员从事专业技术人员继续教育的管理工作。各省、市、自治区及辖属下级部门也建立了相关机构并设专门人员负责专业技术人员继续教

育工作，基层单位人事教育部门配备了相关人员专门负责此项业务工作，已形成了统筹规划、分级负责、分类指导的专业技术人员继续教育管理体制。

二是建立了政府、社会、用人单位和个人共同投入机制。根据相关规定，专业技术人员参与继续教育的学习经历和成果与岗位聘任（聘用）、职务（职称）评聘、职业注册等人事制度相衔接。2015 年《专业技术人员继续教育规定》颁布，提出继续教育实行政府、社会、用人单位和个人共同投入机制，国家机关的专业技术人员参加继续教育所需经费应当按照国家有关规定予以保障。2018 年 5 月财政部、国家税务总局《关于企业职工教育经费税前扣除政策的通知》提出企业发生的职工教育经费支出，不超过工资薪金总额 8% 的部分，准予在计算企业所得税应纳税所得额时扣除；超过部分，准予在以后纳税年度结转扣除。同年 12 月，国务院颁布《个人所得税专项附加扣除暂行办法》，第三章对继续教育专项附加扣除作了相关规定。相关政策的出台有利于调动用人单位和专业技术人员参加继续教育的积极性。

三是加强了国家级专业技术人员继续教育基地建设。根据 2020 年度人力资源和社会保障事业发展统计公报，我国已实现了 2011 年《专业技术人员知识更新工程实施方案》提出的确定 200 家国家级专业技术人员继续教育基地的目标（人力资源和社会保障部，2021）。

第三节　专业技术人员继续教育存在的突出问题

一、专业技术人员继续教育培训需求尚未得到充分满足

我国现有各类专业技术人员约 8000 万人（李心萍，2021），广泛分布在科教文卫、农林牧水等众多行业，具有专业性、技术性、实践性和创新性，是国家科技进步和创新的重要力量。就目前而言，专业技术人员的培训需求尚未得到充分满足，产业变革、技术变革对专业技术人员的能力素质提出了更高的要求，我国专业技术人员继续教育能力不足，培训量、针对性、质量均有待提高，需求供给存在缺口。根据 2020 年开展的一项以专业技术人员继续教育为主题的问卷调查，在 16387 个受访对象中（专业

技术人员 15734 人、专业技术人员继续教育管理人员 653 人）44.43％ 的专业技术人员认为"课程内容与工作联系不够紧密，缺乏对学员进行职业能力、职业素养的应有重视，教育、卫生、文化、建筑等行业反馈公需科目与专业发展相关性不高，专业科目中对专业技能的指导不强，个人选修科目的考核设置不规范等"（吴乐乐，2020）。

二、专业技术人员继续教育政策体系有待完善

一是国家继续教育法缺位，专业技术人员继续教育法规层级不高；二是专业技术人员继续教育地方立法方面，部分省市尚未出台本地区的专业技术人员继续教育地方性法规，部分省市专业技术人员继续教育规定或条例长时间未得到修订，已不能满足现阶段对专业技术人员继续教育的需求；三是总体而言，专业技术人员继续教育地方政策文件存在重复性较高的问题，缺乏地方特色，部分省市存在政策重叠、重复，专业技术人员继续教育地方政策的针对性、可操作性不强（刘杨、李祥，2018）。

三、专业技术人员继续教育运行机制有待加强

一是国家级专业技术人员继续教育基地建设主体相对单一。第一至十批国家级专业技术人员继续教育基地中，从所属主体来说，以高校和科研机构为建设主体的为 171 个，以企业、行业和社会组织为建设主体的为 29 个，以企业、行业为主体的国家级继续教育基地数量相对偏少。

二是专业技术人员继续教育平台交流共享不足。这一方面表现在平台建设和教学内容的同质化问题较为突出，另一方面表现在优质继续教育教学资源的开放共享程度有限。

第四节　完善专业技术人员继续教育的政策建议

一、推动专业技术人员继续教育工作科学发展

一是完善专业技术人员继续教育课程体系，持续推进专业技术人员继续教育工作。在专业技术人员继续教育课程体系构建上，突出新时代专业

技术人员继续教育的实践性、选择性、时代性，体现继续教育形态的多样化，强化基于"互联网＋"、云计算、大数据、人工智能等新技术的在线教育、远程教育、智慧教育（于红梅，2019），为专业技术人员提供多样的自主选择的学习平台。

二是加大专业技术人员继续教育师资队伍建设。教育大计，教师为本，专业技术人员继续教育师资队伍对继续教育质量起着决定性作用，针对专业技术人员继续教育师资的思想政治素质、师德师风、教学能力开展针对性培训。

三是明确专业技术人员继续教育管理机构的职责，研究专业技术人员继续教育评价指标体系，建立健全专业技术人员继续教育监督评价机制，各级人社部门和行业主管部门、用人单位要切实加强专业技术人员继续教育经费的统筹使用，确保经费落实。同时，要注重对专业技术人员继续教育考核结果的应用，调动专业技术人员的积极性。

二、加强专业技术人员继续教育立法工作

继续教育立法是规范专业技术人员继续教育规范、有序发展的法律保障。一是应尽快出台国家层面的继续教育法律；二是加强地方专业技术人员继续教育立法工作，适时出台或修订适应本地区专业技术人员继续教育工作发展的地方性法规；三是应鼓励各地区在不违反相关法律、行政法规的基础上，积极开展先行先试，根据本地区经济社会发展需要，突出专业技术人员继续教育地方立法的引领性，制定能够体现本地区特色、行之有效的继续教育地方性法规。

三、建立共建共享的专业技术人员继续教育平台

一是优化国家级专业技术人员继续教育基地布局。根据相关规定，国家级继续教育基地建设要坚持"优化布局、突出特色、资源共享、注重实效"的原则。但从实际建设情况来看，国家级继续教育基地建设主体上存在企业、行业数量不足这一突出问题。在今后国家级继续教育基地分期分批建设申报中，可以适当增加企业、行业为建设主体的继续教育基地的分配名额。

　　二是发展专业技术人员融合化在线教育平台。充分利用大数据和人工智能技术，优化课程资源开发、线上教学互动、课后质量评估等环节，满足专业技术人员在线学习需求；同时，提升优质在线教育平台、教学资源的开放度，建立共建共享的在线教育平台。

第 八 章

职业技能培训成效分析

职业技能培训起源于生产劳动，是人类最早的教育活动，即将生产实践活动中的知识、技能和经验进行代代传递。我国的职业技能培训制度由来已久，既是我国职业教育制度的一部分，也是我国劳动生产制度的一部分，是国家为培养和提高从事各种职业的人们所需要的技术业务知识和实际操作技能而制定的政策法规，培训对象包括工人、农民、各种技术人员和管理人员，以及将要参加工作和已经参加工作的人员，在一定程度上满足了各个历史时期对劳动者职业技能素质的客观要求。

职业技能培训是我国经济社会发展的内在要求，与劳动者的成长成才、素质提升密切相关，是缓解结构性就业矛盾、提高就业质量的一个根本举措，是适应经济高质量发展、培育经济发展新动能、推进供给侧结构性改革的必然要求，对推动劳动者就业创业、推进经济转型升级具有重要意义。

第一节　职业技能培训的发展历程

作为人力资源开发的重要手段，我国职业技能培训制度自新中国成立之初就开始发挥重要作用，改革开放以来其价值更是日益凸显，进入新世纪经历了高速发展阶段，成为促进创业就业、提高全体劳动者素质的重要举措，十八大以来加快进入高质量发展阶段，不断为我国经济社会发展培养各类适用型、实用型、技能型人才做出突出贡献。

一、恢复和重建阶段

改革开放初期，上山下乡的青年蜂拥回城，劳动力人口无节制生育下的自然增长，致使经济转型之际的中国再次面临庞大的失业人口。据统计，1979 年城镇积累的待业人员总数达到了 1500 万人，在三年期间，每年的城镇登记失业率都在 5.5% 左右。国家普遍对城镇待业人员进行就业前的培训，并且做出先培训后就业的原则性规定。

为加快恢复国民经济生产，《关于 1979 年国民经济计划草案的报告》提出要"通过多种途径，加速人材的培养""积极办好厂办大学和中专、技工学校"，逐渐恢复我国职工培训事业。1978 年 12 月 12～25 日，国家劳动总局召开全国技工培训工作会议，研究在社会主义现代化建设成为全国工作重点以后，应该怎样加强技工培训与提高培训质量，重点研究如何办好技工学校。在此时期成立的大量技工学校主要着眼于解决不能继续升学（大中专）的城镇青年人口技能训练问题。技工学校对城镇青年进行为期两年的初始职业训练，由国家安排就业（即包分配）。1981 年已在 20 多个城市建立了就业培训中心，到 1987 年全国就业训练中心达到了 1600 多个，加上其他各种形式的培训班，年培训能力达到 200 多万人（韩娟，2012）。

进入"七五"规划以来，逐步形成以提高劳动者就业能力、岗位工作能力和劳动者素质为目的，以职业分类和职业技能鉴定为重点的职业技能培训发展模式。1987 年国务院颁发《关于加强贫困地区经济开发工作的通知》，要求"以在乡知识青年为重点认真办好农村职业技术教育和成人教育，有计划地开展对农民的专业技术培训"。1992 年劳动部印发《关于加强工人培训工作的决定》，强调建立培训、考核与使用、待遇相结合的制度；强调加强岗前培训，要实行"先培训后就业，先培训后上岗"；提出要"逐步增加对工人培训的资金投入，使工人培训工作同企业生产和技术进步协调发展"。伴随国企改革、现代企业制度与市场化用工制度的建立，1996 年劳动部印发《企业职工培训规定》，标志着我国职工培训由"政府主导"走向"企业主导"。

二、快速发展阶段

随着社会主义市场经济体制的建立，市场开始逐步发挥对劳动力资源的基础配置作用，基本形成了以市场为导向的就业机制。与之相适应，政府主导、社会参与、市场运作的培训体制初步形成，"市场引导培训、培训促进就业"的职业技能培训机制逐步完善。2002 年，全国职业教育工作会议召开，国务院出台了《关于大力推进职业教育改革与发展的决定》，明确"职业学校教育和职业技能培训，是我国教育体系的重要组成部分，是国民经济和社会发展的重要基础"，并且要求广泛开展各级各类职业技能培训，积极实施国家再就业培训计划。与此同时，为了贯彻落实全国职业教育工作会议和国务院关于该决定的精神，劳动和社会保障部印发了《加强职业技能培训提高就业能力计划》的通知，提出了三年工作任务，即"广泛动员社会力量，以市场需求为导向，大力开展职业技能培训工作，提高下岗失业人员、青年劳动者、企业在职职工和农村富余劳动力的就业能力、工作能力和职业转换能力"，明确了开展技能振兴行动和继续实施"三年千万"再就业工程的举措，加快培养技术技能人才。

2005 年，《国务院关于大力发展职业教育的决定》确定了职业教育发展新目标，提出进一步扩大职业教育规模，发展形式多样的职业培训，每年培训上亿人次的城乡劳动者，使我国劳动者的素质得到明显提高。2008年 1 月开始实施的《中华人民共和国就业促进法》，通过法律形式对政府、企业和培训机构在开展职业培训过程中的行为和权责进行了规范。

2010 年 8 月，人力资源和社会保障部印发《关于大力推进技工院校改革发展的意见》，进一步明确技工院校的办学定位和组织结构关系，提出"技工院校是培养技能人才的重要渠道，是落实健全面向全体劳动者的职业技能培训制度的重要载体"，要"形成以技师学院为龙头、高级技工学校为骨干、普通技工学校为基础的覆盖城乡劳动者的技工教育培训网络"，其中"技师学院是高技能人才队伍建设综合基地，承担通过学制教育培养预备技师、高级技工的任务，也是本区域面向企业职工开展技师和高级技师提升培训与研修、考核与评价的重要平台。高级技工学校承担中、高级技能人才培养和开展各类职业技能培训的重要任务，是培养技能人才的中坚力量。普通技工学校在主要承担中级技工培养任务的同时，应积极面向社会开展各类职业技能培训，成为劳动预备制培训、企业职工培训、农村转移就业劳动者培训和农村实用人才培训的重要基地"。同年 10 月，国务院出台《关于加强职业技能培训促进就业的意见》，将职业技能培训作为促进就业和经济发展的重大举措，明确了当前和今后一个时期职业技能培训工作的主要任务，形成了包括就业技能培训、岗位技能提升培训、转业培训和创业培训等四大政策体系的职业技能培训制度。

三、高质量发展阶段

党的十八大首次正式提出要全面建成小康社会，其中目标之一就是进入人才强国和人力资源强国行列。党的十八大报告提出要加强职业技能培训，加快发展现代职业教育；提升劳动者就业创业能力，增强就业稳定性。围绕中央要求，2013 年以来，人力资源和社会保障部启动实施了面向全体劳动者的百城技能振兴专项活动，即在全国范围选拔百家工作基础好、推动力度大的城市，指导其开展技能振兴专项活动，确定了"率先健全面向全体劳动者的职业技能培训制度；率先建立培养体系完善、考核评价科学、激励保障健全的工作机制；率先建设高水平的职业技能培训和技能人才队伍建设综合示范区"的工作目标。2014 年 3 月，人力资源和社会保障部制定出台了面向农民工的，旨在提升农村转移就业劳动者职业素质和就业创业能力、促进其实现就业和稳定就业、促进国家新型城镇化和农业转移人口市民化的职业技能提升计划——《"春潮行动"实施方案》。此外，还开展了依托技工院校及优质培训机构，促进技能就业、素质就业，面向离校未就业高校毕业生的技能就业专项行动。

十八大以来，人社部围绕实施人才强国战略、就业优先战略和创新驱动发展战略，陆续出台了《关于推进技工院校改革创新的若干意见》《技工教育"十三五"规划》《关于深化技工院校教师职称制度改革的指导意见》《关于做好技工院校招生工作的指导意见》等一系列促进技校教育高质量发展的纲领性文件。技工院校通过统筹招生工作、扩大招生对象、拓宽招生渠道、做好职业技能培训招生等方式，保持招生规模总体稳定，稳步扩大职业技能培训规模，增加高级工以上培养任务。

党的十八届三中全会作出了全面深化改革的历史性部署，明确提出构建劳动者终身职业技能培训体系的要求。党的十八届五中全会通过《中共中央关于制定国民经济和社会发展第十三个五年规划的建议》，提出推行终身职业技能培训制度。2018 年印发的《国务院关于推行终身职业技能培训制度的意见》中指出，"建立并推行覆盖城乡全体劳动者、贯穿劳动者学习工作终身、适应就业创业和人才成长需要以及经济社会发展需求的终身职业技能培训制度"；"面向城乡全体劳动者，完善从劳动预备开始，到劳动者实现就业创业并贯穿学习和职业生涯全过程的终身职业技能培训政策"；"构建资源充足、布局合理、结构优化、载体多元、方式科学的培训组织实施体系。"

党的十九大报告指出，"完善职业教育和培训体系""大规模开展职业技能培训，注重解决结构性就业矛盾，鼓励创业带动就业""建设知识型、技能型、创新型劳动者大军，弘扬劳模精神和工匠精神，营造劳动光荣的社会风尚和精益求精的敬业风气"，为职业技能培训指明了方向，规划了前景。2019 年 1 月，人力资源和社会保障部印发《新生代农民工职业技能提升计划（2019—2022 年）》，对新生代农民工大规模开展多种形式的职业技能培训。4 月，国务院常务会议讨论通过"高职院校扩招 100万"的实施方案，加速培养各类技术技能人才，促进扩大就业。5 月，国务院办公厅印发《职业技能提升行动方案（2019—2021 年）》，强调把职业技能培训作为经济转型升级和高质量发展的重要支撑，作为保持就业稳定、缓解结构性就业矛盾、推动技能脱贫的关键举措，提出从失业保险基金结余中拿出 1000 亿元，面向职工、就业重点群体、贫困劳动力等城乡各类劳动者，大规模开展职业技能培训，加快建设知识型、创新型、技能型的劳动者大军。确定从 2019 年至 2021 年，3 年共开展各类补贴性职业技能培训 5000 万人次以上，全面提升劳动者职业技能水平和就业创业能力。9 月，习近平总书记在对我国技能选手在第 45 届世界技能大赛上取得佳绩作出的重要指示中，提出要健全技能人才培养、使用、评价、激励制度，大力发展技工教育，大规模开展职业技能培训，加快培养大批高素质劳动者和技术技能人才。要激励广大青年走技能成才、技能报国之路，在全社会弘扬精益求精的工匠精神。10 月，教育部、人力资源和社会保障部等 14 部门联合印发《职业院校全面开展职业技能培训 促进就业创业行动计划》，提出要使职业院校成为就业创业培训的重要阵地，到 2022 年，年均开展 5000 万人次以上的各类职业技能培训。12 月，国务院部署加强职业技能培训基础能力建设，深入推进职业技能提升行动。

面对突发的新冠疫情，各级人社部门将线下培训推上"云端"，实施"互联网＋职业技能培训计划"，阶段性实施百日免费线上技能培训行动，将各类企业职工线上培训纳入职业培训补贴范围，实名注册学员超过 1300万人次，实现疫情防控与职业技能提升两不误、双促进。大力开展以工代训，支持企业利用自有场所、生产设备，让职工边工作边进行生产技能培训，截至2021年年底，以工代训惠及企业180多万家。

2021年6月，人力资源和社会保障部印发《"技能中国行动"实施方案》，提出"十四五"期间技能人才队伍建设的举措，其中关于培训的重要举措包括"健全终身职业技能培训制度""持续实施职业技能提升行动""大力发展技工教育""推动国家乡村振兴重点帮扶地区技工教育和职业培训均衡发展""推行中国特色企业新型学徒制"等。11月，人社部印发《技工教育"十四五"规划》，提出"十四五"时期技工院校将发展成为开展学制教育和职业培训服务技能人才成长的重要平台、现代职业教育体系的重要组成部分、构建技能型社会建设的重要依托。12月人社部联合教育部、发改委和财政部印发《"十四五"职业技能培训规划》，按照国家"十四五"规划纲要"实施就业优先战略""培养造就高水平人才队伍"建设等要求，与《"十四五"就业促进规划》相互衔接，提出了"十四五"时期加强职业技能培训工作的指导思想、基本原则、主要目标、重点任务和保障措施，这是我国首次编制的国家级职业技能培训五年专项规划。规划中提出了五项重点任务：一是健全完善终身职业技能培训体系；二是培训的供给能力要提升；三是提高职业技能培训质量；四是加强职业技能培训标准化建设；五是完善技能人才的职业发展通道。为未来五年的职业技能培训工作提供了基本的遵循。

党的十八大以来，随着技能人才队伍建设的加快发展，职业技能培训迎来了新的机遇发展期，2012～2019年，以民办职业技能培训机构、就业训练中心和技工院校为主体，培训近1.77亿人次，其中结业人数达1.49亿，年均比例84.08%，就业人数9500余万人，年均比例53.13%。总结2012～2019年职业技能培训状况，有如下特点：

（一）职业技能培训人数波动变化

纵观2012～2019年的职业技能培训状况，可以看出2012～2018年，培训人数和结业人数呈现持续下降趋势，其中，2012～2015年下降趋势较为明显，2015～2018年下降趋势逐步平缓，伴随着职业技能提升行动的实施，2018～2019年培训人数和结业人数出现上涨趋势。从就业人数来看，呈现了持续下降趋势，2018～2019年下降趋势放缓，见表8－1。

表 8 - 1   2012 ~ 2019 年职业技能培训人次、结业人数、就业人数

	2012 年	2013 年	2014 年	2015 年	2016 年	2017 年	2018 年	2019 年
培训人数（人次）	27556667	24146746	22834876	21395291	21233377	20582068	19414207	20247218
结业人数（人）	23355795	20324481	19045339	18280728	18116054	17009752	16184743	16914833
就业人数（人）	16956353	13427716	12144569	11442834	11272880	10718951	9601575	9439974

资料来源：人力资源和社会保障部（2013；2014；2016；2017a；2017b；2019a；2019b；2020a）。

（二）民办职业培训机构是职业技能培训的重要主体

年度统计数据的情况表明，民办职业技能培训机构、就业训练中心和技工院校是职业技能培训的主体，其中民办职业技能培训机构承担的职业技能培训任务占 60% 左右，是职业技能培训的主要承担者，见表 8 - 2。

表 8 - 2   2012 ~ 2019 年各类机构培训人次、结业人数、就业人数

机构	指标	2012 年	2013 年	2014 年	2015 年	2016 年	2017 年	2018 年	2019 年
民办职业技能培训机构	培训人数	13538584	12443451	12140636	11869270	12120199	12393905	12296354	13332264
	结业人数	11381265	10513223	10299046	10248395	10531813	10570112	10564779	11511837
	就业人数	8861012	7763259	7393261	7343347	7452046	7637748	7157706	7267567
就业训练中心	就业训练人数	8505094	6450222	5609363	4760349	4597133	3624088	2912094	2592307
	结业人数	7558849	5840449	5023349	4242993	4084783	3178574	2604244	2315296
	就业人数	6925624	4534446	3710579	3178178	2911629	2197610	1562058	1213244
技工学校	培训社会人员人次数	5512989	5253073	5084877	4765672	4516045	4564075	4205759	4322647
	培训社会人员结业人数	4415681	3970809	3722944	3789340	3499458	3261066	3015720	3087700
	就业人数	1169717	1130011	1040729	921309	909205	883593	881811	959163

资料来源：人力资源和社会保障部（2013；2014；2016；2017a；2017b；2019a；2019b；2020a）。

（三）农民工培训在重点群体职业技能培训中约占一半（见图 8 - 1）

图 8 - 1　2012～2019 年重点群体培训情况

资料来源：人力资源和社会保障部（2013；2014；2016；2017a；2017b；2019a；2019b；2020a）。

第二节　职业技能培训的主要成效

党中央、国务院历来高度重视职业技能培训工作。特别是党的十八大以来，习近平总书记多次作出重要指示批示，要求健全技能人才培养、使用、评价、激励制度，大力发展技工教育，大规模开展职业技能培训，加快培养大批高素质劳动者和技术技能人才。李克强总理强调，职业技能培训是提升劳动者就业创业能力、缓解结构性就业矛盾、促进扩大就业的重要举措，要实施好职业技能提升行动。各级人社部门要深入贯彻党中央、国务院决策部署，坚持改革创新，全力推进职业技能培训事业的发展。

一、市场化社会化发展机制逐步完善

《国务院关于推行终身职业技能培训制度的意见》提出："建立职业技能培训市场化社会化发展机制""大力发展民办职业技能培训"。从各类职业技能培训机构的建设情况来看，民办机构发展势头最为迅猛，在社会人员职业技能培训中发挥了重大作用，据统计，2012～2018 年职业技能培训机构共计培训了近 8700 万人次，约占培训总量的 55%。2015 年开始的企业新型学徒制，经过两轮试点，于 2019 年全面推开（人力资源和社会保障部、财政部，2018），要求在各类企业普遍推行"招工即招生、入企即入校、企校双师联合培养"的新型学徒制，成为推行终身职业技能培训制度的重要抓手，3 年培养企业新型学徒近 150 万人次。第一年学习理论，第二年进入实训车间，第三年在企业的车间实习的"1 + 1 + 1"的教学模式已逐渐成为技工院校培养技能人才的主流。2019 年国务院出台职业技能提升三年行动方案，要求 3 年共开展各类补贴性职业技能培训 5000 万人次以上，截至 2021 年年底，行动目标圆满完成，全国开展补贴性职业技能培训超过 8000 万人次。

二、重点群体培训成效显著

企业职工技能提升和转岗转业培训，事关我国经济高质量发展和职工队伍的稳定。而加强劳动预备人员、下岗失业人员、农村转移就业劳动力的培训，提高其专业技能技术和胜任岗位能力，成为高素质技能劳动者和稳定就业的产业工人，是解决结构性就业问题的关键。习近平总书记指出，"就业是最大的民生""大规模开展职业技能培训，注重解决结构性就业矛盾，鼓励创业带动就业。"2012 ~ 2019 年，重点群体培训近 1.49 亿人次，各类培训机构的就业人数 9500 万余人。作为标准化公共就业服务内容之一，人力资源和社会保障部门不断创新重点群体的职业技能培训方式，2020 年疫情期间大规模开展"云培训"，包括中国职业技能培训在线平台在内，国家先后遴选 54 家线上培训平台，面向劳动者、企业免费开放。截至 6 月底，实名注册学员超 1300 万人次，超 1200 万人次参加线上培训。

三、高技能人才数量稳步增长

截至 2021 年年底，全国技能人才总量超过 2 亿人，高技能人才超过 6000 万人，技能人才占就业人员总量的比例超过 26%，高技能人才占技能人才的比例达到 30%。我国累计表彰 290 名中华技能大奖获得者，授予 3321 人全国技术能手称号，选拔 3292 名享受国务院颁发的政府特殊津贴的高技能人才（祖任平，2022）。职业技能培训是高技能人才数量质量提升的重要途径，以技工学校为例，据人社部数据统计，2012～2019 年，技工学校培养人员中取得职业资格证书的约为 1662.53 万人，其中取得高级职业资格的有 238.40 万人，取得技师和高级技师资格的有 75.09 万人；191.41 万毕业生取得高级职业资格证书，占毕业生总量的 24%。此外，人社部指导各地、各行业部门，累计建设 954 个国家级高技能人才培训基地、1196 个国家级技能大师工作室，充分发挥了高技能人才的示范引领作用。

第三节　职业技能培训存在的突出问题

一、职业技能培训远不能满足劳动力培训需求

从表 8－3 2012～2019 年的数据来看，职业技能培训作为每年的常态项工作，培训数量相对稳定，平均每年有 2200 余万人，但相较每年近 8 亿的劳动力来看，覆盖比例非常低，平均下来仅为 3%，远远无法满足劳动力培训的需求。

表 8－3　　　　　　　职业技能培训人数与劳动力数量比较

培训人	2012 年	2013 年	2014 年	2015 年	2016 年	2017 年	2018 年	2019 年
劳动力（万人）	78894	79300	79690	80091	79282	79042	78653	78985
培训人数（万人）	2755.667	2414.675	2283.488	2139.529	2123.338	2058.207	1941.421	2024.722
培训人数在劳动力中的占比（%）	3.49	3.04	2.87	2.67	2.68	2.60	2.47	2.56

资料来源：人力资源和社会保障部（2013；2014；2016；2017a；2017b；2019a；2019b；2020a）。

二、职业技能培训尚无法满足科技进步的需求

职业技能培训是指按照国家职业分类和职业技能标准进行的规范性培

训。随着新的科学技术的不断应用，许多职业发生根本性改变，如大量机器人与自动化工具进入生产和服务领域，传统制造业和服务业岗位被淘汰，代之而起的是智能制造和现代服务岗位。新的技术应用本身也会创造出许多新的社会和个人需求，从而产生新的职业岗位，如数字经济时代催生了许多数字化的新职业。科技进步使产业结构进一步复杂化、生产规模进一步扩大化，出现很多信息化的新兴产业，产业结构的变化也会影响职业分工和结构的调整。麦肯锡全球研究院研究提出到 2030 年，多达 2.2 亿中国劳动者（占劳动力队伍的 30%）可能因自动化技术的影响而变更职业。这些对劳动者的技能素质都提出了更高的要求，而且变换速度在加快，频率在提高，需要职业技能培训及时跟进。但现有的职业技能培训难以适应数字技术、人工智能发展要求，很多还停留在传统职业技能层面，远远无法满足科技进步带来的对技能培训市场的需求，针对性、有效性需要进一步提高。

三、新职业技能培训体系仍不健全

新职业是指经济社会发展中已经存在一定规模的从业人员，具有相对独立成熟的职业技能，《中华人民共和国职业分类大典》中未收录的职业。新职业是新旧动能接续转换和产业结构深度调整的时代产物。新职业的涌现，不仅推动了新经济、新业态的发展，同时也吸纳了大量的青年就业，为青年提供了更多元的就业选择，对于促进新经济增长、吸纳就业、推动高质量发展发挥着重要作用。2019 年至今共分四批发布了 56 个新职业，其中 43 个属于技能类新职业，中国青年报社社会调查中心联合问卷网对 2004 名受访者进行的一项调查显示，69.3% 的受访者建议增强新职业从业人员的职业技能培训，63.4% 的受访者认为人才培养过程中要注意理论与实践的结合。虽然目前已经推出了新职业学习平台，但相关培训课程还比较少，课程覆盖面窄、资源稀缺、方式单一等已经成为新职业培训开展的掣肘。

四、劳动者的职业技能培训内生动力不足

近些年，尽管国家对技能人才的重视程度不断加强，出台了大量的政

策支持技能人才队伍建设。但是受传统社会观念等众多因素影响，技能人才仍然面临身份、学历、资格等政策制度障碍和体制机制制约，地位待遇不高、职业发展不畅，如调研中发现，国有企业中的顶级技师，即获得"技能大师"称号的高技能人才的薪酬最多只相当于管理岗中层副职水平，绝大多数高级技师的收入要低于管理岗的起点级。加之，社会对人才的价值评价长期以来有着"重学历，轻能力""重知识，轻技能"的倾向，使技能人才得不到应有的社会尊重和认可，进而导致技能人才供需矛盾突出。此外，尽管政府加大了宣传力度，但劳动者获取职业技能培训信息的途径还是相对有限，很多是靠熟人了解，或单位通知，自身参与职业技能培训的内生动力严重不足。

第四节　完善职业技能培训的对策建议

大规模开展职业技能培训，既是普遍提高劳动者素质、提升人力资源质量的重要手段，也是提高就业能力、缓解就业结构性矛盾的关键举措。进入新发展阶段，职业技能培训需要不断适应新形势要求，持续推进改革进程，为经济社会发展提供有力支撑。

一、推动职业技能培训扩容提质

适应我国劳动力要素由增量投入为主转向以存量开发、结构优化和素质提升为重点的发展形势，进一步健全完善劳动者终身职业技能培训制度。扩大职业技能培训规模，加大政府、企业、社会等各类培训资源优化整合力度，积极鼓励吸纳多方资源，提高培训供给能力，创新职业技能培训供给形式，提升职业技能培训的精准性和实效性。加大对职业技能培训的财政性投入，提升职业技能培训经费在公共财政支出中的比例，完善多元经费筹措机制。将劳动者的全面可持续发展放在职业技能培训的首要位置，优化培训课程体系，在加强对知识技能培养的同时，深入挖掘技术技能背后的价值和精髓，着眼于促进受教育者"技、艺、道"之间的协调发展，改善劳动力供给的质量和效率，充分挖掘劳动力资源潜力和创新创造活力。

二、提升职业技能培训的适应性

坚持市场需求的导向作用，围绕产业转型、技术进步对技能型人才的现实需求，布局职业技能培训资源，加强职业标准规范建设，健全职业技能培训体系，打造人才培训、技能提升、推动就业、创业创新四位一体的发展格局，提升职业技能培训与产业发展需求的匹配度。坚持政府引导，构建企业主体、产教融合的职业技能培训机制，支持企业按照有关规定举办或参与举办职业技能培训机构，支持企业围绕产业升级和技术创新，以生产经营需要的高技能人才和产业紧缺人才为重点开展培训。充分发挥人才评价的指挥棒作用，加快完善以职业资格评价、职业技能等级认定和专项职业能力考核等为主要内容的技能人才评价体系，推动技能培训、持证评价、就业增收协同发展。积极营造国家重视技能、社会崇尚技能、人人学习技能、人人拥有技能的良好社会氛围。

三、加快新职业技能培训体系建设

紧跟新职业的风向标，开发相应职业技能标准，推动设置职业技能培训项目，确定培训内容，开发新教材新课程，促使新职业技能培训紧跟社会需求，紧贴企业生产实际。增强新职业技能培训和社会需要之间的适配性，把综合素质教育放在更重要位置。劳动者只有具备良好的知识和素质储备，才能更好地适应未来社会发展变化。充分发挥企业主体作用，通过通识教育、在职培训等方式，建立适用性强、匹配度高的新职业就业培训系统，在专业设置、课程安排等方面大胆创新，将技能培训与职业发展有效融合，提升员工技能，实现持续健康发展。推行工学一体化、企业新型学徒制、国家基本职业培训包、校企合作、"互联网＋职业培训"、多媒体资源培训等灵活多样的培训方式。

四、加大职业培训宣传力度

广泛开展政策宣讲活动，对职业技能提升行动、就业创业政策、技能人才有关政策进行解读和现场指导，扩大企业技能人才对政策的知晓率。通过组织形式多样的宣传活动，大力弘扬劳模精神和工匠精神，展示优秀技术工人风采。围绕世界技能大赛、五一国际劳动节、世界青年技能日、职业教育活动周等开展集中报道和系列报道。组织大国工匠、劳动模范、产业技能大师、世界技能大赛获奖选手等优秀技能人才进学校、进企业、进园区、进社区，扩大技术工人队伍的影响力。鼓励社会各界创作更多反映技术工人时代风貌的优秀文艺作品，营造劳动光荣、技能宝贵、创造伟大的社会氛围，使技术工人获得更多职业荣誉感。

第 九 章

博士后队伍建设研究

博士后制度是全球通行的吸引、培养和使用创新型青年人才的重要制度。本研究回顾了 36 年来博士后队伍建设的简要历程，总结博士后队伍建设的主要成效，分析目前博士后队伍建设的主要问题，提出新时期博士后队伍建设的对策建议，以期为博士后制度更好地为我国吸引、培育和使用好高层次创新型青年科技人才提供借鉴参考。

第一节 博士后队伍建设的简要历程

改革开放初期，我国科技、教育以及经济社会发展需要大量人才，而当时高层次人才又十分缺乏。在此特定的时代背景下，著名物理学家、诺贝尔奖获得者李政道教授于 1983 年、1984 年两次给邓小平同志写信，建议中国借鉴发达国家的成熟做法，设立博士后流动站，实行博士后制度。

一、初创阶段

1985 年 7 月，国务院（1985）批转国家科委、教育部、中科院等有关部门关于试办博士后科研流动站的报告，正式批准试办博士后科研流动站、试行博士后研究制度，由国家科委牵头，组成了博士后科研流动站管理协调委员会，统一组织和协调全国博士后工作，这标志着我国博士后制度正式开始实施。

1985 ~ 1987 年，我国陆续颁布了一系列文件，对博士后的培养机构、招收条件、培养要求、福利待遇、科研经费资助等一系列问题做出了原则性规定。

1985 年 8 月，国家科委（1985a）发布通知，就试办博士后科研流动站的申请办法和有关问题进行具体要求，对 1985 年、1986 年的学科领域占比进行了分配，并督促申报单位尽快部署。

经专家组评审，1985 年 11 月，国家科委（1985b）最终确定在全国73 个单位建站 102 个，并就建立博士后科研工作站建站方案、管理工作等若干问题进行了进一步解释和说明。

1986 年 3 月，国家科委（1986）进一步对博士后研究人员资格、申请手续和审批权限、工作期限、经费及工资福利待遇、住房、户口及配偶子女随迁、工作分配等一系列问题作出了明确规定。

二、探索发展阶段

1988～1997 年，博士后工作的主管部门由国家科委调整到人事部，在此期间，先后出台了多个有关博士后工作文件，整体呈现探索发展的特征。

针对博士后制度建立两年多来取得的重大进展，全国博士后管委会预计从 1988 年起申请做博士后的人数将有较大幅度的增加。因此，1988 年1 月，全国博士后管委会（1988）出台文件，就修改新建博士后科研流动站的申请条件、扩大设站专业覆盖面、自筹经费招收博士后、招收外国人进流动站做博士后等问题作出了进一步规范和说明。

1989 年 2 月，全国博士后管委会（1989）决定，将新设博士后流动站与争取留学博士回国做博士后的问题分开分别加以解决，取消设立新站需预先物色人选才能申报的规定，今后不再零星受理设站申请，而仍改为按适当时机集中申请和集中审批的办法办理。

为广开博士后科学基金来源，便于同国内外各种基金会组织进行交流合作，1989 年 10 月，经中国人民银行批准，成立了中国博士后科学基金会（人事部，1989）。中国博士后科学基金的设立，对支持博士后科研工作、出国参加学术会议或短期合作起到了积极作用。

自 1985 年 7 月国务院批准在我国试办博士后流动站、试行博士后制度以来，在有关部门和地方的大力支持下，博士后工作有了很大的发展，到 1990 年 9 月，先后在全国 93 个高等学校和科研单位共设立 161 个博士后流动站，有近 800 名博士后研究人员进站工作，其中相当数量是在国外获得博士学位的留学回国人员（人事部、全国博士后管委会，1990）。

1991 年 6 月，经全国博士后管委会第十二次全体会议批准，确定在全国 91 个高等学校和科研机构新增设博士后流动站 117 个，全国博士后流动站总数达到 278 个，分布在中央 27 个部门和地方 7 个省市的 156 个单位中，设站学科扩大到理、工、农、医、法学五大门类的 42 个一级学科（人事部、全国博士后管委会，1991）。

为培养造就社会科学领域的高水平年轻研究人才，促进社会科学的发展，1992 年 11 月，人事部、全国博士后管委会（1992）批准北京大学等十三个单位在社会科学领域开展博士后工作。

为适应博士后工作发展的需要，1994 年 5 月，人事部、全国博士后管委会（1994）决定，集中进行增设博士后流动站的申报和评审工作，并对增设新站的基本原则、申报单位及学科条件、申报和评审程序等进行了规范。

为推动产学研结合，加速科研成果的产业化，1994 年 10 月，全国博士后管委会（1994）率先在上海宝钢建立起全国第一家企业博士后科研工作站。

1996 年 2 月，人事部、全国博士后管委会（1996）批准在军事学科设立博士后科研流动站，标志着我国 12 大学科门类都建立了博士后流动站。

为推动博士后工作更好地为国有企业发展和国家经济建设服务，1997 年人事部、国家经济贸易委员会、全国博士后管委会（1997）决定扩大企业博士后试点，逐步在有条件的企业增建企业博士后科研工作站，并于同年印发《企业博士后工作管理暂行规定》（全国博士后管委会，1997），企业博士后工作纳入规范化轨道。

三、稳定发展阶段

20 世纪末到 2010 年，中国经济体制改革取得重大成就，科技、教育事业获得了全面发展。为适应我国经济与社会体制改革发展大趋势，博士后制度做出了必要调整，在此期间，先后出台了 60 多个政策性文件，对博士后研究人员的管理、评估、科研、工资福利、基金资助、职称、配偶子女的安置等问题都做了比较全面、详细的规定或修订。

1998 年 5 月，人事部、全国博士后管委会（1998）出具《关于同意由我部承接并实施中韩青年科学家交流计划的复函》，首次批准国家之间的官方博士后交流项目。

在高新技术企业相对比较集中的区域，选择一些经济实力强、科研条件较好的高新技术企业，依托高新技术项目，与博士后流动站单位联合招收博士后研究人员，是我国博士后工作发展的一种新形式。1999年5月，人事部（1999）同意设立北京海淀新技术产业开发试验区企业博士后科研工作站，这是国家高科技开发区首次设立博士后科研工作站。

为规范博士后设站单位管理工作，提高博士后培养质量，2005年，人事部（2007）组织开展了博士后科研流动站和博士后科研工作站评估工作，在此次评估中，撤销了10个博士后科研工作站设站资格，标志着博士后科研工作站"终身制"的废止。

2006年12月，为进一步加强和规范博士后管理工作，人事部、全国博士后管委会（2006）重新修订了《博士后管理工作规定》。

为健全博士后工作质量保证机制，推进博士后工作持续、健康发展，2008年12月，人力资源和社会保障部、全国博士后管理委员会制定了《博士后科研流动站和工作站评估办法》，规范了博士后科研流动站、工作站评估工作（人力资源和社会保障部、全国博士后科研流动站管理协调委员会，2008）。

为充分调动各方面的积极性，提高管理效率和服务水平，努力形成分级管理和多元化投入的博士后工作新局面，2009年12月，对国家和设站单位的两级管理体制进行改革，建立起国家、地方（部门）和设站单位分级管理体制（人力资源和社会保障部、全国博士后管理委员会，2009），进一步明确管理职责，调整管理权限，调动各地方的积极性，形成工作整体合力。

四、高质量发展阶段

2011年以来，博士后事业经过建章立制和稳步发展，工作步入规范化、制度化轨道，博士后制度呈现出加速发展的特点。在此阶段出台的政策更加聚焦"高精尖缺"，以加速提升博士后培养质量和国际化水平。

为进一步提高博士后国际化水平，逐步加大外籍（境外）和有留学经历的博士后研究人员在科研团队中的比例，2012年9月，人力资源和社会保障部、全国博士后管理委员会开始实施博士后国际交流计划，2013年

12 月，出台了博士后国际交流计划的实施细则（全国博士后管委会办公室，2013）。

为深入实施人才优先发展战略，更好发挥博士后制度在培养高层次创新型青年人才、推动大众创业万众创新中的重要作用，2015 年 11 月，国务院办公厅（2015）印发《关于改革完善博士后制度的意见》，从总体要求、改革管理制度、完善管理办法、提高培养质量、支持创新创业以及做好保障工作六个方面为今后一段时期做好博士后工作提出明确指导意见。

在国际人才竞争日益激烈的大背景下，为了探索自主培养高水平人才的新路，加强高层次创新型青年人才培养工作，实现储备高精尖科技人才的目标，2016 年 4 月，人力资源和社会保障部开始实施"博士后创新人才支持计划"，每年重点培养支持 1000 多名海内外优秀博士从事博士后研究。"博新计划"瞄准国家重大战略领域、战略性高新技术领域、前沿和基础科学领域，专项资助一批优秀博士从事博士后研究工作，争取加速培养一批国际一流的创新型人才（人力资源和社会保障部、全国博士后管理委员会，2016）。

为确保《国务院办公厅关于改革完善博士后制度的意见》的贯彻落实，进一步做好博士后工作，2017 年 3 月，人力资源和社会保障部、全国博士后管理委员会（2017）印发《关于贯彻落实〈国务院办公厅关于改革完善博士后制度的意见〉有关问题的通知》，从优化博士后工作平台建设、严格博士后人员招收管理、提升博士后工作服务水平、发挥博士后设站单位主体作用四个方面提出具体要求。

按照中央和人力资源和社会保障部"放管服"工作有关要求，2018年 12 月，全国博士后管委会办公室（2018）印发《关于改进博士后进出站有关工作的通知》，实现了全国博士后人员办理进出站业务由"一次办结"到"零跑路"的跨越。

2021 年 11 月，人力资源和社会保障部、全国博士后管委会（2021）印发《关于进一步加强企业博士后科研工作站建设的通知》，强调要贯彻落实中央人才工作会议精神，大力实施新时代人才强国战略，加快建设国家战略人才力量，培养具有国际竞争力的青年科技人才后备军，促进产学研深度融合，推进企业创新联合体建设，进一步发挥博士后制度在推动企业创新和科技进步中的重要作用。

第二节 博士后队伍建设的主要成效

博士后队伍建设经过 36 年的历程，在改革中发展，在发展中壮大，取得了显著成效。

一、培养了一大批高层次创新型青年人才

经过多年的积极探索和发展，博士后事业得到了迅速发展，培养了一大批高素质青年研究人才。

据人社部相关统计，从 1985 年博士后制度建立到 2019 年，累计招收博士后 23.34 万人，出站 13.62 万人，见图 9-1、图 9-2。尤其近 5 年来，我国博士后研究人员进站规模迅速扩大，年均增幅在 10% 以上，我国已连续多年成为继美国之后的世界博士后第二大国。目前共建有 7100 多个博士后科研流动站和工作站，其中，博士后科研流动站 3348 家，博士后科研工作站 3728 家。设站单位从最初主要集中在中央所属单位，发展到全国 31 个省份（不包括港澳台地区）和经济社会发展主要领域，遍及4000 多家高校、科研院所、骨干企业和高新技术园区。博士后招收学科从最初的理学、工学发展到全部 13 个学科门类的 111 个一级学科，基本做到了主要学科的全覆盖。

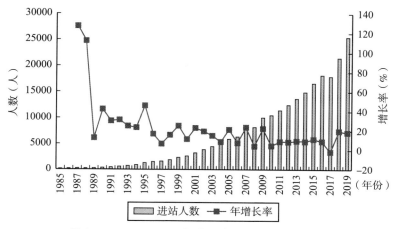

图 9-1 1985~2019 年博士后进站人数和增长率

资料来源：中国博士后科学基金会（2020）。

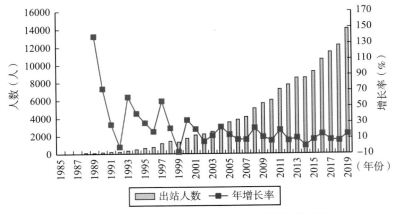

图 9 - 2　1985 ~ 2019 年博士后出站人数和增长率

资料来源：中国博士后科学基金会（2020）。

博士后出站后在高校科研院所工作的比例逐年提高，2019 年达到 65%。绝大部分出站博士后都成为高校、科研院所及其他企事业单位的领军人才和科研骨干。有博士后经历的研究人员已有 124 人成长为两院院士，由博士后成长为院士的平均年龄较其他院士年轻 3 岁左右。近年来，每年新当选院士中有国内博士后经历的人员比例均在 18% 以上，并在稳步提升。

二、推动了科技创新和关键核心技术的突破

博士后作为高层次创新型青年人才，开展了大量基础研究，承担了大量国家战略性新兴产业发展、重大科技攻关和关键技术突破任务，取得了一大批高质量的科研成果，许多重大科研课题、科技项目在国内外产生了重大影响，有力推动了我国科技创新和经济社会发展。

据人社部相关统计，近 5 年来，全国在站博士后人员共承担国家级项目 9 万个，省部级项目 8 万个，其他各类项目 12 万个，平均每位博士后人员承担 2 个以上研究项目。共承担国家级基金 1.4 万余项，省部级基金 8 千余项，共获得博士后科学基金和其他各类基金 4 万余项。共发表论文 18.8 万余篇，在站期间人均发表期刊论文近 3 篇，据不完全统计，其中在《科学》和《自然》两大顶级刊物上发文 218 篇。87 位在站博士后获得国家科学技术进步奖、国家技术发明奖和国家自然科学奖。中科院神经科学

研究所刘真博士后，率先突破体细胞克隆猴技术，培育出世界首个体细胞克隆猴，是 2019 年入选"何梁何利基金"的最年轻科学家（31 岁）。武汉大学"北斗导航"20 余名博士后科研团队，是国内外卫星导航领域最具影响力的团队之一。中国科学技术大学龙冉博士后、清华大学白蕊博士后分别入选 2017 年度和 2020 年度联合国"世界最具潜力女科学家计划"。

三、建立了产学研结合的有效模式

博士后制度的实施有力推进了产学研融合。1994 年，我国在上海宝钢试点设立企业博士后科研工作站，标志着我国博士后工作从高等院校、科研院所向企业扩展。从此，我国在教学、科研机构与生产部门之间建立了交流合作纽带，为产学研结合探索了一套有效模式。据人社部相关统计，目前，已在数千家企业、169 个园区招收博士后人员 3.6 万人。近 5 年，新设博士后科研工作站 869 家，工作站年招收人数增长 73%，华为、腾讯、科大讯飞、宁德新能源等民营科技型企业，西湖大学、之江实验室、鹏城实验室等新型研究机构也都普遍设立了博士后科研工作站。博士后在站期间专利申请数量逐年增加，共获得专利总数约 4.34 万项。博士后科研工作站的设立，为博士后研究人员提供了与生产紧密结合的科研课题和良好的科研实践环境，将高校、科研院所的人才技术优势与企业的市场开发优势结合起来，有效防止了研究与应用"两张皮"的现象，使人才培养、成果转化、企业技术进步融合为一个有机整体。

四、形成了新的选人用人机制

博士后制度作为一种灵活的选人用人机制，突破了传统的人事管理体制在诸如户籍管理、人事关系、职称评定、人员编制、学科交叉等方面的限制，打通了博士后人员在高校、科研院所、企业之间，不同地域和所有制单位之间，以及不同学科和科研领域之间的流通渠道，创造了人才在一定程度流动的环境与机制，建立了人才自主择业及与用人单位双向选择的新模式，对人才发展体制机制改革起到了示范作用。博士后人员已成为高校科研院所补充师资和科研人员的重要来源、国家重点科研项目和重大科技项目团队中科研创新的主力军。实践证明，博士后制度已经成为各地区各部门培养、吸收高层次人才的重要渠道，成为开放合作和人才吸引的重要窗口。

第三节 博士后队伍建设的突出问题

一、博士后队伍规模与创新驱动发展需求还有差距

我国经济发展进入由高速增长转向高质量发展的阶段，我国的高层次创新人才严重不足，成为制约我国经济高质量发展的瓶颈，而博士后人员作为我国最活跃、最具潜力、富有创新能力的高层次创新人才代表，其数量规模有待进一步提高。主要体现为：

一是我国博士后队伍规模还相对较小。据相关统计，我国博士毕业生人数与美国相差不大，2010 年，我国研究人员总数已超过美国，与此同时，我国博士后总量并没有同步增长，博士后总量只有美国的约三分之一。此外，以 2017 年为例，美国研发人员中的研究人员数为 143.4 万人，当年博士后招收数在研究人员中的占比为 4.5%，同期我国研发人员中的研究人员数为 211 万人，当年博士后招收数在研究人员中的占比仅为 0.8%，由此可见，我国博士后人数在研究人员中的占比与美国相比还存在较大差距，见图 9 – 3、图 9 – 4。

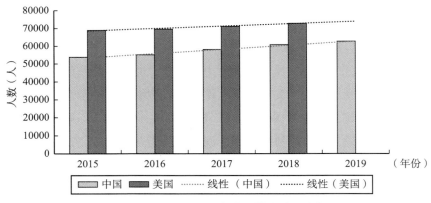

图 9 – 3　2015 ~ 2019 年中美博士毕业人数

资料来源：教育部（2020d）；美国国家科学基金会（National Science Foundation, 2019a）。

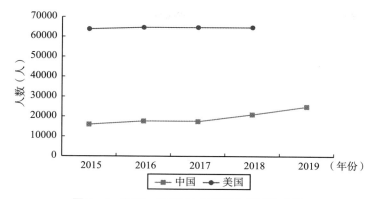

图 9 - 4 2015 ~ 2019 年中美博士后招收人数

资料来源：中国博士后科学基金会（2020）；美国国家科学基金会（National Science Foundation，2019a）。

二是由博士后担当科研主力的局面尚未形成。欧美发达国家高校、科研机构中科研团队的骨干是博士后，越是顶尖的研究型大学、研究水平越高的实验室，博士后比例越高。美国科研团队成员一直以博士后为主，如斯坦福大学一个教授的科研团队可拥有高达 27 位博士后，一个实验室只有两名教授，却可以拥有 50 多名博士后。加州大学伯克利分校校董事会统计的结果显示该校博士后的科研产出占全校的 70%。而我国科研团队主要以硕士和博士为主，博士后占比偏低。一些高校优势学科、国家重点实验室，有几十个教授员工，但博士后数量却不足几人。由于硕士、博士的学制只有 2 ~ 3 年，除去修基础课和毕业论文准备、答辩和找工作时间，真正从事科研的时间极为有限，而有成熟研究经历的博士后相对于硕士、博士生拥有更强的研究能力，但由博士后担当科研主力的局面在我国尚未形成。

二、博士后队伍结构与经济社会发展重点方向还不匹配

我国博士后工作一直紧密围绕国家经济社会发展的大局，不断改革创新，发展完善，由于受经济和科技发展水平、高等教育资源分布、自然环境和社会环境等多种因素的深刻影响，博士后队伍结构在同国家发展战略紧密结合及区域经济发展布局相互协调方面，仍有不足之处。主要体现为：

一是学科结构方面，通过对中美各专业类别招收人数占比发现，我国在工程、社会科学、计算机与信息技术科学专业的博士后招收人数占比远

超美国，但是在生命科学、医学、多学科和跨学科研究等方面的博士后招收人数占比与美国还存在很大差距，见图9-5、图9-6。学科招收布局与习近平总书记对科学家和科技工作者提出的"面向世界科技前沿、面向经济主战场、面向国家重大需求、面向人民生命健康"的要求还不匹配。

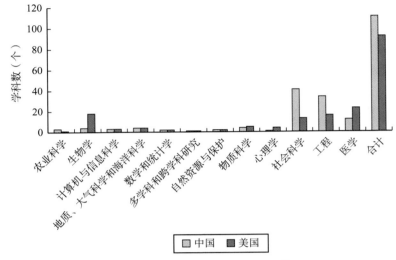

图9-5 中美博士后学科组设置

资料来源：中国博士后科学基金会（2020）；美国国家科学基金会（National Science Foundation，2019b）。

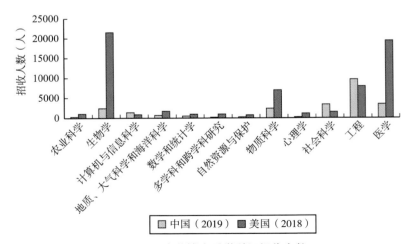

图9-6 中美博士后学科组招收人数

资料来源：中国博士后科学基金会（2020）；美国国家科学基金会（National Science Foundation，2019b）。

二是设站类别结构方面，科研工作站整体招收博士后人数偏少，招收占比仅为 17% 左右。2020 年博士后综合评估结果反映，参评单位平均每站每年招收 1 人，评估期 4 年内招收小于 4 人的工作站有 1725 个，占全部参评单位的 51%，且有个别工作站长期空站的情况。有些设站单位管理水平较低，缺乏有效的组织管理架构，甚至没有专人对博士后工作进行组织管理，或者管理人员更换频繁，培养主体作用发挥不足，站点布局在助推产业发展方面还较为薄弱。

三是区域结构方面，由于地区间经济和技术条件的差异，我国博士后区域发展不均衡的现象无法避免，经过三十多年的发展，我国中西部博士后事业虽有所发展，但是与东部地区相比十分缓慢。据人社部相关统计，以 2019 年为例，东、中、西部博士后招收占比分别为 72%、16% 和 12%。2020 年博士后综合评估结果显示，宁夏和青海的流动站 4 年招收人数分别为 6 人、7 人，而广东省同期招收人数为 7898 人，博士后在支撑中西部地区经济发展方面作用发挥不足。

三、博士后培养质量与科技自立自强要求还有差距

博士后制度作为培养具有国际竞争力的青年科技人才后备军的一项人才培养制度，虽然近年来实现了规模的快速增长，但博士后培养的质量却相对滞后，对经济社会高质量发展的支撑力还有待进一步提高，主要体现在：

一是博士后学术论文影响力偏低。近年来虽然我国出站博士后发表的学术论文总量超过其他单个国家，但人均发表的论文数量偏少，论文国际化程度低，平均被引率和被引频次偏低。见表 9-1。

表 9-1　2016～2019 年出站博士后学术论文被国际数据库收录或检索情况统计

数据库名称	年份	收录或检索（篇）	占论文总数之比（%）
SCI	2016	15608	38.78
	2017	18200	42.71
	2018	16967	39.45
	2019	25134	53.44

数据库名称	年份	收录或检索（篇）	占论文总数之比（%）
SSCI	2016	344	0.85
	2017	437	1.03
	2018	541	1.26
	2019	661	1.41
EI	2016	5320	13.22
	2017	4948	11.61
	2018	3319	7.71
	2019	4354	9.26
A&HCI	2016	20	0.05
	2017	24	0.06
	2018	19	0.04
	2019	29	0.06
ISTP	2016	361	0.9
	2017	387	0.91
	2018	258	0.6
	2019	255	0.54

资料来源：王修来（2020）。

二是博士后成果转化率较低，在我国现行高校教育机制模式下，加之各级对博士后科研成果转化的重视程度仍待进一步加强，我国博士后的优势在于对理论知识的把握，而对社会实践和社会生产缺少实际的操作。目前我国博士后科研成果还普遍停留在研究论文、学术专著、研究报告或发明专利、产品方案等方面，只有1/3的研究成果得到转化并形成相应的产品（王修来，2015）。尽管近几年在成果应用和转化的数量方面有所增长，但在博士后总研究项目中的占比偏低，博士后科研项目转化对经济社会的贡献率有待进一步提升。

三是博士后学术交流不够广泛，尤其在国际学术交流方面，博士后出国人数少，频次低。2020年博士后综合评估结果显示，流动站和工作站的博士后人员和博士后合作导师对"参与国外有关机构的科研合作项目""参加国内外学术交流"的现状最不满意。此外，我国博士后国际交流计划由于受经费限制，每年仅能资助 500 人左右，远没有形成规模效应。

四、博士后制度对优秀青年人才的吸引力还不足

博士后制度是吸引、培养和使用优秀青年人才的一项重要制度，有着其独特作用。我国博士后制度建立初期，明确博士后人员是国家正式职工，并突破了传统人事管理障碍，提供了与副教授相当的薪酬、充足的科研启动经费、博士后公寓住房等，吸引人才的比较优势非常明显。但近年来，博士后制度对优秀青年人才的吸引力较之以前略显不足。主要表现在：

一是对本土青年人才吸引力不足。我国政府对博士后提供的经费、户籍、博士后公寓、学术交流机会、住房补贴等优惠政策在当时的历史条件下，发挥了重要的作用。随着时代的变革以及在站博士后整体规模的扩大，银行利率下降以及物价上涨等情形，国家经费投入已相对不足。中央财政博士后日常经费标准仅为人均 8 万元/年，且从最初的全面覆盖降低到目前的30% 左右。与国家自然科学基金同类项目相比，国家自然科学基金青年项目的资助强度已经达到 20 万～30 万元，而博士后基金即使是特别资助也只有 15 万元，造成我国博士后制度对优秀青年人才的吸引力下降。此外，博士后人员一般正值成家立业的年龄，但作为流动人员其未来职业发展面临很大的不确定性，进站经济成本和出站求职风险日益加大，严峻的就业环境和生存压力，使得不少有学术进取心的博士毕业生不得不望而却步。根据北京大学发布的《中国博士质量报告》，高校博士生毕业后有43.9% 选择进入高等院校从事教学和科研工作，有10% 选择进入科研设计单位，仅有 2.9% 愿意在国内做博士后研究工作（佚名，2011）。2015～2019 年的数据显示，博士生毕业后选择做博士后的比例仅为30% ～40% 左右，见图 9－7。

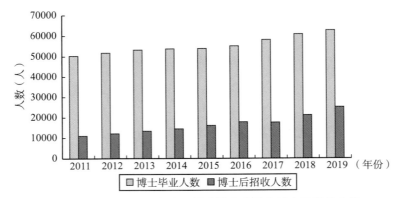

图 9 - 7　2011~2019 年中国博士毕业人数和博士后招收人数

资料来源：教育部（2020d）。

　　二是对外籍青年人才吸引力不足。当今世界，发达国家都将吸引外籍博士后作为利用国际人力资源的重要内容，据美国科学荣誉学会调查，美国博士后人员中有 39% 是美国人，有 57% 的博士后来自其他国家，这在一定程度上说明了美国博士后的国际性与文化背景的多元性（胡徽徽、祝怀新，2019）。多年来我国博士后制度也注重吸引外籍博士进站做博士后，但招收的数量偏少，进站外籍博士占全国进站总人数的比例一直偏低，中外博士后人才流动逆差显著。此外，我国外籍博士后不仅比例低，而且主要来自欠发达国家。2019 年，我国招收外籍博士后 1903 人，其中，印度 642 人，巴基斯坦 541 人，伊朗 99 人，埃及 58 人，孟加拉国 33 人，这五国外籍博士进站人数占全部外籍博士后总人数的比重高达 72.15%，见图 9 - 8、图 9 - 9、图 9 - 10。

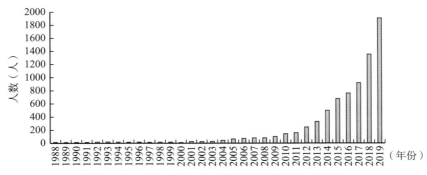

图 9 - 8　1988~2019 年中国招收外籍博士后人数

资料来源：王修来（2020）。

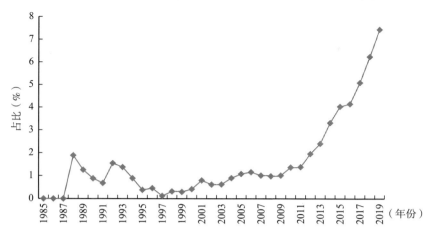

图 9 - 9　1985 ~ 2019 年外籍博士后进站人数占全国博士后进站人数的比例

资料来源：中国博士后科学基金会（2020）；王修来（2020）。

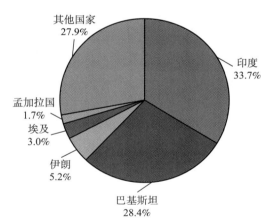

图 9 - 10　2019 年进站外籍博士后的国别分布

资料来源：王修来（2020）。

　　三是对留学回国人员吸引力不足。我国创立博士后制度的目的之一，就是为了吸引在外国留学的博士回国，为他们继续发展提供一个良好平台，让他们在国内安心进行科学研究和创业。但多年来留学回国博士进站做博士后总人数并不多，我国博士后制度实行前 3 年，回国留学博士比例一直占 50% 左右，但随着全国博士后招收规模的扩大，吸引留学回国博士进站做博士后的人数占全国进站博士后总数的比例一直偏低，且一直处于起伏不定、或多或少、有时甚至急剧下降的状态（见表 9 - 2）。

表9-2 2015~2019年留学回国博士进站人数与全国博士后进站人数

内容	2015年	2016年	2017年	2018年	2019年
留学回国博士进站人数	3312	1978	3411	1853	4502
全国博士后进站人数	16041	17693	17538	21083	25050
留学回国博士进站人数占比	20.65%	11.18%	19.45%	8.79%	17.97%

资料来源：王修来（2020）。

五、博士后制度培养拔尖人才的潜力还未充分发挥

青年创新人才培养是一项系统工程，在有限工作聘期，推动博士后实现由科研活动参与者向科技创新组织领导者的根本性转变，离不开科技、产业、金融财税等方面的综合配套支持政策。当前博士后工作与国家重大科研计划、重大创新平台、重大工程项目的有效衔接不够，博士后事业服务国家重大发展战略缺乏有效抓手。

在博士后资助方面，中国博士后科学基金作为政府为博士后研究人员申请科研资助而开辟的专属通道，旨在资助具有创新能力和发展潜能的优秀博士后，促使他们在科研工作中完成创新研究，并迅速成长为适应社会主义现代化建设需要的复合型、战略型和创新型人才。博士后基金自1987启动以来，已先后资助了66批博士后，累计资助金额达到20多亿元人民币。从总体趋势上看，资助总额不断提高，资助类型逐渐完善，但是，资助强度还不够大，见图9-11。

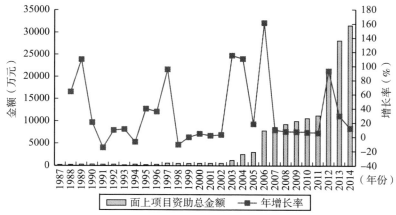

图9-11 1987~2014年博士后基金面上项目资助金额和增长率

资料来源：张洪娟、陈大胜、张爱莉（2016）。

"博新计划"作为结合国家实验室等重点科研基地，瞄准战略性前沿性重大科学研究领域、现代产业技术领域、国家科技重大专项、国家重大战略任务，引导博士后人才培养与国家重大发展战略相结合的主要抓手，自计划实施以来，全年资助规模分别为 2016 年资助 200 人、2017 年资助 300 人，2018 年、2019 年、2020 年各资助 400 人，资助比例过小，还没有形成规模效应和示范效应。

此外，涵盖站前遴选资助、在站重点培养、战后跟踪支持的全链条培养机制亟待建立，博士后作为高水平师资和高层次专家成长必备环节的共识尚未形成，这些都是博士后事业高质量发展的重要制约因素，影响了青年拔尖人才培养潜力的有效发挥。

第四节　博士后队伍建设的对策建议

一、适度扩大博士后招收规模

稳步扩大博士后人员招收规模，保持国家资助博士后名额逐年有所增加，地方资助招收的博士后有较大幅度增长。采取更加有力的措施，吸引优秀博士进站，稳步增加博士后在科研人才队伍中的比例，使博士后成为高校师资、高水平科研团队成员的主要来源。

二、合理调整博士后结构分布

合理确定设站学科专业比例，在坚持博士后专业分布多元化的前提下，围绕国家科技战略布局，统筹调整不同专业领域博士后的招收比例。不断调整优化博士后站点布局，优化流动站和工作站分布，大力发展企业博士后工作。加大对中西部地区博士后人才培养的支持力度，扶持中西部有特色的专业学科，改善中西部地区的科研环境和科研条件，在博士后科研流动站的设置和博士后人员的招收培养方面给予中西部欠发达地区倾斜政策，不断提高其竞争力。

三、持续加大博士后经费投入

持续加大中央财政投入，扩大博士后重点项目实施规模，逐步提高博士后日常经费资助标准和覆盖面。鼓励地方政府、设站单位依据博士后科研贡献度给予配套支持，逐步将博士后人员薪酬待遇提高到比讲师略高的水平。加大社会资本投入，鼓励地方、单位设立博士后创新创业投资基金。加大人才公寓和公租房对博士后人才的住房保障力度。

四、切实提高博士后培养质量

引导广大博士后在提高科研创新能力上狠下功夫，把博士后科研成果转化率、科研项目产出效益作为重要的考核指标。发挥新型举国体制优势，将博士后事业发展纳入各项国家战略规划，将招收培养高质量博士后作为综合性国家科学中心、国家实验室、国家重大科技项目建设实施的重要任务和主要考核指标，围绕国家战略性科技任务大力招收培养博士后，加强博士后人才培养与国家科技创新战略的联动，为博士后干事创业提供优质平台。

第 十 章

海外留学人才队伍建设研究

留学人员是我国国际人才队伍的重要组成部分，是推动改革开放和现代化建设的特殊资源和重要力量，留学事业也历来与国家和民族的命运紧密相连。从 1978 年邓小平同志作出扩大派遣留学生的重要指示，到习近平总书记 2013 年在欧美同学会成立 100 周年庆祝大会上提出的"支持留学、鼓励回国、来去自由、发挥作用"新时期留学人员工作方针，我国出国留学人员规模持续扩大，留学人员管理和服务工作体系不断优化，也有越来越多的留学人员学成回国为国服务，作为具有国际视野和竞争能力的国际化人才，为我国的改革开放、科技创新作出了突出贡献。

第一节　海外留学人才队伍的发展趋势

一、出国留学和回国人员规模双增长

随着人才"走出去"步伐加快，我国留学人员数量逐年增长。2019年度，我国出国留学人员总数为 70.35 万人，较上一年度增加 4.14 万人，增长 6.25%；各类留学回国人员总数为 58.03 万人，较上一年度增加6.09 万人，增长 11.73%。1978～2019 年，各类出国留学人员累计达到656.06 万人，其中 165.62 万人正在国外进行相关阶段的学习或研究；490.44 万人已完成学业，423.17 万人在完成学业后选择回国发展，占已完成学业群体的 86.3%（教育部，2020a）。

2002～2019 年度，我国年度出国留学人数从 12.52 万人增长到 70.35

万人，留学回国人数从 1.79 万人增长到 58.03 万人，见图 10 - 1。出国留学、回国人员规模实现双增长。其中，出国留学人数的年均增速为 11%，留学回国人数的年均增速为 23%。年度回国人数占年度出国人数的比例从 10% 左右增长到 80% 以上。2002～2019 年度，我国出国留学人员与我国高等教育学校学生数量的比例基本在 0.5%～2%，其中 2003～2009 年度，这一比例在 0.5%～1% 之间浮动，2019 年增长至 2% 以上，见图 10 -2。

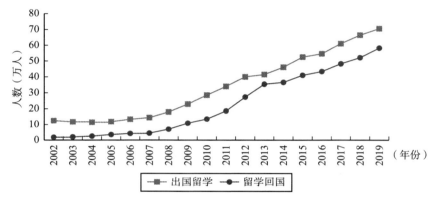

图 10 - 1 2002～2019 年我国出国留学人员和留学回国人数

资料来源：教育部（2004；2005b；2006；2007a；2008b；2010a；2011b；2012a；2014a；2015b；2016a；2017b；2018a；2019；2020a；2021a）。

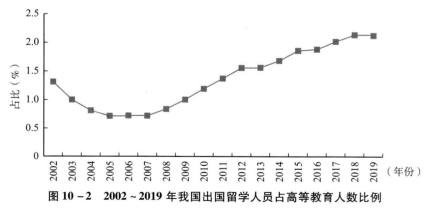

图 10 - 2 2002～2019 年我国出国留学人员占高等教育人数比例

资料来源：教育部（2004；2005b；2006；2007a；2008b；2010a；2011b；2012a；2014a；2015b；2016a；2017b；2018a；2019；2020a；2021a）。

根据联合国教科文组织（UNESCO，2021）统计数据，2019 年，中国的出国留学人员（包括基础教育、学历教育和非学历教育）世界占比为 17.5%，居世界第一位，排名第二的印度留学人员世界占比为 7.6%。1998～2019 年，中国出国留学人员的世界占比总体呈增长趋势。其中，1998～2004 年经历了迅速增长阶段，从 7% 增长至 14%。2004～2008 年占比趋于平稳，2008～2013 年增长速度加快，占比达到 16% 以上。此后到 2019 年，占比保持在 17% 左右，始终是世界的留学生来源大国，见图 10-3。

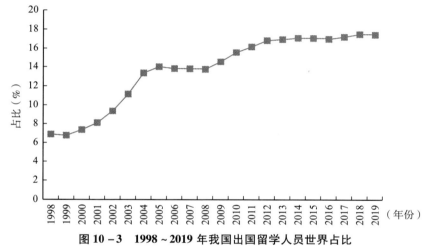

图 10-3　1998～2019 年我国出国留学人员世界占比

资料来源：教育部（2004；2005b；2006；2007a；2008b；2010a；2011b；2012a；2014a；2015b；2016a；2017b；2018a；2019；2020a；2021a）；联合国教科文组织（UNESCO，2021）。

二、留学回国人员占出国留学人员的比例持续上升

2019 年，我国各类留学回国人员总数占出国留学人员总数的比例为 82%。2002～2019 年，这一比例从 14.3% 增长到 82.5%。其中，2002～2010 年，留学回国人员数量的比例稳步增长，其间有若干年比例保持稳定，从 14.3% 增长到 47.3%。2010～2013 年，该比例迅速提升到 85.4%，为近年来最高水平。2014～2019 年，这一比例有微弱下降且趋于平稳，保持在 80% 左右，见图 10-4。从这一比例的变化情况可以看出，随着两类人员规模的双扩大，留学人员选择回国发展、为国服务的意愿也不断提升，回国发展逐渐成为出国留学人员选择的主流趋势。

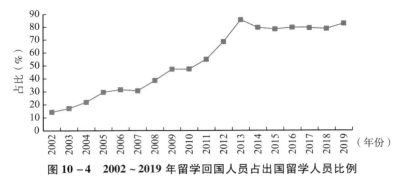

图 10 - 4　2002~2019 年留学回国人员占出国留学人员比例

资料来源：教育部（2004；2005b；2006；2007a；2008b；2010a；2011b；2012a；2014a；2015b；2016a；2017b；2018a；2019；2020a；2021a）。

三、出国留学人员目的地集中于发达国家

根据联合国教科文组织（2021）数据（UNESCO，2021），2019 年中国留学生出国留学前十大目的地国家为美国、澳大利亚、英国、日本、加拿大、韩国、德国、法国、新西兰和俄罗斯，均为发达国家。约有 1/3 的留学生前往美国求学，15% 的留学生前往澳大利亚求学，11% 的留学生前往英国求学，见图 10 - 5。相较而言，2019 年美国留学生出国留学前十大目的地为英国、意大利、西班牙、法国、德国、爱尔兰、中国、澳大利亚、日本、哥斯达黎加，虽然这些目的地也集中于发达国家，但除英国、意大利、西班牙三国外，留学生在其他各国的比例差异不大，见图 10 - 6。

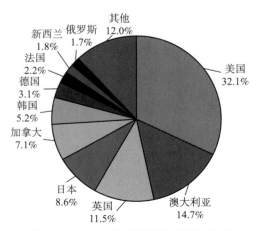

图 10 - 5　2019 年我国出国留学目的地

资料来源：联合国教科文组织（UNESCO，2021）。

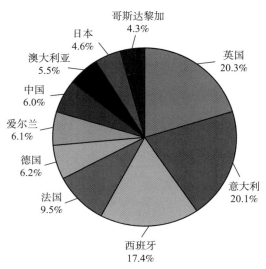

图 10 - 6　2019 年美国出国留学目的地

资料来源：联合国教科文组织（UNESCO，2021）。

根据教育部官方网站发布的相关统计数据，2017 年赴共建"一带一路"国家留学人数为 6.61 万人，比上年增长 15.7%，超过整体出国留学人员增速。其中国家公派 3679 人，涉及 37 个共建"一带一路"国家。

四、留学人员中研究生数量高于本科生

根据美国国际教育研究所（International Institute of Education，2021）数据，2019 年度，中国在前五大留学目的国，即美、澳、英、日、德的学历生中，有 33.57 万人为本科生，36.75 万人为研究生，研究生人数略高于本科生。其中，在美国、澳大利亚和日本留学的学历生中，本科生和研究生的比例相当。但在英国和德国，研究生人数都高于本科生人数，见图 10 - 7。

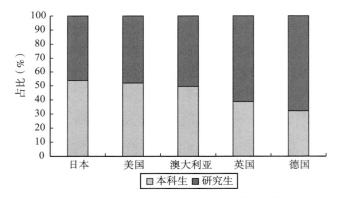

图 10 – 7   2019 年中国在美、澳、英、日、德留学生学历分布情况

资料来源：美国国际教育研究所（International Institute of Education，2021）。

2013～2019 年，在这五个国家留学的学历生中，本科生和研究生的比例始终保持相当，但各国情况差异较大。2014 年前，中国在美留学生中研究生数量一直稍高于本科生数量，自 2014 年起本科生数量开始超过研究生数量；在澳留学生中，2019 年前，本科生数量均大于研究生数量，但差距逐年缩小，2019 年研究生数量首次超过本科生数量；在英留学生中，过去几年间，研究生数量始终远高于本科生数量，且差距逐年扩大；在日留学生中，过去几年间，本科生数量一直高于研究生数量，但二者数量差距逐年缩小；在德留学生中，研究生数量始终远高于本科生数量，二者占比一直保持一定差距，见图 10 – 8～图 10 – 13。

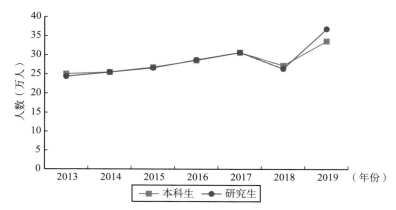

图 10 – 8   2013～2019 年中国在五国留学生学历分布总体情况

资料来源：美国国际教育研究所（International Institute of Education，2021）。

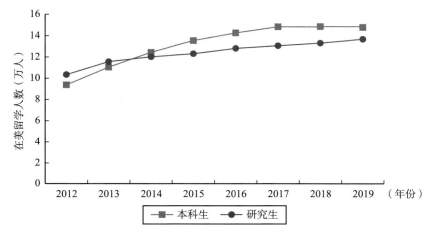

图 10 - 9　2012 ~ 2019 年中国在美留学生学历情况

资料来源：美国国际教育研究所（International Institute of Education，2021）。

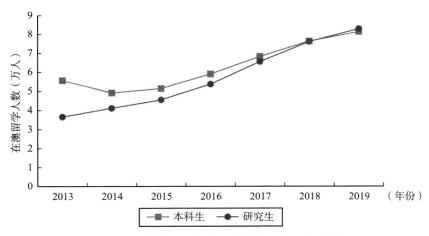

图 10 - 10　2013 ~ 2019 年中国在澳留学生学历情况

资料来源：美国国际教育研究所（International Institute of Education，2021）。

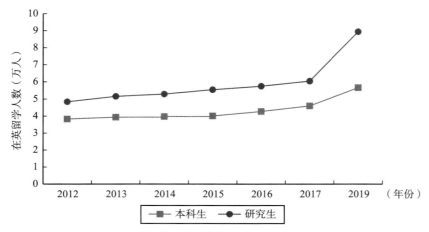

图 10 – 11　2012 ~ 2019 年中国在英留学生学历情况

资料来源：美国国际教育研究所（International Institute of Education，2021）。

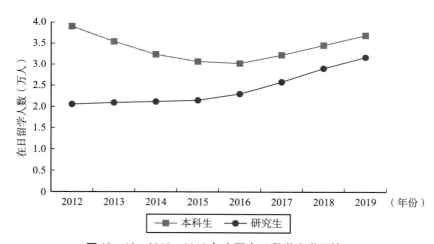

图 10 – 12　2012 ~ 2019 年中国在日留学生学历情况

资料来源：美国国际教育研究所（International Institute of Education，2021）。

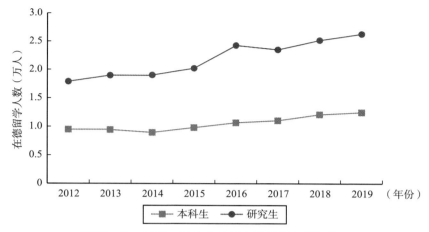

图 10 – 13　2012～2019 年中国在德留学生学历情况

资料来源：美国国际教育研究所（International Institute of Education，2021）。

五、留学人员专业集中在商科和工科

根据可获得的公开数据（Statista，2021），2017 年，中国在澳、英、日、德四个热门留学目的国的留学生中，41% 的专业为商科，16% 的专业为工程，此外，还分别有 8% 的留学生学习社会科学和人文学科专业，见图 10 – 14。其中，在澳和在英留学生主要集中在商科，占比分别为

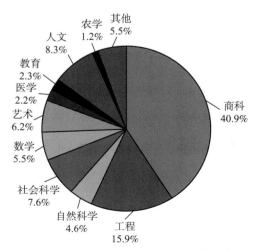

图 10 – 14　2017 年中国在澳、英、日、德留学生专业分布情况

资料来源：美国国际教育研究所（International Institute of Education，2021）。

52.8% 和 47.5%，其次为工程，占比均为 12% 左右，学习其他专业的人数比例相当，基本在 1% ~ 6% 之间。在日留学生则主要集中于商科（24.3%），其次为人文学科（20%）和工程（14.8%），学习其他专业的人数比例在 1% ~ 9% 之间。在德留学生主要集中于工程学科（40.9%），学习其他专业的人数比例相当，在 1% ~ 10% 之间。

2012 ~ 2017 年，中国在澳、英、日、德留学生的专业构成基本保持稳定，商科专业学生比例保持在 40% ~ 50% 之间，工程专业学生比例稳定在 15% 左右，其他专业学生的比例基本保持在 10% 以下。总体来看，商科专业学生比例有缓慢下降的趋势，其他专业学生比例基本保持稳定，见图 10 – 15。2012 ~ 2019 年，在澳留学生中，商科和工程专业留学生人数近年来呈缓慢上升趋势，且趋于平稳，见图 10 – 16。在英留学生中，各专业人数保持平稳，商科留学生数量缓慢上升，其他专业留学生数量变化不大，见图 10 – 17。在日留学生中，商科专业人数在缓慢下降后呈稳定趋势，人文学科专业人数有所下降，其他专业人数呈缓慢上升趋势，见图 10 – 18。在德留学生中，工程专业留学生人数近年来持续增长，其他专业留学生人数基本保持稳定，见图 10 – 19。

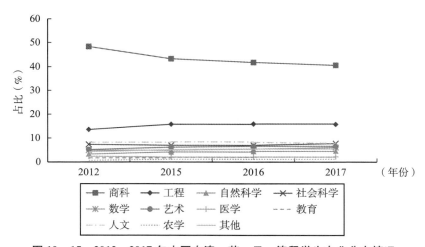

图 10 – 15　2012 ~ 2017 年中国在澳、英、日、德留学生专业分布情况

资料来源：美国国际教育研究所（International Institute of Education，2021）。

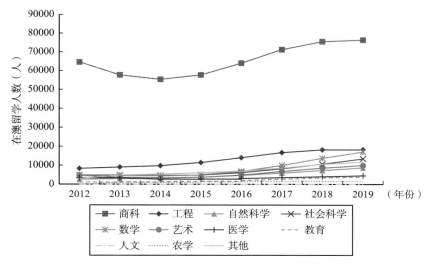

图 10 – 16　2012 ~ 2019 年中国在澳留学生专业分布情况

资料来源：美国国际教育研究所（International Institute of Education，2021）。

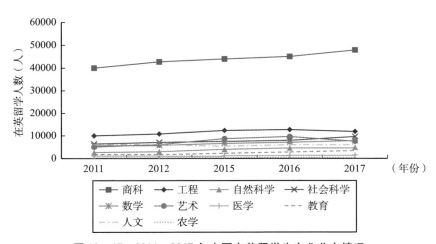

图 10 – 17　2011 ~ 2017 年中国在英留学生专业分布情况

资料来源：美国国际教育研究所（International Institute of Education，2021）。

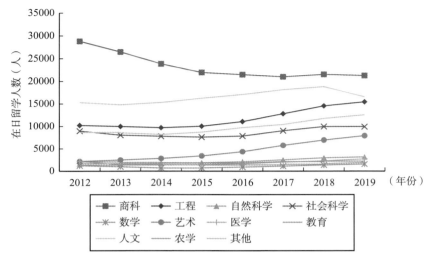

图 10 - 18 2012～2019 年中国在日留学生专业分布情况

资料来源：美国国际教育研究所（International Institute of Education，2021）。

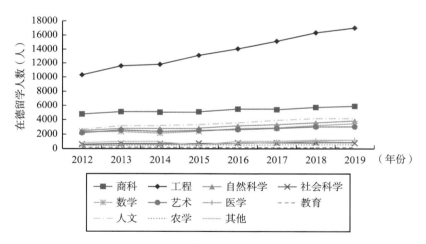

图 10 - 19 2012～2019 年中国在德留学生专业分布情况

资料来源：美国国际教育研究所（International Institute of Education，2021）。

此外，根据有关统计数据（Statista，2021），2020 年，中国在美留学生中，约有 22.2% 学习的是数学和计算机科学专业，17.5% 为工程专业，16.6% 为商业和管理专业，9.6% 为社会科学专业，9.1% 为自然科学专业，6% 为艺术专业，1.9% 为教育专业，1.6% 为医学专业，1.2% 为人文专业，学习其余专业的留学生占比为 14.3%。中国在美留学生的专业分布与其他四国略有不同，多数集中在数学和计算机科学专业，工程专业和商科专业的学生占比分列二三位。此外，学习社会科学和自然科学专业学生的占比也高于其他四国。

六、回国留学人员就业集中于事业单位和国有企业

根据教育部留学服务中心（2019a）2018 年对就业落户服务系统数据库中 12974 个留学回国人员样本的统计分析数据，从学历角度看，留学回国人员中硕士研究生占比最高，多达 81.1%；其次是博士研究生和本科及专科学历人员，分别占 12.5% 和 6.4%。其中留学回国人数占比较多的国家为英国（34.1%）、美国（23.9%）、澳大利亚（8.3%）、韩国（4%）、日本（3.7%）。

从学科和专业角度看，排名前三位的学科为理学、管理学和经济学，占比分别为 28.3%、19.5% 和 16.1%。细化到具体专业，博士研究生中，占比较高的专业为金融学、会计学、工商管理、管理学和国际商务专业，分别为 5.1%、2.7%、2.6%、1.7% 和 1.5%；硕士研究生中，占比较高的专业为化学、经济学、机械工程、计算机科学和化学工程，分别为 3.9%、2.9%、1.8%、1.7% 和 1.5%；在本科及大专学历中，占比较高的专业为经济学、工商管理、会计学、金融学和市场营销，分别为 7.6%、5.8%、3.8%、3.4% 和 1.7%。

从就业单位来看，博士研究生多在大专院校、事业单位和外资企业就业，比例分别为 40.1%、25.3% 和 8.8%；硕士研究生多在国有企业、民营企业就业，比例分别为 27.7%、19.6% 和 17.5%。

第二节 出国留学和留学回国政策分析

改革开放以来，党和国家高度重视留学事业，秉持着"支持留学、鼓励回国、来去自由、发挥作用"的方针，建立起了出国留学和留学回国的相关管理与服务制度，制定和实施了一系列政策措施，推动我国留学事业取得了令人瞩目的成绩，广大留学人员为我国改革开放和社会主义现代化建设做出了重要贡献。根据我国留学工作发展的几个阶段，出国留学和留

学回国相关政策举措的发展和演进也可划分为四个时期。

一、留学相关政策恢复和准备阶段（1978～1991 年）

自新中国成立到改革开放前，我国的留学工作主要集中于呼吁海外留学人员回国参与社会主义建设和向苏联和东欧等社会主义国家公派留学生两个方面，派出人数和留学国家都非常有限。1978 年 6 月，邓小平同志在留学生派遣工作问题的座谈讲话中作出扩大派遣留学生的指示，翻开了我国出国留学工作的新篇章，出国留学活动和留学相关工作开始逐渐恢复发展（新华社，2009）。

1. 公费出国留学政策密集出台

根据邓小平同志讲话和中央指示要求，教育部于 1978 年 7 月向中共中央和国务院呈报《关于加大选派留学生数量的报告》，确定了"大量派遣公费留学生"的政策，并明确了出国留学的选派方针、派出规模、选拔和遴选办法、国别、专业、管理办法等。1978 年 8 月，教育部印发《关于增选出国留学生的通知》，进一步优化了出国留学计划，明确规定了派出人员的人数、年龄、学历背景、出国学习等内容，并制定了每年派出 3000 名留学生的计划（教育部留学服务中心，2019b）。1982 年，全国人民代表大会常务委员会（1982）印发《国民经济和社会发展第六个五年计划（1981—1985）》，明确提出"要在第六个五年计划时期争取达到派出 1.5 万名出国留学人员"，并提出学习的专业要以"自然科学和工程技术为主"，将选派留学人员的计划与目标正式纳入国民经济和社会发展的总体目标和要求中。1986 年，国务院印发《关于改进和加强出国留学人员工作若干问题的通知》，提出了"按需派遣、保证质量、学用一致"的新政策，建立了公派出国留学人员与选派单位签订协议书制度，规范了公派出国留学的程序。1989 年国家教委发布的《关于选拔 1989 年国家公费出国留学人员的通知》中，明确除个别部委、地方外，由各部委，各省、市、自治区所属单位按照统一规定的项目推荐人选，由国家教委审核确定，建立了更具有灵活性的公派留学制度（教育部留学服务中心，2019b）。

2. 自费出国留学政策处于探索阶段

在改革开放前，由于自费出国留学管理严格、人数极少，因此自费出国留学并未纳入出国留学政策体系中。随着 1978 年公费留学政策出台，社会上对于自费出国留学的需求也日益增长，申请人数不断增加。在这一背景下，教育部于 1981 年 1 月开始执行《关于自费出国留学的暂行规定》（教育部留学服务中心，2019b）。1982 年 3 月，针对自费出国留学人员增多带来的未按规定出国留学、伪造证件骗取出国资格、影响国内教学秩序和人才培养计划等问题，教育部、公安部、外交部和原劳动人事部（1982）联合制定了《自费出国留学的规定》，修订了原有的暂行规定，更为严格地限制了自费留学的条件，规定只有高中毕业生或在国内工作两年以上的大学本科毕业生才能申请自费出国留学，加强了国家对自费出国留学生的管理。1984 年，中共中央提出"对自费留学，要坚决大胆放开"，国务院（1984）发布《关于出国留学人员工作的若干暂行规定》，明确指出"自费出国留学是培养人才的一条渠道，也是贯彻对外开放政策、引进国外智力的一个方面，国家对自费出国留学人员在政治上与公费出国留学人员一视同仁"，并要求所在单位和主管部门在出国前主动向出国留学人员介绍有关留学的规定以及国外有关情况，对所学专业给予指导，原单位和驻外使领馆在出国后主动与出国留学人员保持联系，关心其在国外的生活和在国内的亲属。该暂行规定还对自费出国留学人员的审批、费用、薪酬和职位保留、休假探亲等事项做出了明确规定。这一规定表明了国家对于鼓励自费出国留学的基本态度，奠定了自费出国留学的政策基础。1986 年，国务院（1986）批转《国家教育委员会〈关于出国留学人员工作的若干暂行规定〉的通知》，用一个章节细化了各类自费出国留学人员的申请条件、有关待遇、学籍和公职保留、工龄计算等，为我国自费出国留学规模的进一步扩大创造了条件。1990 年，针对政策放开造成的盲目出国、留学人才逾期不归等问题，国家教育委员会印发《关于具有大学和大学以上学历人员自费出国留学的补充规定》，再次对自费出国留学政策进行了收紧，对具有大专以上学历的自费出国留学人员，进行资格审核并收取高等教育培养费。

从我国这一阶段自费出国留学政策的密集调整与变化可以看出，我国此时自费出国留学的政策体系还处于探索阶段，体现出较强的计划经济色彩，但同时也实现了我国自费留学政策体系的新突破，给未来自费出国留学规模的扩大奠定了政策基础。

3. 出国留学人员管理政策体系初步建立

1986 年《关于出国留学人员工作的若干暂行规定》的通知还对出国留学工作的组织管理做出了明确规定，指出由国家教委在国务院领导下归口管理全国出国留学人员工作，由国家科学技术委员会会同国家经济委员会负责非教育系统出国留学人员的派出计划和回国后的工作分配，由驻外使领馆教育处（组）负责出国留学人员在国外期间的具体管理工作（国务院，1986）。1987 年，邓小平同志提议由国家教委成立一个专门机构，从事留学服务工作。1989 年 3 月，国家教委在国家教委出国人员集训部的基础上成立了留学服务中心，为公派出国留学人员提供咨询、手续办理、签证办理等服务，为留学回国人员提供工作单位落实、回国投资等服务（教育部留学服务中心，2019b）。

4. 留学人员回国服务支持政策开始实施

为进一步做好学成回国人员安置工作，国家有关部门在这一时期出台了一系列政策举措，鼓励、资助海外留学人员回国服务。1986 年《关于出国留学人员工作的若干暂行规定》明确，"对学成回国工作的自费出国留学人员，凡获得学士以上学位者，其回国国际旅费，由国家或用人单位提供，其国内安家费由用人单位按不同情况给予补助"（国务院，1986）。1989 年，教育部留学服务中心组织了留学人员招聘团，赴 11 个国家召开近百场招聘会、洽谈会、座谈会，几百人达成回国服务意向，推动了留学回国工作的开展。1990 年 4 月，原人事部（1990）出台《关于非教育系统留学回国人员科技活动择优资助经费管理的暂行办法》，为符合条件的已回国或即将回国的在非教育系统工作的留学人员提供项目（课题）资助经费、小额资助经费、参加国际学术交流活动资助经费以及开办工作资助经费。同年 5 月，国家教委设立"回国留学人员科研资助费"，为优秀留学回国人才提供科研启动资金。

二、留学相关政策制度化阶段（1992～2002 年）

1993 年，中共十四届三中全会首次确定"支持留学、鼓励回国、来去自由"的十二字指导方针，开启了我国出国留学政策与服务制度化的进程，留学相关的政策和制度体系逐渐走向成熟。

1. 公派留学资助政策体系初步建立

1994 年，国务院（1994）印发《关于〈中国教育改革和发展纲要〉的实施意见》，提出建立国家留学基金管理委员会。1995 年，国家教委在个别省市开始试点实行"个人申请、专家评审、平等竞争、择优录取、签约派出、违约赔偿"的国家公派留学的选派和管理办法。1996 年，公派留学选派改革在全国全面试行。同年，国家教委正式设立国家留学基金管理委员会作为我国公派留学生和访问学者的主要资助机构、派出和管理机构。

2. 自费出国留学支持政策不断放宽

1993 年 7 月，国家教育委员会（1993）印发《关于自费出国留学有关问题的通知》，规定任何公费培养的大专生、本科生、硕士研究生都可以在服务期满后申请自费留学，博士毕业生可自费留学做博士后研究，放宽了自费出国留学的条件限制。2003 年，教育部办公厅（2003）印发《关于简化大专以上学历人员自费出国留学审批手续的通知》，简化对大专以上学历人员自费出国留学的审批手续，不再向申请自费出国留学的高等学校在校生以及具有大专以上学历但尚未完成服务期年限的各类人员收取"高等教育培养费"，不再对上述人员进行"自费出国留学资格审核"工作，不再要求上述人员向各地出入境管理机关提交《自费出国留学资格审核证明信》。相关要求将自费出国留学的审批政策彻底放开，鼓励更多人员自费出国留学。

3. 留学回国管理和服务政策体系持续健全

1992 年，国务院办公厅（1992）下发《关于在外留学人员有关问题的通知》，明确提出欢迎留学人员回国工作，"留学人员回国后，按照双向选择的原则，可回原单位工作或自行联系工作"，引领了留学人员回国服务。此后，有关主管部门陆续出台有关支持政策，为留学人员回国管理和服务工作的开展提供了政策依据。

2000 年，为了鼓励和吸引海外高层次留学人才回国工作，人事部（2000）印发《关于鼓励海外高层次留学人才回国工作的意见》，明确国家鼓励银行、保险、证券业和国有大型企业自主引进海外高层次留学人才，要求对重点领域高层次留学人才高定工资档次、发放住房补贴，并给予家属就业、子女入学等优惠政策，调动海外高层次留学人才回国工作的积极性。

2001 年，人事部、教育部等五部门印发《关于鼓励海外留学人员以多种形式为国服务的若干意见》，旨在充分开发海外留学人才资源，鼓励在海外学习和工作的留学人员以多种方式为祖国服务（人事部、教育部、科技部、公安部、财政部，2001）。该意见指出，国家鼓励海外留学人员采取多种方式为国服务，鼓励海外留学人员在国内各类单位受聘兼任专业技术职务、顾问或名誉职务，接受国内委托的科研项目或委托国内有关单位开展研究开发工作，以专利、专有技术、科研成果等在国内进行转化、入股，创办企业或在国内投资，与国内有关单位合作或接受委托、帮助国内用人单位培养人才，以及到西部地区从事技术引进、科技考察、咨询服务等。该意见同时要求国家为海外留学人员为国服务活动提供政策保障，包括在各学科和技术领域为海外留学人员为国服务提供方便，为海外留学人员给付合理报酬，对留学人员为国服务活动给予一定的经费支持，保护海外留学人员的知识产权，为海外留学人员为国服务创造良好工作和生活条件，为其中的外籍高科技、高层次管理人才提供入出境便利等。

在这一阶段，我国各政府部门也相继为留学人员提供了包括落户、社会保障、子女入学、免税购车等方面的优惠政策，着力解决留学人员为国服务的后顾之忧。1992 年 10 月，海关总署、国家税务总局等七部门联合发布了《关于回国服务的在外留学人员用现汇购买个人自用国产小汽车有关问题的通知》，规定凡在国外正规大学（学院）注册学习毕（结）业和进修期限在一年以上的留学生、访问学者及进修人员学成回国一年内可购买指定范围内自用小汽车（留学生免税车）一辆（海关总署、国家计委、国务院经贸办、财政部、交通部、国家税务局、中国汽车工业总公司，1992）。2000 年 1 月，教育部（2000）印发《关于妥善解决优秀留学回国人员子女入学问题的意见》，明确提出各地教育行政部门应在当地条件许可的情况下，本着"适当照顾、特事特办"的原则，尽可能地提供优惠和便利条件，解决优秀留学回国人员子女入学、参加中高考等困难。

4. 鼓励留学人员为国服务支持政策广泛实施

（1）留学回国人员经费资助政策

1992~1995 年，原人事部陆续发布《非教育系统留学回国人员择优资助经费有偿使用暂行办法》《资助留学人员短期回国到非教育系统工作暂行办法》《关于重点资助优秀留学回国人员开展科技活动的通知》等，启动各类优秀留学人员回国开展科技活动的资助计划。2001 年，原人事部（2001a）正式印发《留学人员科技活动项目择优资助经费申请与管理办法》，每年定期对留学人员科技活动项目择优资助。重点项目（10 万～20万元）、优秀项目（5 万～10 万元）和项目启动资助（2 万～5 万元）经费经评审确定后，人事部全额下拨至有关地区和部门，由地区和部门将款项拨付给受助者所在单位。1996 年，教育部设立了面向高层次海外留学人才的"春晖计划"（北京留信信息科学研究院，2020），资助在外留学人员短期回国服务，主要资助对象为在外优秀留学人员，开始吸引优秀留学人员回国贡献。

（2）留学回国人员就业支持政策举措

一是建立留学回国人员就业信息交流平台。1993 年教育部留学服务中心创办"留学人才、技术、项目供需信息网"。并于 1997 年正式更名为"中国留学网"，为留学人员提供了解留学政策、企业招聘信息的平台。中国留学网定期发布相关企事业单位针对留学回国人员的招聘信息，并提供线下线上招聘会、人才洽谈会等最新信息，方便留学回国人员根据自身具体要求和情况匹配求职岗位。此外，我国驻外使领馆教育处也多开设了针对留学人员回国就业的网络招聘平台，为有意为国服务的留学人员提供丰富的就业岗位信息。

二是开始定期举办留学人员交流会和招聘会。自 1998 年起，广州市正式举办第一届"中国（广州）留学人员科技交流会"（留交会）。自1999 年起，留交会开始由教育部、科技部、原人事部和广州市人民政府联合举办，确立了"面向海内外，服务全中国"的办会宗旨。留交会旨在通过展览、洽谈、论坛和沙龙等一系列活动，为国内需求单位和海外高层次人才搭建交流平台。

三是起步建设留学回国人员创业园。留学回国人员创业园是帮助留学人员回国创办企业，助力其最终发展成熟并发挥作用的重要支持平台。20世纪 90 年代，山东烟台、上海张江等地依托国家高新技术产业开发区和高新技术创业服务中心，建立了第一批 30 多家留学人员创业园，为留学人员归国创业创造了良好的环境和条件。2000 年，科技部、原人事部、教育部在留学人员创业园基础上，联合批准建立一批国家留学人员创业园示范基地，引导全国留学人员创业园的发展，为留学人员回国创业营造更为有利的条件。2001 年，原人事部印发《留学人员创业园管理办法》《关于人事部与地方人民政府共建留学人员创业园的意见》等系列留创园管理的政策文件，支持留学人员回国创业、促进留创园建设发展（人事部，2001b；人事部，2002）。

三、留学相关政策系统化完善阶段（2003～2012 年）

2003 年，教育部制定"扩大规模、提高层次、保证重点、增强效益"的国家公派留学工作新思路，2005 年又提出"三个一流"选派办法，即"选拔一流的人员，派到（国外）一流的学科专业，师从一流的导师"。这一阶段，出国留学和留学回国相关政策实现全方位的系统化发展，留学管理和服务体系也不断得到完善与健全。

1. 公派留学资助政策覆盖范围日益扩大

在这一阶段，作为我国留学资助制度的重要内容之一，公派留学资助将其目标定位为培养具有国际视野和竞争能力的紧缺人才和战略后备人才。自 2007 年起，国家留学基金委推出了包括"国家建设高水平大学公派研究生项目"项目在内的系列公派出国资助项目，增加了选派人员类别，覆盖高级研究者、访问学者、博士后、赴国外攻读博士学位的研究生、联合培养博士生、赴国外攻读硕士研究生、联合培养硕士生、赴国外攻读学士学位本科生和本科插班生。公派留学资助项目的选派方式也更加多元化，留学人员可通过国内推选单位或个人渠道联系国外留学单位派出，或可利用国家留学基金委与国外教育、科研机构合作协议派出。资助内容一般为一次往返国际旅费和资助期限内的奖学金，部分人员可提供学费资助。留学人员学成后应按期回国履行回国服务义务，并在国家公派留学管理信息平台登记回国信息。

2. 自费留学生资助政策取得新突破

2003 年，国家留学基金管理委员会针对自费留学生设立了"国家优秀自费留学生奖学金"，实现了资助对象的突破。根据国家留学基金管理委员会（2007）公布的《"国家优秀自费留学生奖学金"实施细则》，该奖学金主要针对在国外攻读博士学位一年以上、年龄 40 周岁以下的

留学人员。奖学金每年评选一次，每年 7～10 月，我国驻外使（领）馆
会发布当年"国家优秀自费留学生奖学金"的实施办法，海外留学人员
可通过驻外使（领）馆提交申请，由驻外使（领）馆初审、国家留学
基金委组织国内终审后公布名单。各驻外使（领）馆教育处（组）按
发奖时的汇率折合成所在国币种发给获奖者并组织举行奖学金颁奖
仪式。获奖者最终获得学位后，如有意向回国工作，驻外使（领）馆教
育处（组）协助向国内专业对口单位提出优先推荐意见并协助联系
工作。

3. 留学回国人员管理和服务支持政策持续深化

随着留学人员规模持续扩大，有关部门在这一时期陆续出台政策措
施，为留学人员，尤其是回国留学人员的管理和服务提供政策支持，保障
相关工作的顺利实施。2003 年，原人事部、教育部、科技部等 12 个部门
建立了留学人员回国服务工作部际联席会议制度，原人事部为联席会议组
长单位，联席会议成员为各部门负责留学人员工作的有关司局领导同志，
旨在建立有效的吸引留学人员回国服务工作机制，加强各有关部门的协调
配合，提高效率，更好地开展有关工作。

2003 年，为推进我国高层次留学人才引进工作，原人事部（2003）
决定在我国部分地区和部门开展高层次留学人才回国资助试点工作，
并印发《开展高层次留学人才回国资助试点工作的意见》。首批试点
工作在部分地区和部门的科研院所中进行，主要针对我国急需发展的
信息科学、生命科学、新材料、新能源、先进制造业、航空航天等领
域，以及关系国计民生或有重要影响的行业引进高级专家或高级管理
人才，额度为每人 30 万元。资助金主要用于留学回国人员开展高水平
技术研究活动，其中 20% 可用于本人住房补助、医疗保险，家属仍
在国外的，还可用于其出国工配偶子女回国（来华）探亲国际旅费
补助。

2005 年 3 月，原人事部等四部门联合印发《关于在留学人才引进工
作中界定海外高层次留学人才的指导意见》，规定了海外高层次留学人才
的人员范围、界定条件等（人事部、教育部、科技部、财政部，2005）。
2006 年 11 月，原人事部（2006）印发《留学人员回国工作"十一五"规
划》，提出"使留学回国人员新增数达到 15 万～20 万，争取吸引留学人

员回国服务 20 万人次"的目标。2007 年 2 月，原人事部等 16 个部门联合印发《关于建立海外高层次留学人才回国工作绿色通道的意见》，提出将吸引海外高层次人才作为留学人员回国服务事务的重中之重，对高层次留学人才回国工作提供进一步便利条件，包括推出出入境、配偶就业、子女就学、职称确定等方面的便利政策（人事部、教育部、科技部、财政部、外交部、国家发展改革委、公安部、商务部、人民银行、国资委、国务院侨办、中科院、国家外专局、海关总署、税务总局、工商总局，2007）。2007 年 3 月，教育部（2007b）印发《关于进一步加强引进海外优秀留学人才工作的若干意见》，提出编制海外优秀留学人才需求目录、搭建海外优秀留学人才双向选择平台、建立海外留学人才回国工作快速通道等留学回国人员管理和服务方面的意见，从而更好地为海外优秀人才回国就业创业提供高效管理与服务。

2010 年，人力资源和社会保障部首次启动实施"海外赤子为国服务行动计划"，鼓励在海外学习和工作暂时不能回国的留学人员通过多种方式为祖国建设服务，具体包括由人社部组织、联合组织或资助支持的为国服务活动。每年，人社部会根据当年为国服务活动的整体安排和重点资助方向，对留学人员的申请进行评估，并给予政策支持、资金支持和人才服务支持。政策支持包括对留学人员为国服务给予政策倾斜、部门协调、宣传表彰等各项政策性支持。资金支持包括全额资助、部分资助和国际旅费资助等不同形式的支持。人才服务支持包括提供信息交流、人才项目网络交流平台、出入出境便利等各项支持。

2011 年，在人社部的指导下，中国 92 家从事留学人员回国服务工作的组织发起成立了中国留学人员回国服务联盟，致力于健全留学人员回国服务机构的合作机制，加强成员间在编制留学人才引进计划、实施重点项目、落实重要政策方面的沟通与协调。通过人才交流会、项目交流会、成果展示会等活动，构建面向社会和广大海外留学人员的留学回国工作信息平台，促进留学人才、项目、政策、资金等信息资源的交流和共享，吸引海外留学人员通过多种形式为国服务。

4. 留学人员回国就业创业支持政策力度加大

2006 年，为满足广大在外中国留学人员回国发展需要，教育部留学服务中心开始实施"春晖杯"中国留学人员创新创业大赛，成为国内首个服务于海外留学人员回国创新创业的国家级综合服务平台。2009 年，为加大吸引留学人员回国创业的力度，人力资源和社会保障部（2009）印发《关于实施中国留学人员回国创业启动支持计划的意见》，决定实施中国留学人员回国创业启动支持计划，每年在全国范围内遴选一批创新能力强、发展潜力大、市场前景好的留学回国人员创办的企业，在创办初始启动阶段予以重点支持，加快其科技成果转化和快速发展。人社部每年向各地发布当年的计划通知，由各地各省级人民政府人力资源和社会保障部门负责组织符合条件的企业进行申报，人社部对申报企业进行遴选并对批准的重点创业项目和优秀创业项目以无偿资助的形式予以资金支持，其中重点创业项目一次性给予创业支持资金 50 万元，优秀创业项目一次性给予创业支持资金 20 万元，并由相关地方给予相应配套资金支持。中国留学人员回国创业启动支持计划一直支持留学人员创业园建设，对留创园内的创业企业给予适当倾斜。

2011 年，为贯彻落实《国家中长期人才发展规划纲要（2010—2020年）》精神，中共中央组织部、人力资源和社会保障部（2011）会同教育部等 18 个有关部门研究制定了《关于支持留学人员回国创业意见》，指出吸引广大留学人员回国工作、创业或为国服务，是我国加强人才队伍建设、建设创新型国家的重要途径，提出要大力支持留学人员回国创业，积极为留学人员回国创业提供专项创业支持计划、创业启动资金、创业投资引导基金、创业贷款、税收优惠、专利申请等政策支持，并积极为留学人员回国创业营造良好环境，加强对留学人员回国创业工作的组织领导。

四、留学相关政策的新发展阶段（自 2013 年至今）

党的十八大以来，党中央、国务院对留学工作持续高度重视，不断对加强留学工作提出新任务、新要求。各主管部门也聚焦国家战略，持续出台出国留学和留学回国服务的相关支持政策，各部门的留学资助、留学管理服务、留学生回国就业创业政策实现了统筹协调发展。

1. 出国留学人员管理和服务体系持续优化

习近平总书记对 2014 年首届全国留学工作会议作出指示，强调留学工作要适应国家发展大势和党和国家工作大局，统筹谋划出国留学和来华留学，综合运用国际国内两种资源，培养造就更多优秀人才，努力开创留学工作新局面，为实现"两个一百年"奋斗目标、实现中华民族伟大复兴的中国梦不断作出新的更大的贡献（新华社，2014）。

2015 年，教育部等五部门印发《2015—2017 年留学工作行动计划》，提出留学工作的主要任务包括推进公派出国留学内涵发展，引导自费出国留学有序发展，切实推进安全教育平安留学，引导在外留学人员团体健康发展，加强国家留学信息资源整合利用（教育部、外交部、财政部、公安部、人力资源和社会保障部，2015）。2016 年 4 月，中共中央办公厅、国务院办公厅印发《关于做好新时期教育对外开放工作的若干意见》，把留学作为六大重点工作之一，要求规范留学服务市场，完善全链条留学人员管理服务体系，优化出国留学服务。2016 年 7 月，教育部（2016b）印发《推进共建"一带一路"教育行动》，提出完善全链条的留学人员管理服务体系，保障平安留学、健康留学、成功留学。

2019 年 2 月，中共中央、国务院印发《中国教育现代化 2035》，将优化出国留学服务作为重点工作内容之一。2020 年 6 月，面对新冠肺炎疫情的新形势，教育部等八部门印发《关于加快和扩大新时代教育对外开放的意见》，强调将积极开拓优质教育资源合作渠道，拓展出国留学空间，继续通过出国留学渠道培养我国现代化建设需要的各类人才，同时将加大中外合作办学改革力度，实现不出国门也能留学。

2. 公派留学资助政策进一步聚焦国家战略

这一时期，我国的公派留学资助体系聚焦国家战略，设置了种类繁多且更具针对性的资助项目。2014 年，国家留学基金委设立创新型人才国际合作培养项目，支持高校间人才培养合作，依托项目派出人员。2018 年底，国家留学基金委在国际组织实习项目基础上首次设立国际组织后备人才培养项目，并于 2019 年开始正式实施，旨在加大国际组织人才培养力度。截至 2022 年，公派留学资助体系共建立完善 9 大类 1679 个公派项目渠道选拔人才，鼓励更多的人员出国留学、回国服务，培养更多急需紧缺的国际化人才。表 10 - 1 所示为国家留学基金委员会公派留学生资助项目。

表 10 - 1

国家留学基金委员会公派留学资助项目

项目大类名称	对象	类别	派出渠道	期限	计划人数
国家公派高级研究学者、访问学者、博士后项目	国内高等学校、企业事业单位、行政机关、科研机构的正式工作人员	研究学者、访问学者、博士后	1. 通过推选单位或个人联系国外留学单位派出；2. 利用国家留学基金委与国外机构合作协议派出	根据派出类型和攻读学位，3～24个月不等	2700人
国家建设高水平大学公派研究生项目	重点支持前往教育、科技发达国家和地区的知名院校、科研院所、实验室、机构的留学人员	博士学位研究生、联合培养博士研究生	1. 利用所在单位现有国际合作渠道或个人自行对外联系落实国外留学单位（此渠道不提供学费资助）；2. 利用国家留学基金委与国外院校或机构签署的合作协议派出	根据派出类型和攻读学位，3～48个月不等	10500人
高等学校青年骨干教师出国研修项目	高校重点培养的优秀青年教师或实验室骨干	访问学者、博士后	自行联系国外留学单位	根据派出类型和攻读学位，3～24个月不等	1650人
西部地区人才培养特别项目地方合作项目	西部省份高等学校、企业事业单位、行政机关、科研机构的正式工作人员	高级研究学者、访问学者、博士后	推选单位或个人渠道联系国外留学单位派出	根据派出类型和攻读学位，3～24个月不等	1770人
非通用语种人才支持计划、非通用语种师资提升计划	主要支持除英语、法语、德语、俄语、日语、西班牙语、阿拉伯语以外的非通用语种人才培养和资提升	赴国外插班学习或联合培养、攻读硕士学位、强化学习	1. 申请以国家留学基金全额资助方式派出的，由相关高校按国家留学基金委指导性派计划或根据实际需要推荐；2. 申请纳入中国与有关国家互换奖学金计划的，由相关单位根据相应选拔办法选派进行选拔推荐	根据派出类型和攻读学位，3～48个月不等	400人

续表

项目大类名称	对象	类别	派出渠道	期限	计划人数
国别和区域研究人才支持计划	主要支持研究共建"一带一路"国家和地区政治、经济、文化、教育等领域的专门人才	高级研究学者、博士学位研究生、联合培养硕士研究生	1. 申请人个人联系国外留学单位后按照要求申请；2. 由单位先行申报项目，单位按照获批项目推荐人选，国家留学基金委审核/评审录取	根据派出类型和攻读学位，3～48个月不等	200人
乡村振兴人才培养专项	面向设有乡村振兴研究院的高校、农业特色高校及科研院所实施	访问学者、硕士学位研究生、联合培养硕士研究生	相关高校或科研机构依托本单位的对外合作交流渠道派选派人员	根据派出类型和攻读学位，3～24个月不等	200人
国际组织实习项目	重点资助18～32周岁人员到主要政府间国际组织和政府间国际组织的非政府力量的实习（包括公派和自费留学人员）	实习人员	1. 国家留学基金委与有关国际组织合作项目派出；2. 通过单位或个人渠道联系国际组织岗位申请国际组织派出	3～12个月	
国外合作项目计划选派	与外方机构签署协议并由中外双方联合评审、联合资助的项目，如国家留学基金委剑桥奖学金、中法"蔡元培"交流合作项目、中德（CSC-DAAD）博士后奖学金、瑞典皇家理工学院合作奖学金等				4950人

资料来源：国家留学基金管理委员会（2021a）。

3. 自费出国留学资助规模和金额持续扩大

2021 年，国家留学基金委对奖学金实施细则进行了调整，将奖励对象分 A、B 两类，其中 A 类为正在国外攻读博士学位二年级及以上、年龄不超过 40 周岁的留学人员，A 类奖学金数额标准为每人 6000 美元，特别优秀奖为每人 10000 美元。B 类为包括应届博士毕业生（40 周岁及以下）和即将完成博士后研究人员（45 周岁及以下）在内的拟回国工作人员，奖学金数额标准为每人 10000 美元（国家留学基金管理委员会，2021b）。

经过多年的发展，该奖学金从 2003 年的每人 5000 美元提高至每人 6000～10000 美元，奖励对象规模也从最初的每年不到 100 人增加到 650 人，到 2022 年，共有近 8000 名在外优秀留学人员获奖，通过奖励品学兼优的自费留学人员在学业上取得的优异成绩，极大地鼓励了自费留学人员回国工作和以多种形式为国服务（国家留学基金管理委员会，2021b）。

4. 留学回国人员支持政策和服务体系日趋完备

党的十八大以来，我国针对留学回国人员的各项支持政策持续深入实施，除国家层面的支持政策和项目外，各省市也各自设置了留学人员回国服务资助项目，形成了完备的留学生回国服务有关政策和服务体系。例如，持续实施 19 年的高层次留学人才回国资助试点工作，每年的资助重点领域和行业都根据经济社会发展的情况有所调整，资助项目对于切实推动国家重点行业、地区发展，培养部门、地区或行业领军人才，增强国家科技创新和国际竞争力起到了积极作用。2022 年资助试点工作的重点着眼于加快建设世界重要人才中心和创新高地，聚焦自主创新能力提升和关键核心技术突破，服务国家重大战略和经济社会发展需要，优先支持人工智能、量子信息、集成电路、生命健康、生物育种、空天科技等前沿领域的创业企业和基础研究领域的创新人才。同时，提出了由所在省市或用人单位对入选人员进行 1∶1 资金配套的要求。

此外，有关部门还出台了系列措施，简化留学回国人员管理和服务程序，方便留学回国人员工作和生活。2016 年国务院（2016）发布《关于深入推进新型城镇化建设的若干意见》，全面放开对高校毕业生、技术工人、职业院校毕业生、留学归国人员的落户限制，加快制定公开透明的落户标准和切实可行的落户目标。2019 年，人社部、教育部等五部门发布《关于做好当前形势下高校毕业生就业创业工作的通知》，进一步要求省会及以下城市要全面放开对高校毕业生、职业院校毕业生、留学归国人员的落户限制，精简落户凭证，简化办理手续，将留学归国人员、港澳台青年全面纳入公共就业人才服务体系，同等提供就业创业服务（人力资源和社会保障部、教育部、公安部、财政部、中国人民银行，2019）。教育部（2020e）于 2020 年 9 月发布关于取消《留学回国人员证明》的公告，宣布自 2020 年 11 月 1 日起取消办理《留学回国人员证明》。相关部门和单位根据实际需要，可通过留学人员提供的国外院校或科研机构录取材料、国外院校颁发的学位证书或毕业证书、国外院校或科研机构出具的学习进修证明材料或留学人员自愿在教育部留学服务中心开具的国外学历学位认证书等认定留学人员身份和经历，可通过留学人员护照及签证、出入境信息、回国行程票据等确定留学人员在外留学期限。

5. 留学生就业创业支持政策实现多维度发展

（1）创新创业政策支持力度持续强化

这一阶段，为充分发挥高层次海外留学人员的专业水平和创新能力，为留学回国人员创新创业提供必要的工作环境和生活条件，中央和地方陆续出台留学回国人员创新创业支持政策，设立并实施了各类专项基金和资助项目，重点支持留学回国创新创业。

2015 年，人力资源和社会保障部办公厅（2015）发布《关于做好留学回国人员自主创业工作有关问题的通知》，要求各地切实做好留学回国人员自主创业工作，明确在国外接受高等教育并获得本科以上学历的留学回国人员比照国内高校毕业生，可按规定享受创业指导、创业培训、社会保险办理和接续等各项服务和政策优惠。要求各地明确留学回国人员享受高校毕业生自主创业扶持政策的工作流程，指导各类留学人员回国服务机构不断创新服务手段和方式，将留学人员回国服务机构作为统一受理窗口，为留学回国人员申请享受创业优惠政策提供便利。2016 年，人力资源和社会保障部会同有关部门出台《关于实施创业担保贷款支持创业就业工作的通知》，将留学回国人员列入创业担保贷款支持对象范围（中国人民银行、财政部、人力资源和社会保障部，2016）。

中国留学人员回国创业启动支持计划持续深入实施，到 2022 年，最高项目资助经费已增加至 30 万元。自 2019 年起，每年的计划会聚焦重点战略领域，对留学回国创业人员给予支持。见表 10 - 2。

表 10 - 2　中国留学人员回国创业启动支持计划各年度重点支持领域

年份	重点支持领域
2018 年前	支持留学人员创业园建设，对留学人员创业园（尤其是省部共建留创园）内的创业企业给予适当倾斜
2019 年	（1）聚焦"中国制造 2025""互联网＋"等国家战略，优先资助先进装备制造、人工智能、大数据、新材料、现代医学与前沿生物、清洁能源等领域项目和贫困地区创业企业，积极吸纳贫困人口就业的创业企业。 （2）支持留学人员创业园建设，对留学人员创业园（尤其是省部共建留创园）内的创业企业给予适当倾斜
2020 年	（1）聚焦国家重大战略，重点资助先进装备制造、人工智能、大数据、区块链、新材料、现代医学与前沿生物、清洁能源等领域的留学人员创业企业。 （2）优先支持积极吸纳贫困人口就业的创业企业。 （3）优先支持在本次抗击新型冠状病毒感染疫情中发挥重要作用或从事与新型冠状病毒免疫研究有关的企业。 （4）支持留学人员创业园建设发展，对在留学人员创业园（尤其是省部共建留学人员创业园）内的创业企业给予适当倾斜
2021 年	（1）聚焦国家重大战略，资助优秀留学人员创业企业。加大对西部和东北地区留学回国人员创业的支持力度。 （2）支持留学人员创业园建设，对留学人员创业园（尤其是省部共建留创园）内的创业企业给予适当倾斜
2022 年	（1）优先支持人工智能、量子信息、集成电路、生命健康、生物育种、空天科技等前沿领域的创业企业。 （2）对省部共建留学人员创业园内的创业企业给予适当倾斜

资料来源：成都市人力资源和社会保障局（2018a；2018b；2020；2021）、成都经开区人力资源和社会保障局（2022）。

在国家政策的支持和引导下，全国各地也都持续出台大力支持留学回国人员创新创业的相关政策措施。例如，大连市从 2019 年开始每年实施"留创计划"，留学人员申报项目中符合国家和大连市重点战略需求、对大连市重点产业行业发展发挥关键和带动作用的，每项最高给予 100 万元资助。2021 年，苏州发布《关于进一步鼓励支持留学人员来苏创新创业的若干措施》，其中包括支持在苏创业的留学人员项目，立项项目最高可获 50 万元项目资助和 10 万元创业补助。

（2）留学回国人员就业创业支持项目和活动不断丰富

一是留学人才交流会持续发挥作用。从 2012 年秋季起，教育部留学服务中心每年春、秋两季召开留学英才专场招聘会暨高端人才洽谈会，为企业和留学回国人员提供双向选择平台。截至 2021 年春，已成功举办 18 届招聘会活动。招聘会积极宣传留学回国政策，吸引的参展单位行业广泛，招聘岗位数量较多，应聘人员层次也比较高。据统计，到 2020 年，历次活动累计吸引全国范围内 5000 余家企事业单位参展，提供招聘岗位 60000 余个，为大量高层次留学人员提供了最新、最直接的国内高层次人才需求信息。自 2016 年起，在留交会期间开始同时召开中国海外人才交流大会（海交会）。根据教育部相关数据，到 2021 年，海交会（留交会）累计吸引来自全球 140 多个国家和地区高层次人才 5 万余人，向国内各地输送项目 5 万多个，已发展成为中国最具影响力的人才与科技交流平台之一。此外，全国各地也形成了各自具有品牌效应的海外留学人员就业交流会等平台，如中国留学人员南京国际交流与合作大会、中国（山东）高端人才项目交流会、上海留学人才双选会等，扎实、有效地推进了留学人员择业、创业服务工作。

二是留学人员创业园实现标准化发展。截至 2017 年年底，全国已建成各级各类留学人员创业园 351 家，其中省部共建创业园 49 家，入园企业超过 2.3 万家，8.6 万名留学回国人员在园创业，年度技工贸总收入达 3327 亿元（余兴安、唐志敏，2019）。以规模较大、知名度较高的北京市留学人员海淀创业园为例，自 1996 年创办至今，海淀留创园累计孵化企业近 3000 家，其中，国家高新技术企业 300 余家，共引进 1600 余名留学归国人员入园创业（余兴安、唐志敏，2019）。2021 年 5 月，人力资源和社会保障部（2021）编制并实施《留学人员创业园建设和服务规范》，对留创园的建设服务第一次提出了推荐性行业标准，推动全国留创园向标准化、专业化、精细化方向发展，引导留创园为留学回国人员提供更好的创新创业服务。

三是创新创业大赛体系不断完善。到 2021 年，"春晖杯"大赛已连续成功举办 16 届，遴选出优秀留学人员创新创业项目 3424 个，并成功拓展了 12 个海外分赛区，涉及我 38 个驻外使领馆教育处辖区，基本覆盖了全球主要留学目的地国家。大赛拥有一套从项目遴选、培育、对接到落地、孵化和产业化的一整套完整服务体系，鼓励和吸引了一大批海外留学人员投身国家建设，优秀落地企业覆盖了全国 26 个省、自治区、直辖市的 83 个城市。

四是留学人员实习基地建设持续深化。2015 年，教育部留学服务中心开始启动留学回国人员实习基地的建设工作，与 10 余家国内企业、高校、科研院所、地方政府等签订留学回国人员实习基地协议，为留学人员为国服务搭建创新服务平台。实习基地将为留学回国人员提供工作和创业的咨询、培训、指导、实习、项目推荐等服务，帮助留学回国人员解决工作和创业工作中的实际问题。在海外留学、即将毕业和已回国未就业的留学生均可申请实习，各签约实习基地会参照留学生实习期的表现，根据双方意愿聘用其为正式员工。

第三节　海外留学人才队伍建设的主要成效

一、海外留学人才总量和素质大幅提高

1. 出国留学规模稳步扩大

改革开放以来，我国每年出国留学人数持续增长，从 1978 年的 800 余人增长到 2019 年的 70.35 万人，累计出国人数超过 650 万人。一方面，公派出国留学人员数量持续增加。根据教育部相关数据，2002～2018 年，我国公派留学人员人数逐年增长，基本稳定在出国留学总人数的 10% 左右。另一方面，自费出国留学迅速发展。随着"支持留学、鼓励回国、来去自由、发挥作用"新时代留学工作方针的提出与落实，我国的自费出国留学从无到有，从少数群体发展到占全体留学人数 90% 以上的主要留学群体，从严格限制到设置国家优秀自费留学生奖学金支持，自费出国留学实现了有序、迅速发展，详见图 10 - 20。

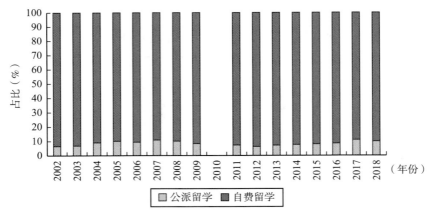

图 10 – 20   2002～2018 年公派留学生与自费留学生占比

资料来源：教育部（2004；2005b；2006；2007a；2008b；2010a；2011b；2012a；2014a；2015b；2016a；2017b；2018a；2019；2020a；2021a），2010 年数据缺失。

2. 出国留学人员素质和结构持续优化

出国留学人员整体学历层次有所提高，素质结构持续优化。2013 年至 2019 年，中国在前五大留学目的国（美、澳、英、日、德）的学历留学生中，研究生的占比从 49% 提高到 52%。国家公派出国留学在稳步扩大出国留学规模的同时，加大在外攻读博士生（后）和高层次创新型人才资助力度，从党的十八大以来到 2017 年，国家公派出国留学生中高级研究学者、访问学者、博士后占派出总人数的 41.9%，攻读博士学位研究生和联合培养博士生占比 34.6%；硕士生和本科生占比 23.5%。

3. 留学回国人员服务国家发展的作用充分发挥

改革开放以来，我国累计有 423.17 万人在留学后选择回国发展、为国服务，占累计总人数的 86.3%。1978 年，我国回国留学人员仅 248 人，2019 年这一数字超过了 58 万人，每年留学回国人员占留学人员的比例已经达到 80% 以上，年度出国留学人员与留学回国人员之间的差距逐年缩小。其中，公派留学项目更是持续拓展项目范围、聚焦"一带一路"建设以及国家急需和前沿领域派出留学生，取得了较好的效果，项目回国率超过 98%，为我国经济社会发展培养了一批高层次、留得住、用得好的人才。

二、留学治理体系建立完善

1. 全方位留学管理和服务体系得以建立

党的十八大以来，我国出国留学改革发展顶层设计基本完成，已形成了全方位的留学政策框架、较为完善的国内外管理服务机构以及贯穿留学全过程的留学管理服务体系，留学人员回国服务工作水平也不断提高。出国留学方面，国家留学基金管理委员会持续优化相关管理规定并提高奖学金标准，各驻外使领馆教育处（组）积极引导在外留学人员团体健康发展。留学回国方面，留学人员回国服务工作部际联席会议各成员单位在中央人才工作协调小组的指导下，不断完善政策、健全机制、加强服务。教育部留学服务中心为留学回国人员提供学历学位认证、就业报到、落户等全过程服务，人社部、教育部、科技部等主管部门出台各项政策举措为留学人员回国就业创业提供精准服务，全方位留学管理和服务体系不断建立完善。

2. 留学管理服务信息化水平不断提升

新时期，我国各留学管理和服务部门大力推动"互联网＋留学服务"平台建设，建立起了包括国家留学基金委"国家留学网"、教育部"中国留学网"及下设的"留学政务服务平台"、我国各驻外使领馆的"留学工作网"等在内的信息化服务平台，为留学人员提供全流程高效、便捷的服务。2019 年，国家留学基金委实现了国家公派出国留学协议电子化。国家留学服务中心的留学存档业务、国（境）外学历学位认证业务等也都实现了全面线上办理。留学管理服务信息化水平的提升，简化了留学人员的办事环节和手续，促进了现代化留学管理服务体系的构建。

三、留学人员回国就业和创新创业环境显著改善

1. 留学回国人员就业信息渠道全面拓宽

留学回国人员被全面纳入公共就业人才服务体系，就业信息渠道得到了全面拓宽。留学回国人员可以通过"海外英才招聘会"等传统线下招聘交流会、"中国留学网"云招聘栏目等线上就业信息平台以及疫情期间迅

速发展的线上招聘会等海内海外、线上线下多种渠道获得招聘信息，了解国内人才政策，以多种途径和渠道对接国内用人单位需求。与大型国有企业、科研院所等合作共建的留学回国人员实习基地的发展壮大，也为留学人员提供了更多具有针对性的境内外实习岗位和工作机会，引导和鼓励留学人员回国或在海外中资机构为国服务。

2. 留学回国人员创新创业政策成效明显

我国的留学回国人员创新创业支持政策已经形成了全链条的支持与保障，为留学人员回国创新创业打造了更加良好的环境。海外留学人员就业交流会充分发挥作用，为海外留学人员回国创新创业牵线搭桥；"中国留学人员回国创业启动支持计划"等各项留学回国资助项目有力吸引留学人员回国参与技术研究、项目合作；留学生创新创业大赛等载体为留学回国人员提供精准创业辅导、项目对接；留创园的深入建设有效推动留学回国人员创新创业项目的落地孵化和成果转化。2013 年，我国回国创新创业的留学人员为 35.35 万人，2021 年，这一数字首次超过 100 万，留学回国人员创新创业政策成效明显。

第四节　海外留学人才队伍建设的突出问题

对标加快建设世界重要人才中心和创新高地和培养国际化人才队伍的要求，我国出国留学人员队伍的结构还存在一些突出问题，相关制度和政策也有待进一步健全与完善。

一、出国留学人员队伍存在的突出问题

1. 累计出国留学人员与回国人员的差距不断扩大

虽然目前我国年度出国留学人员与留学回国人员之间的差距逐年缩小，但由于年度出国留学人员数量均大于回国人员数量，累计出国人员和累计回国人员的差值依然持续扩大（见图 10 – 21），存在着人才流失的风险。

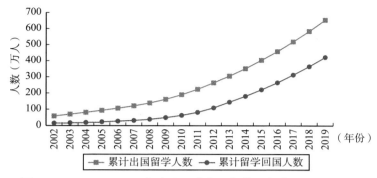

图 10 - 21　2002～2019 年我国累计出国留学和留学回国人员数量

资料来源：教育部（2004；2005b；2006；2007a；2008b；2010a；2011b；2012a；2014a；2015b；2016a；2017b；2018a；2019；2020a；2021a）。

2. 出国留学人员与外国来华留学人员数量差距较大

2018 年，我国出国留学人员数量大于外国来华留学人员数量，二者差额为 16.99 万人。2005 年至 2009 年，我国出国留学人员数量一直在外国来华留学人员数量之下，但二者差距不断缩小，从 2010 年开始，出国留学人员数量开始高于外国来华留学人员数量，且差距逐年扩大。相比之下，美国接收的留学生数量一直远大于出国留学人员的数量。2018 年，二者的差额为 74.82 万人。2002～2018 年，二者的差额一直在 34 万人以上，且差距逐年扩大。见图 10 - 22、图 10 - 23。

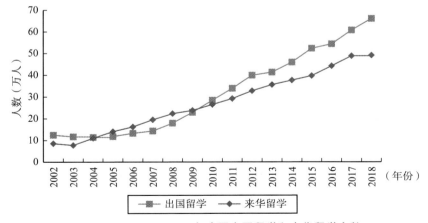

图 10 - 22　2002～2018 年我国出国留学和来华留学人数

资料来源：教育部（2004；2005b；2006；2007a；2008b；2010a；2011b；2012a；2014a；2015b；2016a；2017b；2018a；2019；2020a；2021a）。

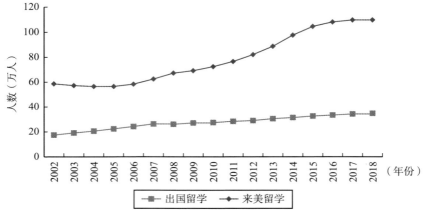

图 10 – 23　2002 ~ 2018 年美国出国留学和来美留学人数
资料来源：美国国际教育研究所（International Institute of Education，2021；2022）。

3. 赴共建"一带一路"国家出国留学人员数量和占比较低

我国出国留学人员较集中的前十大目的地均为发达国家，且只有三个国家为共建"一带一路"国家。据教育部统计，2017 年赴共建"一带一路"国家留学人数为 6.61 万人。虽然人数迅速增长，超过整体出国留学人员增速，但仅占当年出国留学人员总数的 9%。相比共建"一带一路"国家来华留学人员数量的迅速增长，我国赴共建"一带一路"国家留学的人员数量和占比都处于较低水平。

4. 重点学科专业留学生人数分布不均

基础研究是关键核心技术突破的重要支撑，科学、技术、工程、数学等 STEM 学科专业是培养基础研究人才的关键学科。综合中国留学生在主要国家学习专业的情况，商科和 STEM 学科中的工程专业是较为热门的专业，而同属于 STEM 学科的自然或生命科学、医疗保健以及农学的学习人数占比较低，STEM 学科内部分布不均衡。从美国出国留学生的专业情况来看，STEM 学科内部专业人数占比最高的为自然或生命科学，其次为医疗保健、工程、数学或计算机、农学，各 STEM 学科专业占比差距不大，分布较为均衡。见表 10 – 3。

表 10 – 3　　　　　美国出国留学人员专业分布情况（百分比）

	2014	2015	2016	2017	2018
STEM 学科	23.9	25.2	25.8	25.6	26.8
自然或生命科学	8.1	8.1	8.0	7.8	8.1
医疗保健	6.3	7.1	7.1	6.9	7.1
工程	5.0	5.1	5.3	5.2	5.5
数学或计算机	2.2	2.4	2.8	2.9	3.2
农学	2.3	2.5	2.5	2.7	2.9
商业和管理	20.1	20.9	20.7	20.8	20.7
社会科学	17.3	17.1	17.2	17.1	17.0
外国语言和国际研究	7.7	7.4	7.3	7.1	6.9
艺术	6.9	6.9	6.3	6.8	6.9
新闻传播	5.8	5.7	5.6	5.5	5.4
人文学科	3.8	3.7	3.6	3.6	3.3
教育	3.5	3.4	3.3	3.3	3.1
法学和法律	1.6	1.5	1.6	1.5	1.6
其他	6.8	6.5	6.8	6.7	6.8
不明	2.6	1.9	1.9	1.9	1.6

资料来源：美国国际教育研究所（International Institute of Education，2021）。

5. 留学回国人员就业地域分布不均衡

近年来，多个研究机构、智库都曾就留学人员回国就业、创业开展问卷调查。根据教育部留学服务中心 2018 年对留学回国人员的统计分析数据，56.9% 的受访者首选北上广深等一线城市作为工作地区，31.1% 的受访者选择省会城市，12% 的受访者选择其他城市（教育部留学服务中心，2019a）。根据北京大学未来教育管理研究中心 2021 年开展的"新形势下海外高端人才回国意愿"项目调研，近 6000 名曾留学或工作于发达国家和地区的海归博士里，有 82.4% 的调查者期望在北京、上海等城市就业，呈现出高度集中化特征。10.2% 的受访者选择东部地区，选择西部和中部地区的比例仅为 3.2% 和 2.9%（鲍威、田明周、陈得春，2021）。由此可见，留学人员回国就业、创业还是较多考虑经济发展较快、具有良好创新创业氛围的一线城市或东部地区城市，各地区对留学人员的吸引力存在较大差距。

二、相关制度和政策存在的突出问题

1. 留学人员相关支持政策对重点学科关注不足

出国留学支持政策方面，在国家留学基金委现有的公派留学资助计划中，多数项目对资助人员申请留学的国家、院校层次设置了一定的要求，但除乡村振兴人才培养专项项目对申请的学科和专业进行了要求外，其他项目都没有相应要求。国家层面也没有根据我国创新发展和关键技术领域突破所需的重点学科和专业人才设置相关的资助项目，对基础学科、关键技术领域学科的支持不足。留学回国支持政策方面，我国留学人员回国创业资助计划已经开始聚焦我国科技和社会经济发展的重点领域给予优先支持。但整体来看，各地区和部门出台的各类支持政策范围仍然较为宽泛，较少出台专门针对相关专业和领域留学人员创新创业的系统性支持政策。

2. 留学人员引进政策缺少配套支持

我国各地出台的海外高层次人才引进计划政策内容较为趋同，多为资金方面的支持和称号授予，少有人才团队、基础设施、制度保障等方面的系统化配套支持政策，或通过已有科研项目延揽高层次人才，造成留学人员引进的效果不佳。我国各地和部门也定期举办留学人员招聘会、留学人员创新创业大赛等平台，以期吸引更多海外留学人员回国就业、创业，但部分地区的平台缺乏企业、高校、科研院所的多方面参与，留学人员创新成果和创业项目不能有效落地，不利于更好地留住、用好人才。

3. 留学人员创新创业主管部门缺乏协调机制

留学人员回国创新创业涉及人社、教育、科技、公安、外专等多个主管部门的职责。虽然早在2003年各有关部门就建立了留学人员回国服务工作部际联席会议制度，但在留学人员创新创业工作方面仍然存在着各部门协调机制不畅、政策碎片化和同质化等问题。以针对留创园的资助政策为例，中组部、人社部、科技部、教育部等多个部门都根据各自主管职责制定相关的项目和资金扶持政策，由于各部门间缺少统筹协调机制，资助政策标准同质化，不仅带来了政策理解和应用方面的困难，也容易造成对某些企业的重复资助，不利于小微初创企业获得有效扶持。

4. 对留学人员回国创新创业需求跟踪研究仍需加强

部分留学人员由于长期在海外生活工作，不熟悉国内的技术发展情况、投资环境、市场环境、法律制度，甚至对国内经济社会发展水平的判断存在滞后性，加之部分留学人员在此前鲜有创业经历，其创业项目的经营理念、成果应用不一定与国内的实际相符合。对留学人员回国创新创业的需求进行跟踪研究，有助于为留学回国人员提供更有针对性的创业辅导和有关服务。国内部分研究机构、智库曾就留学人员回国创新创业的需求进行调查研究，但调查样本都较为局限，时效性也不够理想，尚未有主管部门针对留学人员回国创新创业需求以及现有相关政策的实施效果进行系统性跟踪研究，并对现有政策及时进行更新和调整。

第五节　海外留学人才队伍建设的政策建议

一、围绕"四个面向"人才培养要求，强化出国留学支持

一是加强重点领域留学人员的联合培养。习近平总书记在 2021 年 9 月的中央人才工作会议上指出，"要采取多种方式开辟人才走出去培养的新路子，使人才培养渠道多元化，储备更多人才"（新华社，2021）。一方面，应从政府、高校、科研机构层面，与教育、科技发达国家的知名院校、科研院所、实验室共同合作，拓宽面向世界科技前沿、面向经济主战场、面向国家重大需求、面向人民生命健康的重点领域人才的联合培养渠道。另一方面，也要加强与共建"一带一路"国家的合作，通过重点领域的留学合作项目向这些国家派出更多留学人员，实现人才的真正对外开放。

二是聚焦重点专业设置留学资助项目。在国家层面，围绕"四个面向"的重点领域专业设置留学资助项目或子项目，也可与大型企业、科研院所共同设置留学资助项目，有针对性地鼓励、引导重点领域、战略领域优秀人才的培养和开发。高校、科研院所和企业也应为重点领域的出国留

学人员提供更丰富的奖学金、助学金等支持，鼓励引导更多优秀人才从事重点领域专业的学习和研究，在学成后为国服务。

二、通过多元柔性方式，吸引留学人员回国服务

一是大力拓展产学研融合的留学人员引进渠道。根据欧盟的相关经验，很多成员国都通过国家实施的重大高新技术研发计划、项目资助计划及政府创办的各类高新技术研究中心，将科学研究、产业发展与人才培养相结合，以研发带动相关领域的人才流动与培养。可以通过高校、科研院所和企业的合作，面向海外留学人员开放大型科研合作项目、联合创新项目等，依托项目吸引留学人员参与研究和创新活动，加强与我国海外留学人员之间的合作交流，实现柔性引进人才。

二是持续建设海外留学人员联络机制。通过建立留学人员组织、留学人员联络机制等，引导、服务海外留学人员的回流。我国部分省市已经做出类似尝试，例如天津、苏州、福州等地都已在世界各主要国家依托海外华人专家组织、行业协会或联盟、留学人员社团组织、国际猎头公司、人才中介机构等设立海外人才联络处，向海外留学人员宣传国内就业创业环境、招才引智政策和岗位需求等，吸引海外人才归国就业。

三、聚焦重点学科专业，鼓励留学人员创新创业

一是建立健全留学回国人员研发支持机制。许多优秀海外留学人员在高新技术领域和战略性新兴产业领域具有专业优势和先进技术，针对我国世界重要人才中心和创新高地建设的重点领域和优势领域，设置留学回国人员专项基金、资助项目、专门奖项等，向海外留学人员开放博士后工作站和流动站，支持海外高层次留学人员自主选题设立探索性、前瞻性研发项目，提升对高层次基础研究人才的吸引力和凝聚力，支持战略科学家梯队的建设。

二是为留学人员在重点领域的创业活动提供支持。围绕关键核心技术相关的基础研究和应用研究学科和专业，为留学回国人员在重点产业领域的创业活动提供科技金融、知识产权、项目孵化等各方面的系统性支持，从而发现、储备在战略产业、前沿产业领域具有潜在竞争力、影响力、引

领力的优秀人才，支持产业领军人才的培养。

四、加快人才"走出去"步伐，引导留学人员在海外为国服务

一是鼓励留学人员赴我国"走出去"企业就业。近年来，我国共建"一带一路"的"走出去"企业规模不断壮大，吸引高层次、国际化人才成为企业发展面临的巨大挑战。由于留学人员大多具备国际视野和较高的专业水平，熟悉留学当地和周边国家的语言、文化、社会、政治、经济状况，是国际化人才队伍的重要后备力量。可着眼于全球人才配置，通过搭建海外企业在线招聘平台、加强与留学生群体沟通交流等方式，积极引导留学生到共建"一带一路"国家跨国企业中就业，充分发挥广大留学人员具有的各方面优势和重要作用。

二是开拓留学人员赴国际组织工作渠道。随着我国积极参与全球治理体系改革和建设，急需培养和输送大批具有国际视野、通晓国际规则、能够参与国际事务和国际竞争的国际化人才进入国际组织工作。有关主管部门应加大与各国际组织的联系与合作，研究拓宽留学人员赴国际组织实习、就业的渠道，或通过组织国际组织后备人才培训班、国际组织招聘会、国际组织人才大赛等方式，充分利用留学人员专业和地域的便利，吸引、引导留学人员赴国际组织就业，驻外使领馆也应加强与各国际组织驻地的我国海外留学生的联系，鼓励、协助其就地应聘。

五、加强主管部门协调联动，完善留学人员回国服务保障

一是健全各主管部门协调联动机制。充分利用留学人员回国服务工作部际联席会议制度，加强各主管部门之间的分工合作、协调联动，分层次、有计划地制定、推进、落实相关政策，在部门间形成政策合力，消除部门间协调不畅给留学人员回国相关工作带来的阻碍。

二是持续完善留学人员回国服务的信息化建设。切实建立"一站式"留学人员回国服务信息化平台，归并、整合留学人员服务中心、创业园、人力资源服务机构和社会中介提供的各项服务，实现信息的共享，使服务更加高效便捷，并通过留学人员信息平台加强留学回国有关支持政策的宣传。

三是加强需求与政策实施效果的跟踪研究。通过建设留学人员大数据信息平台，实时跟踪掌握留学回国人员就业创业服务方面的动态需求，并开展定期研究。根据动态研究的结果，与用人单位、人力资源服务机构等市场主体开展合作，有针对性地为留学人员提供回国就业创业咨询服务。

第十一章

外国人才队伍建设研究

引进用好外国人才是我国人才工作的重要组成部分。党的十九大报告中，习近平总书记指出"要聚天下英才而用之，加快建设人才强国""实行更加积极、更加开放、更加有效的人才政策"。2021 年召开的中央人才工作会议上，习近平总书记进一步重申要"聚天下英才而用之"，全方位培养、引进、用好人才，加快建设世界重要人才中心和创新高地（新华社，2021）。加强外国人才队伍建设，确保海外高端人才引得进、用得好、留得住，是实现中华民族伟大复兴、赢得国际竞争主动权的有力支撑。

第一节　外国人才队伍建设历程

改革开放以来，我国外国人才队伍建设工作不断迈向深化。1983 年 7 月，邓小平同志发表"利用外国智力和扩大对外开放"的重要谈话，为我国海外智力和人才引进明确了方向（中共国家外国专家局党组，2008）。1988 年，为了加强对引进国外智力工作的领导，国务院决定成立国务院引进国外智力工作领导小组，办公室设在外国专家局，正式开启了我国海外人才引进工作的进程。此后，在一系列人才引进和人才发展政策的积极推进下，我国成功吸引大批外国专家和优秀外国人才，为我国科技和经济社会发展作出了重要贡献。

一、外国人才队伍发展历程

1. 来华工作的外国人才发展情况

（1）来华工作的外国人才规模呈波动增长

改革开放以来，来华工作的外国人才数量波动增长。据相关资料，

2000 年在华就业外国人仅有约 7.4 万人，来中国工作的外国专家达到 22 万人次。到 2016 年，在华就业的外国人达到 23.5 万人，在中国工作的外国专家超过 66.5 万人。2017 年，外国专家来华工作和外国人来华就业合并为外国人来华工作后，来华工作外国人总数达到 90.4 万人。2018 年，来华工作的外国人持续增长到约 95 万人，见图 11 - 1。到 2021 年，累计发放外国人来华工作许可达到 118 万份。

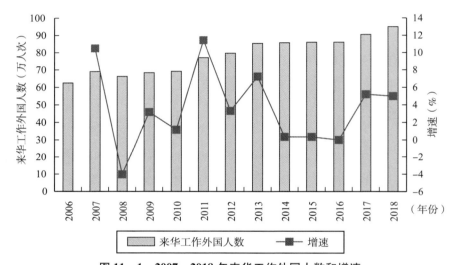

图 11 - 1　2007~2018 年来华工作外国人数和增速

资料来源：郝亚琳（2013）；张建国（2016；2019）；刘国福（2017）；许可（2017）；李晓玲、王丰（2019）。

（2）来华工作的外国人才主体为外国专业人才

我国目前实行的外国人来华工作许可制度按照鼓励高端、控制一般、限制低端的原则，将来华工作的外国人分为三类人才，即外国高端人才（A 类）、外国专业人才（B 类）和其他外国人员（C 类）。根据外国人来华工作管理服务系统的有关数据，2019 年 4 月 1 日至 2020 年 3 月 1 日，全国发放的约 25 万人次外国人来华工作许可中，A 类占 13.53%，B 类占 76.22%，C 类占 10.25%，见图 11 - 2、图 11 - 3。由此可见，外国专业人才仍是来华工作外国人才的主体。

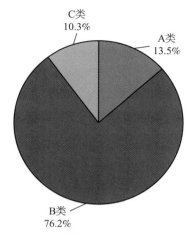

图 11 - 2　来华工作外国人层次占比

资料来源：作者根据相关省市资料整理。

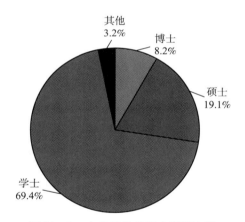

图 11 - 3　来华工作外国人学历占比

资料来源：作者根据相关省市资料整理。

（3）来华工作的外国人才稳定性较高

根据外国人来华工作管理服务系统的相关数据，2019 年至 2020 年 3 月 1 日，全国共办理各类型外国人来华工作业务约 33.2 万人次。其中，延期业务为 15.3 万人次，在各类业务中的占比达到 46.2%，在一定程度上说明了当前外国人来华工作的连续性、稳定性以及我国对外国人才的吸引和留存能力较强。见图 11 - 4。

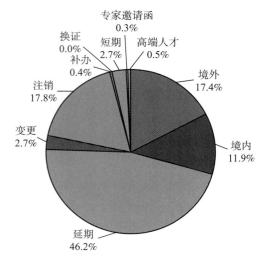

图 11-4　外国人来华工作业务占比

资料来源：作者根据相关省市资料整理。

（4）来华工作的外国人才主要分布于东部沿海地区

根据外国人来华工作管理服务系统的有关数据，2019 年 4 月 1 日至 2020 年 3 月 1 日，上海、广东、北京办理外国人来华工作业务数量位居前三位。贵州、内蒙古、陕西等中西部省区业务办理均低于千人次。总体来看，东部省区市各类业务人次远高于中西部省区市。

在工作许可的发放方面，2019 年 4 月 1 日至 2020 年 3 月 1 日，上海、广东、北京、江苏、浙江、山东六个省市发放许可高于万人次。广西、贵州、内蒙古等中西部省区发放许可低于千人次。长三角地区省市 A、B、C 类人才工作许可的发放人次均占据首位，上海、广东、北京、浙江、江苏等省市的 A、B 类人才工作许可发放人次均占据前五位。其中，上海核发的《外国人工作许可证》中外国高端人才（A 类）占比约为 18%，为全国首位。甘肃、西藏、青海、宁夏等中西部省区 A、B 类人才工作许可发放人次排位靠后。上海、广东、江苏、北京、浙江等省市的工作许可延期业务均高于万人次，体现出对外国人较强的吸引力和保留能力。

2. 外国人在华永久居留情况

与来华工作外国人规模发展的情况相比，在华实现永久居留的外国人数量仍然较低，在近年来有关政策制度的推动下，增速明显。1985~2004

年近二十年间，我国政府先后仅批准 3000 多名外国人在中国定居（汤瑜，2018）。自 2004 年起，我国开始正式实施外国人永久居留制度，到 2011 年，持有《外国人永久居留证》的外国人为 4752 人。2004～2013 年十年间，获得永久居留许可的外国人总人数为 7356 人。2016 年，这一数字突破一万人，达到 10269 人（万一，2007）。2018 年国家移民管理局成立后，永久居留许可审批量大幅提升，2 个月内共审批 1881 名符合条件的外国人在华永久居留，上半年共有 2409 名外国人获得批准在华永久居留，较此前增加了 109%（李晓玲、王丰，2019）。

二、外国人才队伍建设政策制度发展

自 1983 年我国正式确立利用外国智力作为对外开放的一项长期基本政策的地位起，我国便开始探索发展外国人才队伍建设有关的政策制度。2012 年，党的十八大发出"广开进贤之路、广纳天下英才"的号召，我国人才对外开放格局进一步扩大。此后，我国集中出台了外国人才来华工作、在华居留的一系列政策，基本形成了较为完善的外国人来华工作的制度体系。2016 年，中央印发《关于深化人才发展体制机制改革的意见》，提出树立全球视野和战略眼光，充分开发利用国内国际人才资源，确保人才引得进、留得住、流得动、用得好。2021 年，习近平总书记在中央人才工作会议上再次强调，要深入实施新时代人才强国战略，全方位培养、引进、用好人才，加快建设世界重要人才中心和创新高地，再一次为我国外国人才队伍建设的政策制度发展聚焦了方向（新华社，2021）。

1. 外国人来华工作政策制度

改革开放后，我国开始了外国人来华工作政策制度的探索式建设。1980 年 10 月，国务院颁布实施《外国文教专家工作试行条例》（国务院，1980），首次规范了聘请外国文教专家工作的意义、原则、程序、管理及接待和安保等要求，确定了外国专家工作的方针任务，即"有计划地聘请外国专家，积极主动地团结他们，调动他们的积极性，充分发挥他们的作用，虚心学习他们的专长，加速培养建设人才，为我国四个现代化服务，并增进中外人民之间的友谊"。

1983 年 8 月，中共中央作出《关于引进国外智力以利四化建设的决定》，正式确立利用外国智力作为对外开放的一项长期基本政策的地位，

并提出成立引进国外智力以利"四化"建设工作领导小组（中共中央、国务院，1983）。同年9月，国务院颁发《关于引进外国人才工作的暂行规定》，从我国现代化建设需要出发，明确了引进外国人才的范围与重点，明确了人才引进的计划管理与人选确定程序，并规定对来华专家出入境签证放宽条件、简化手续，对部分专家"可以给予永久居留权"（国务院，1983）。

1984年7月，海关总署出台《引进国外专家入境出境、居留、旅行管理暂行办法》，首次对经批准聘请的来华专家入境、居留、在华旅行和出境的程序和有关要求作出了规定，并规定来华工作专家护照证件均由本人保管，来去自由（海关总署，1984）。同年11月，外国专家局印发《关于对部分从国外聘请的专家给予高薪待遇的暂行办法》，针对国外各种中、高级专门人才和高级技术工人的工资、津贴和生活待遇做出了明确规定（外国专家局，1984）。1986年，中央引进国外智力领导小组办公室印发《引进国外技术、管理人才计划管理暂行办法》，明确规定了引进外国人才的重点，并就引进外国人才的项目审批流程、计划管理等做了详细规定。办法规定，应"紧密围绕我国国民经济和社会发展计划中的重点建设工程、重大技术改造工程、重大科技攻关项目，沿海开放城市的开发、建设，缺门学科和新兴科技领域，以及各部门、各地区发展其经济或资源优势的需要"，有计划、有目的地引进国外人才，注重战略决策专家和经济管理专家的选聘，为我国未来外国人才引进的"高精尖缺"的导向奠定了基调（中央引进国外智力领导小组办公室，1986）。

1988年7月，中央引进国外智力领导小组办公室与国家外国专家局合并，组建新的国家外国专家局。1994年，国家外国专家局、国家财政部、国家铁道部、国家外汇管理局、国家计委价格管理司联合下发《关于实行〈外国专家证〉的通知》，通过发放《外国专家证》，为来华工作的外国专家提供外汇购买、公共交通购票与乘坐以及住宿方面的便利和优惠，明确了《外国专家证》发放的两类外国专家，包括文教类（在我国从事教育、新闻、出版、文化、艺术、卫生、体育工作的外国文教专家）和经济技术类（在我国工商企业和事业部门从事经济、技术和管理工作需要购买外汇的外国经济技术专家）（国家外国专家局、国家财政部、国家铁道部、国家外汇管理局、国家计委价格管理司，1994）。

1996 年 1 月，劳动部、公安部、外交部、外经贸部发布《外国人在中国就业管理规定》（劳动部、公安部、外交部、外经贸部，1996），对外国人在中国的就业许可申请与审批以及劳动管理进行了详细规定。首次确定了外国人来华就业许可和就业证制度，用人单位聘用外国人须为该外国人申请就业许可，经获准并取得《中华人民共和国外国人就业许可证书》后方可聘用，外国人应持职业签证入境（有互免签证协议的，按协议办理），入境后取得《外国人就业证》和外国人居留证件，方可在中国境内就业。

2002 年 4 月，国务院办公厅转发公安部外交部等部门《关于为外国籍高层次人才和投资者提供入境及居留便利的规定》，进一步为外国籍高层次人才和投资者提供入境及居留便利，包括办理 2~5 年多次入境有效、每次停留不超过 1 年的长期多次 F 字（访问类）签证、2~5 年有效的外国人居留证件以及相同期限的多次返回 Z 字（工作类）签证以及持 L 字（旅游类）签证、F 字签证以及 X 字（学习类）签证入境的外国籍人士的 Z 字签证变更和长期多次 F 字签证变更等（国务院办公厅，2002）。

2006 年 2 月，国务院关于印发《实施〈国家中长期科学和技术发展规划纲要（2006—2020 年）〉若干配套政策的通知》规定，外籍杰出科技人才申请来华工作许可、在华永久居留的条件可适当放宽，在其居留证件有效期内可办理多次入境有效签证。要求制定保障具有永久居留资格的在华外籍高层次人才合法权益的办法，妥善解决好海外优秀人才回国（来华）工作的医疗保险、配偶就业、子女上学等问题（国务院，2006）。

2008 年，我国在中央层面建立了海外高层次人才引进工作小组机制，中组部为组长单位，人社部为副组长单位，统战部、科技部、教育部、国资委、人民银行等 17 家单位为成员单位。该工作小组主要协调各政府主体的工作职责，形成工作合力。2008 年年底，中组部和人社部有关司局共同组成海外高层次人才引进工作专项办公室，由中组部牵头抓总，人社部履行政府人才综合管理部门职能，会同相关部门共同开展海外高层次人才引进工作。各地方也相继建立了海外高层次人才引进领导小组，统筹协调地方海外人才引进工作的开展。

2012 年 6 月，《中华人民共和国出境入境管理法》颁布，以法律形式明确规定外国人在中国境内工作，应当按照规定取得工作许可和工作类居留证件，并规定国务院人力资源社会保障主管部门、外国专家主管部门会同国务院有关部门根据经济社会发展需要和人力资源供求状况制定并定期调整外国人在中国境内工作指导目录。

2013 年，外专局会同人社部等四部门联合颁布《关于为外籍高层次人才来华提供签证及居留便利有关问题的通知》，明确各类重点引才计划引进的外籍高层次人才均可享受签证和居留特惠政策（中共中央组织部、人力资源和社会保障部、外交部、公安部、国家外国专家局，2012）。2013 年 9 月，《中华人民共和国外国人入境出境管理条例》增设了人才签证类别，针对国家需要的外国高层次人才和急需紧缺专门人才。2015 年国务院审改办印发《关于整合外国人来华工作许可事项意见的函》，同意将人力资源和社会保障部负责的"外国人入境就业许可"和外专局实施的"外国专家来华工作许可"整合为"外国人来华工作许可"（国务院审改办，2015）。2016 年 10 月至 2017 年 3 月，北京、天津、河北、上海、安徽、山东、广东、四川、云南、宁夏等地开展了外国人来华工作许可制度试点工作并取得积极进展。

2016 年公安部支持广东自贸区建设和创新驱动发展 16 项出入境政策措施针对不同类别的外国人才提供了出入境和居留的便利措施。包括扩大高层次人才在口岸和境内申请办理 R 字（人才）签证的范围，进一步扩大人才签证的申请范围，简化申请手续；持人力资源社会保障、外专部门签发的工作许可证明来工作的外国人，来不及办理就业手续的外国人，入境后可直接凭工作许可证明申请有效期 1 年以内的工作类居留许可；若已连续两次申请工作类居留许可，且无违法违规的，第三次可签发有效期 5 年以内的工作类居留许可等（公安部，2016）。

2017 年，国家外专局等四部门发布《关于全面实施外国人来华工作许可制度的通知》，外国人来华工作许可制度开始在全国实施。该通知要求加强外国人来华工作许可中创新互联网＋政务服务的运用，实现政务服务的标准化、便捷化、平台化、协同化。各地技术移民各主管部门基本可以实现技术移民各项非涉密信息的查询与公示，并将外专、公安、科技、市场监管、教育等技术移民主管部门涉及国际人才服务的各项事项和审批办理职能整合至同一平台，能够实现前台综合受理外国人提交的各项服务申请后，后台根据各部门的具体职能实行分类审批（国家外国专家局、人力资源和社会保障部、外交部、公安部，2017）。同年，国家外专局发布

《外国人来华工作许可服务指南（暂行）》，规范了《外国人工作许可证》办理、延期、变更、注销、补办的相关流程和办结时限。国家移民管理局政务服务平台也在其网站上明确公布了外国人工作类居留证件申请、延期、换发、补发的流程和办结时限（国家外国专家局，2017）。

2017 年 11 月，外专局、外交部、公安部联合印发《外国人才签证制度实施办法》，明确外国人才签证（即 R 字签证）的发放对象为国家经济社会发展需要的外国高层次人才和急需紧缺人才，符合"高精尖缺"和市场导向需求的科学家、科技领军人才、国际企业家、专门人才和高技能人才等。该实施办法规定，R 字签证申请由邀请单位向有关部门提出并提交相应材料，由省级人民政府外国人工作管理部门向邀请单位出具《外国高端人才确认函》后，外国人才持《外国高端人才确认函》及其他材料赴驻外使领馆申请办理签证。该实施办法规范了 R 字签证的有关办理程序，加强外国人才签证和工作许可、工作居留的有机衔接，启动了人才签证的办理（外专局、外交部、公安部，2017）。2018 年 3 月，国家外国专家局印发《关于全面实施〈外国人才签证制度实施办法〉的通知》，在全国范围内全面实施了外国人才签证制度。

2020 年，科技部办公厅印发《关于下放外国高端人才确认函审发权限的通知》，授权沈阳、大连、长春、哈尔滨、济南、青岛、南京、杭州、宁波、厦门、武汉、成都、西安、广州、深圳、珠海、佛山、肇庆、江门、惠州、东莞、中山共 22 个市科技局（科创委）向本辖区内邀请单位和受邀外国高端人才签发《确认函》（科技部办公厅，2020），充分发挥外国人才签证制度便利外国高端人才出入境作用，进一步提升外国人来华工作管理服务水平。

2. 外国人来华永久居留相关政策制度

相较于外国人来华工作有关政策制度，我国外国人来华永久居留方面的政策制度起步较晚。1985 年通过的《中华人民共和国外国人入境出境管理法》首次明确了外国人在华"永久居留"的分类，规定"依照中国法律在中国投资或者同中国的企业、事业单位进行经济、科学技术、文化合作以及其他需要在中国长期居留的外国人，经中国政府主管机关批准，可以获得长期居留或者永久居留资格"，但并未明确具体的政策制度安排。

2004 年 8 月，公安部、外交部印发《外国人在中国永久居留审批管理办法》，明确了可申请来华永久居留的外国人的资格，包括在中国有一定数额、一定年限直接投资的外国人，在符合条件的单位任职的外国高层次人才，对中国有重大突出贡献或国家特别需要的人员，以及夫妻团聚、未成年人投靠父母、老年人投靠亲属等家庭团聚人员。该管理办法还对外国人申请在中国永久居留的资格条件、申请材料、审批程序、审批权限、取消资格等方面作出了明确规定。获得中国永久居留资格的外国人在中国居留期限不受限制，凭护照和《外国人永久居留证》即可出入境，《外国人永久居留证》是其在中国境内居留的合法身份证件，可以单独使用（公安部、外交部，2004）。

2012年，中组部等25部门印发了《外国人在中国永久居留享有相关待遇的办法》，首次明确持有中国《外国人永久居留证》者，除政治权利和法律法规规定不可享有的特定权利和义务外，原则上和中国公民享有相同权利，承担相同义务。要求将外国人在中国永久居留相关待遇落到实处，协调组织、人力资源社会保障、公安、外交等相关部门，出台实施细则和办法，落实各项措施，保障外国人才在中国永久居留的合法权益和各项待遇（中共中央组织部、人力资源和社会保障部、公安部等，2012）。

2015年9月，中央全面深化改革领导小组第十六次会议审议通过了《关于加强外国人永久居留服务管理的意见》（以下简称《意见》），对外国人永久居留服务管理制度进行全面改革和创新。该《意见》明确了永久居留外国人在出入境、就业、购房等多个方面的资格待遇，要求将永久居留外国人纳入本地常住人口服务管理体系，为永久居留外国人安居乐业提供制度保障。该《意见》同时提出，要进一步扩大永久居留申请人聘雇单位类型范围，放宽居住时限等要求。对在国家重点支持的行业和领域工作的外国人，畅通从工作居留向永久居留的转换机制。放宽外国优秀留学生在华工作限制，为其毕业后在中国境内工作和申请永久居留提供渠道。该《意见》于2016年2月由中共中央办公厅、国务院办公厅（2016）正式印发。

自2015年起，公安部陆续出台了支持上海科创中心、福建自贸区、北京中关村国家自主创新示范区、广东自贸区建设及创新驱动发展的出入境便利政策措施，涉及签证、入境出境、停留居留、永久居留等方面。此后，各地陆续开始外国人直接申请在华永久居留制度试点，其中北京、广东自贸区等地还开展了外国人永久居留积分评估制度试点。

在外国人直接申请永久居留方面，根据公安部出台的出入境政策措施，上海、安徽、重庆等多地已经自 2015 年开始实施外国人才直接申请永久居留的政策措施。以上海为例，可直接申请在华永久居留外国人才包括：①经各地人才主管部门、自贸办推荐的符合认定标准的外籍高层次人才，通常为各地经济社会发展亟须的高层次人才；②在各地直接投资、投资情况稳定、投资数额满足一定条件且纳税记录良好的企业控股外籍股东；③具有一定学历要求（通常为博士研究生）或在各地注册企业连续工作满一定年限，每年在中国境内实际居住累计不少于一定时间（通常为 6 个月）的外籍人士；④由各地注册企业聘雇并担保的高层次人才以及高等院校、科研院所聘雇的且工作满一定年限的外籍高层次人才。符合认定标准的外国人才及其配偶、未成年子女可按程序直接申请在华永久居留资格。除上海外，部分地区的政策还对申请永久居留的外籍华人取消了单位类别和职务级别限制，进一步放宽对其居住时限要求。也有地区对企业选聘的外籍华侨技术人才和高级管理人才出台优惠政策，凭侨务部门出具的证明材料，可在居住地直接落户。

在永久居留积分评估制试点方面，2016 年，北京中关村率先探索外籍人才在华永久居留积分评估试点，主要适用于中关村创业团队外籍成员和中关村企业选聘的外籍技术人才两类群体。2016 年，广东自贸区也开始实行永久居留积分评估制试点，通过积分评估的方式，推荐广东自贸试验区企业选聘的外籍技术人员和创新创业团队的外国人才进行永久居留许可的申请。见表 11 - 1。

表 11 - 1　　　　　　　广东自贸区永久居留积分评估制要点

类别	广东自贸试验区企业选聘的外籍技术人员	广东自贸试验区创新创业团队的外国人才
资格标准	国内急需紧缺、企业中高级管理技术人才和科研骨干	所在企业需在广东自贸试验区注册 5 年以内、创新创业领域符合广东自贸试验区大力发展的产业方向、申请人担任企业中层及以上职务或在企业中持股 5% 及以上
评估一级指标	教育水平、年龄、在华工作年限、每年在华工作时间、随行家属、相关工作经验、纳税水平和技术成果	教育水平、年龄、在华工作年限、每年在华工作时间、随行家属、相关工作经验、纳税水平和团队成长

类别	广东自贸试验区企业选聘的 外籍技术人员	广东自贸试验区创新创业 团队的外国人才
重点考察内容	外国人才是否拥有先进的创新成果和核心技术，是否拥有自主知识产权或专利，以及技术成果在自贸区企业转化的情况	外国人才所在团队的创新成果、团队结构、企业营收

2017 年 2 月，公安部在国家有关自贸区及全面创新改革示范区推出 7 项出入境政策措施，包括授权自贸区管委会等单位推荐外籍人才及家属直接申请在华永久居留等，覆盖天津、辽宁、浙江、河南、湖北、重庆、四川、陕西自贸区，京津冀和安徽省、广东省、四川省及沈阳市、武汉市、西安市全面创新改革示范区等地。

第二节　外国人才队伍建设的主要成效

一、外国人才队伍规模持续增长

改革开放以来，在华外国人才队伍规模持续增长。1980 年，在华常住外国人（居住半年以上）仅有 2 万人，到 2011 年达到近 60 万人，2020 年第七次人口普查数据显示为 79.8 万人（或有新冠肺炎疫情影响因素）。2000 年，在华就业外国人仅有约 7.4 万人，截至 2018 年，在华工作外国人已达到 95 万人（李晓玲、王丰，2019）。2011 年，持有《外国人永久居留证》的外国人仅有 4752 人，到 2016 年突破一万人。根据历次人口普查数据，加入中国籍的人口数已由第五次人口普查的 941 人、第六次人口普查的 1448 人增长至第七次人口普查的 16595 人（国家统计局，2002b；国务院人口普查办公室、国家统计局人口和就业统计司，2012；国务院第七次全国人口普查领导小组办公室，2022）。

二、外国人才队伍结构持续优化

改革开放以来，我国外国人才队伍的年龄结构、教育结构持续优化。

根据第六次和第七次人口普查数据，2010～2020 年，来华就业外国人占在华外籍人口的比例从 23% 增长到 39%。在华外籍人口中，拥有研究生学历的外国人占比从 18% 增长到 26%，20～44 岁人员的占比从 55% 增长到 63%。见图 11－5、图 11－6。

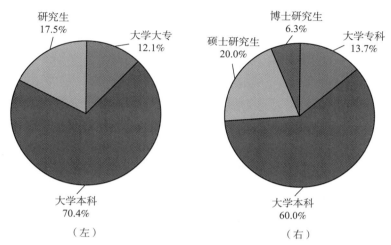

图 11－5　第六次人口普查（左）与第七次人口普查（右）在华外籍人学历分布

资料来源：国务院人口普查办公室、国家统计局人口和就业统计司（2012）；国务院第七次全国人口普查领导小组办公室（2022）。

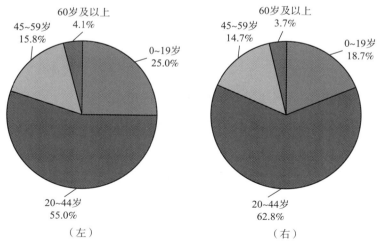

图 11－6　第六次人口普查（左）与第七次人口普查（右）在华外籍人年龄分布

资料来源：国务院人口普查办公室、国家统计局人口和就业统计司（2012）；国务院第七次全国人口普查领导小组办公室（2022）。

　　从来华目的来看，来华就业外国人比例从第六次人口普查的23%增长至第七次人口普查的39%，来华定居外国人比例从11%增长至23%。商务目的来华的外国人比例从18%降低至5%，来华学习的外国人比例从26%降低至13%，来华探亲外国人比例从9%降低至5%，见图11－7。来华就业、定居外国人比例的增长与商务和探亲目的来华外国人比例的降低，在一定程度上说明了在华长期居住外国人口比例提高以及在华外国人素质结构的完善。

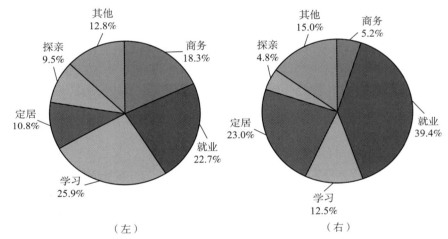

　　　（左）　　　　　　　　　　　　　（右）

图11－7　第六次人口普查（左）与第七次人口普查（右）外籍人员来华目的

资料来源：国务院人口普查办公室、国家统计局人口和就业统计司（2012）；国务院第七次全国人口普查领导小组办公室（2022）。

三、外国人才队伍建设政策和制度实现多点突破

1. 外国人来华工作许可形成了成熟的制度安排

　　经过多年的改革发展，我国的外国人来华工作许可、工作签证及工作类居留许可审批已经形成了较为成熟的制度安排。有意来华工作的外国人可遵循清晰的工作许可—签证—短期居留申办流程进行来华工作相关事项的办理。

　　《外国人工作许可证》由聘雇外国人才的用人单位或专门服务机构分别通过线上申请系统和线下政务服务中心提交申请材料，外专部门核查申请材料的真实性，对外国人才类别进行认定。材料审查通过后，申请人或

用人单位可在线打印获得《外国人工作许可通知》。申请人在境外的，可持《外国人工作许可通知》和相关材料，到中国驻该国使领馆申办来华工作签证（Z 字签证），入境后前往拟居留地公安机关出入境管理机构申领《外国人工作许可证》，并持《外国人工作许可证》和相关材料，到拟居留地公安机关出入境管理机构申请办理工作类居留许可。申请人在境内的，可直接申领《外国人来华工作许可证》，到出入境管理部门办理工作类居留许可。

2. 人才签证制度在全国范围推进实施

人才签证制度是我国完善外国人才评价标准、优化外国人才来华工作办理程序、鼓励高端外国人才来华工作的重要制度安排，也是我国外国人才引进和管理制度与国际接轨的重要体现。2018 年印发的《关于全面实施〈外国人才签证制度实施办法〉的通知》标志着外国人才签证制度在全国范围内的全面推进实施。该实施办法规定，R 字签证发放对象为国家经济社会发展需要的外国高层次人才和急需紧缺人才，符合"高精尖缺"和市场需求导向的科学家、科技领军人才、国际企业家、专门人才和高技能人才等，应当符合《外国人来华工作分类标准（试行）》中外国高端人才（A 类）标准条件。符合条件的外国人才及其配偶子女可获得 5~10 年的多次入境签证。外国人才可通过所聘用单位进行 R 字签证以及后续来华工作许可的申请。外国人来华工作许可的延期、换发和补发事项均可全程在线申请。该实施办法还规定国家外国专家局、外交部、公安部加强统筹协调，按照职责分工制定，指导做好 R 字签证签发、延期、换发、补发工作。公安机关依法为来华外国人才提供签证、居留便利。

3. 外国人在华永久居留试点取得突破性进展

在 2004 年《外国人在中国永久居留审批管理办法》发布前，从 1985 年至 2004 年近二十年间，中国政府先后仅批准 3000 多名外国人在中国定居。在《外国人在中国永久居留审批管理办法》发布后，尤其是 2015 年《关于加强外国人永久居留服务管理的意见》印发以来，有关部门积极推进外国人永久居留政策与制度建设，外国人永久居留试点从无到有、从少到多，外国人直接申请永久居留、永久居留积分评估制试点的覆盖省市持续增加，对申请人的年龄、学历、从事行业、任职单位、居住时限等限制逐渐放宽，发放对象范围持续扩大。仅 2018 年上半年，就有 2409 名外国人获得批准在华永久居留，外国人在华永久居留试点取得了突破性进展。

四、外国人来华居留便利化举措覆盖面持续扩大

一直以来，我国都为来华工作的外国专家、海外高层次人才在来华居留、出入境、在华生活等方面提供便利措施，优化其生活环境。近年来，为了更加高效地办理外国人来华工作、居留业务，吸引各层次外国人才融入我国经济社会发展，我国各省市面向更多的外国人才，在工作许可办理、出入境、在华生活等方面提供了多种便利措施，优化了办事流程、简化了申请材料、压缩了审批时限。例如，北京于 2017 年在朝阳区和顺义区设外国人出入境服务大厅，重点服务两区服务业领域的外籍高层次人才、创业团队外籍成员和外籍管理技术人才、外籍华人和外籍青年学生等四类群体，为外籍人才办理在华永久居留、长期签证和口岸签证，提供更为宽松便捷的出入境、停居留环境。2019 年，广州南沙区政务服务数据管理局和南沙开发区人才发展局共同设置了"大湾区国际人才一站式服务窗口"，将南沙区涉及高层次、国际人才服务的 15 个部门的政务服务事项和审批办理职能整合至一个平台实行集中办理，包括教育、就业、科研资助、工商注册、知识产权保护、医疗、通关便利等 20 个方面共计 93 项服务事项，并实现部门间信息共享。2021 年，上海市外专局进一步放宽外国人才年龄、学历和工作经历的限制，允许在沪工作的外国科技人才兼职工作，对外国科技人才来华工作许可申请率先实行无犯罪记录承诺制。

第三节　外国人才队伍建设的突出问题

我国从中央到地方出台的多项集聚外国人才的政策措施，为外国人才营造了宽松便捷、积极开放的出入境和停居留环境。与此同时，我国的外国人才队伍建设也存在一些亟待改进的问题。

一、来华工作外国人数量依然有限，整体层次不高

近年来，随着我国经济社会发展水平的提高和外国人才引进工作的持续推进，我国对外国人才的吸引力逐渐提升。但是从整体来看，我国引进的外国人才数量依然有限，总体层次水平有待进一步提升，难以完全满足经济社会发展的需求。

根据第七次全国人口普查结果，居住在我国 31 个省份并接受登记的外籍人员共 845697 人，主要集中在广东、云南、上海、北京、江苏、浙江等地，来华主要目的为就业、定居和学习，占我国总人口的 0.06%。根据联合国相关数据，2019 年，世界移民占总人口比例平均水平为 3.5%，同年美国的移民占总人口的比例为 13.7%，因此我国仍是世界上移民人口占比最低的国家之一（United Nations，2019）。而根据经合组织数据，2019 年，移民到经合组织国家的中国人比上年增加了 8%，达到 466000人。这一群体中约有 28% 移民到日本，16% 移民到英国，13% 移民到美国。而 2020 年，在中国的全部外国居民仅为 463405 人。2019 年美国的4490 万移民人口中，来自中国的移民占 5%，达到 200 万余人（OECD，2022）。由此可见，我国出国移民的数量远远高于来华外国人数量。

根据联合国经社理事会发布的 2019 年全球国际移民数据，2019 年，在华外籍人员的年龄中位数为 35.3 岁（United Nations，2019），以青年人为主。从第七次全国人口普查数据来看，在华外籍人员中，大专以下学历人数占总移民人口的比例为 67%，本科学历占比为 20%，研究生占比仅为 9%。2019～2020 年，在我国新增来华工作外国人中，A 类、B 类、C类人才占比分别为 13.53%、76.22% 和 10.25%，A 类外国高端人才的占比依然不高。从 2017 年北京、上海、广州新增的来华工作外国人覆盖行业来看，主要集中于批发和零售业、租赁和商务服务业、教育业和制造业，高端人才紧缺的信息技术业、科研和技术服务业等行业引进的外国人才规模很小。[①] 根据第七次人口普查数据，我国外籍人口来源最多的地区为亚洲，占在华外国人总数的 76.6%，其中缅甸籍人口为 35.12 万人，占在华外国人总数的 41.5%，来自发展中国家的外国人占在华外国人总数的

---

① 数据来源于相关省市。

70% 以上（国家统计局，2020e）。这些数据在一定程度上说明，来华工作、定居的外国人整体层次依然不高，高端外国人才依然紧缺。

二、外国人才引进市场化渠道不畅，人才评价机制亟须完善

1. 引进外国人才的市场化渠道不畅

我国的外国人才引进工作长期由政府实施的各种人才计划主导，各级、各地、各部门政府机构制定实施了大量的引才政策和工程，对引才的各个环节具体工作亲力亲为。相比而言，用人主体、中介机构和社会组织的参与度较低。

在外国人才引进初期，为了加强人才引进力度，政府部门直接从事引才活动，快速推动了引才工作，在短期内取得显著成效。但是，行政主导引才，量化考核，渠道单一，方式单调，针对性不强，远离人才需求主体，对人才需求了解不够，难以引进用人单位真正需要的人才。同时，政府部门直接参与具体引才活动，受到自身职能和编制限制，投入的人力和时间有限，政府引才的能力总体不足。

当外国人才市场被激活后，如果政府依然直接参与引才活动，财政直接投入，对市场力量形成不公，制约中介机构参与的积极性，用人单位也难以通过市场引进适合的人才，这样就对市场形成挤压，政府存在"越位"现象。政府部门直接参与人才引进活动，各地区各部门之间产生无序竞争。有些人才多头联系、待价而沽，推高引才成本；形成了人才市场中的行政壁垒、地区封锁、市场分割；同时政府无意或无力查处违反市场秩序、公平竞争的行为，缺乏对市场主体行为的规范，忽视了对市场的监管职责，存在"缺位"现象。

2. 来华外国人评价机制亟须健全完善

外国人才引进过程中的评价环节至关重要，然而我国在外国人才实际评价工作中仍然存在筛选困难的问题，在评价内容、标准、方式方面均存在若干突出问题，导致一些实际引进的外国人才与国家、地区和用人主体之间的供求匹配度不高，引进"高精尖缺"的需求导向难以落到实处。

从评价内容看，缺乏科学全面的评价指标体系，目前主要以外国人才过往的学历和资历为主要评价内容，对外国人才的实际业绩重视不够，没有通过建立业绩信息采集、同行评价等制度将业绩客观有效地转化为科学

的评价指标，也没有涉及工资水平、税收情况、雇主认可情况等综合工作实际方面的内容，不能够全面反映出外国人才来华后的综合表现。

从评价标准来看，一些省市实施了技术移民积分评估制度试点，旨在根据国内经济发展和劳动力市场的需求，设置合适的积分项和权重，有针对性地筛选出符合需要的高层次外国人才。但从当前各地永久居留积分评估试点看，积分方案中的积分项和权重的设置过于笼统，与各地主导产业契合度不高，针对性不强，很少有地区从职业或专业上制定"高精尖缺"人才的具体要求和评估标准。

从评价方式来看，我国的外国人才评价多是由政府组织和引导，少有专业人士、外国评委参与，并未严格实施同行评议，人才评价方式的专业化和国际化程度较低。同时，由于政府过度介入，市场主体参与空间被挤占，其选材鉴才活力无法充分释放。

美、英、加、澳、新等较发达国家在引进外国人才方面都建立起了较为成熟的职业清单制度、劳动力市场测试制度等，确保所引进人才为本国所亟须。在职业清单制度方面，美国《联邦法规》规定了豁免劳动力市场测试的"A清单"（Schedule A）职业，即经过劳工部调查并没有美国人能够从事的职业，包括理疗师和专业护士、科学家、艺术家和表演艺术家等（柳学智、熊缨等，2015）。加拿大在《移民及难民保护法》中规定，对于赴加拿大从事技工的人员，其职业必须是《国家职业分类》中的技术水平B类中所列出的部分职业。在疫情之后，加拿大在2020年5月向从事基础职业的外国技能工人开放了新的永久居留临时通道，并在2021年更新了技术移民短缺职业清单，使更多的职业免于接受劳动力市场测试。澳大利亚在2020年9月面向关键技能人才，对优先移民技能职业清单（PMSOL）进行了更新，增加了电子工程师、石油工程师、软件应用程序员、信息技术安全师等职业，清单上职业相关的雇主担保提名和签证申请将得到优先处理（Australian Government，2022）。

劳动力市场测试制度方面，各国基本要求雇主在政府劳工部门登记职位空缺，并在全国性和所在城市的报纸、互联网或者当地语言的报刊上刊登招聘广告，规定拟招聘人员资格和条件的要求不低于本国政府规定的工作标准。如果在一定期限内不能在本国招聘到合适的人选，该空缺则可以用来招聘外国移民或者是雇主就可得到许可从国外招聘人员。部分国家还要评估雇主提供给移民的工作条件是否合理，是否与国内工人同种职位的条件相一致，同时要确保给外国人付出的工资与当前这一地区相同职业的本国人员工资水平大致相当（柳学智、熊缨等，2015）。

三、外国人才管理制度建设有待完善

1. 技术移民制度建设滞后

我国长期以制定政策和实施过程为外国人才引进的主要方式，国家授权一些发达或典型地区在点上先行先试，逐步推广可复制的政策措施。近年来，我国成立了国家移民管理局、发布《外国人永久居留管理条例（征求意见稿）》公开征求意见等，以期进一步完善移民体系，吸纳更多国际优秀人才。但是总体上技术移民的制度建设仍然滞后，未能取得长足发展，尚未形成健全的技术移民制度、坚实的法治保障和有力的长效机制。

此外，我国目前外国人来华工作及永久居留的申请和审批的程序还不够明确、优化和便捷。根据中国国际人才交流与开发研究会于 2019 年对全国范围内 551 位在华就业的外国人的问卷调查，针对出入境和签证办理便利度问题，43.6% 的受访者表示不够便利，其中 12.9% 的人认为所需材料太多，10.8% 的人认为程序太耗时，9.7% 的人认为程序太复杂，5.9% 的人认为程序/说明不够清楚。永久居留证的申请程序尤其冗长复杂，且无法预知签发时间。根据相关规定，外国人永久居留证规定 90 天办结，但是在一些省市，实际流程办理结束至少需要半年的时间。这些问题导致政府和用人单位引才效率不高，外国人才的融入体验欠佳。一些外国人才表示，由于申请永久居留证的时间过长、手续烦琐，故有时会在此过程中决定放弃申请。

2. 外国人来华工作各主管部门协同性不足

我国的外国人来华工作的相关工作主要由科技部门（外国专家局）和公安部门组织开展，组织部门、人社部门等多个部门同时参与外国人才引进、管理和服务工作，部门间在一定程度上存在缺乏统筹协调、权限不清、分工不明、交叉办公的现象。部门协同性的缺乏，导致了外国人来华工作和居留相关程序办理烦琐、过程冗长，也导致了上级政策落实不到位，部门之间信息难以共享共用等问题。来华工作外国人的相关信息难以完全掌握，相关权益难以保障（柳学智，2018）。

3. 外国人才引进主体的法律责任不够明确

目前《外国人来华工作许可服务指南（暂行）》，各地《外籍高层次人才认定办法》等都对用人单位需承担的责任义务有所规定，包括确保所聘用外国人才认定材料和工作许可证办理材料真实性的责任、确保岗位需求真实性的责任、保障所聘用外国人劳动权利的责任等。

但是一直以来，无论是工作许可的办理，还是工作签证和居留许可的办理，目前都缺少用人单位责任义务相关的法律法规或其他规范化制度工具，明确用人单位获得聘雇外国人才资格的标准条件，细化用人单位在聘雇外国人才的责任义务和罚则。例如，对于未提供真实的《外国人来华工作许可证》及签证、居留许可申请材料，或对岗位需求造假等情况，用人单位应承担怎样的具体责任，接受何种惩罚，应由哪一部门来具体进行监管和执法等，并没有相关的法律规定。

政府主管部门目前也没有建立起用人单位责任义务履行情况监督管理的体系，外国人在华工作许可的受理审批机构仅负责对提交的材料进行审核并发放相关证件，对各用人单位聘雇外国人员的具体情况和后续管理情况，不能做到及时有效地监管、统计和分析。

澳大利亚、新西兰和英国等国家都对聘雇外国人工作的雇主的权利和义务作出了明确的规定。一些国家对雇主提出了一些关于聘用技术移民以及管理海外工人能力的要求和标准，雇主只有达到这些要求之后才能取得担保资格。雇主除了被要求履行担保责任之外，还被要求遵守有关就业及移民的法律。各国对违反相关规定的雇主，也明确规定实施惩罚，同时也加强对不法行为的监察，防止雇主滥用担保权利（柳学智、熊缨等，2015）。例如《美国联邦法规》中详细阐释了职业类永久居留签证申请中雇主担保的流程，介绍了雇主应提供的材料、遵循的流程以及豁免雇主担保的条件。《英国移民条例》的附录 A 中规定了 2 类（即工作类）签证的申请者必须先获得雇主担保证明后，才有资格申请签证。另外还在附录中以操作准则的形式详细地介绍了雇主担保的流程、法律责任、适用范围及相关的惩罚措施（柳学智、熊缨等，2015）。

4. 外国人来华工作管理体系信息化建设不足

总体来看，我国的外国人来华工作信息技术开发工作推进迟缓。要实现真正的全流程信息实时共享，还存在着不少困难和问题。由于各地、各级部门的信息公开渠道不同，暂时没有建立起相对统一的信息化平台或互联互通的系统，无法实现上下游流程信息数据的实时共享，依然会出现办理服务时材料重复提交、信息填写标准不统一、信息真实性难以保证、审批流程长等问题。

这些问题一方面影响了外国人才服务办理的便利程度，使外国人才不能及时获得人才优惠政策信息，影响其来华工作、居留的积极性，另一方面也会造成外国人来华工作管理方面的问题，例如同时享受多地优惠政策、学历资历造假、信息统计困难等。此外，由于外国人才信息不能共享、外国人才引进缺乏统一平台，各地区、各部门、各用人单位仅能在各自的领域内评价、选拔、引进外国人才，真正需要的人才难以脱颖而出（柳学智，2018）。

第四节　外国人才队伍建设的政策建议

中央人才工作会议提出要坚持聚天下英才而用之，必须实行更加积极、更加开放、更加有效的人才引进政策，用好全球创新资源，精准引进急需紧缺人才。建议从以下五个方面着手，完善外国人才引进和管理的相关制度与政策，从而建设具有吸引力和国际竞争力的人才制度体系，实现建设世界重要人才中心和创新高地的目标。

一、聚焦重点领域，落实人才引进的"高精尖缺"导向

一是探索制定紧缺外国人才清单制度。各地科技部门、人力资源主管部门应基于人力资源市场、教育及培训、经济和人口相关数据，结合"四个面向"的要求、各自产业发展方向及外国人才的结构情况，以及短期和中长期的需求程度，制定紧缺外国人才清单以及具体的实施规定或办法，让用人单位和外国人才都能够明确详细的需求情况，为工作许可发放与核准部门提供准确的参考标准，从而更高效、更精准地引进外国人才。同时根据人力资源市场的供需变化、产业最新定位和产业布局的实际情况，每半年或一年对清单进行审查和更新。

二是健全完善外国人才评价体系。外国人才的评价应通过其在华工作情况、工作实绩、专家评价等进行综合评定。应整合外国人来华工作相关

的政府管理服务信息，以外国人来华工作为主线，采集外国人来华工作许可、签证、出入境、居留、税收等相关信息，全面准确了解外国人来华工作基本情况。同时，通过追踪外国人才连续多年在相同或不同工作岗位和工作单位的成绩，为实绩评估提供翔实的资料信息。此外，要建立外国人才评价的同行评估制度，通过分类别有针对性地建立同行评价专家库，明确专家职责，定期或不定期地从专家库中抽取专家进行评估，确保评估客观公正，筛选出做出实绩的优秀人才。

二、围绕发展需求，拓宽人才引进市场化渠道

一是围绕产业用人需求发挥市场决定性作用。政府主管部门应大力吸引集聚国内外人才中介服务机构，与用人单位和人才中介服务机构合作，探索开拓市场化引才渠道，建立市场化的外国人才引进机制，提高人才引进的效率和效益。

可依托人力资源市场，定期组织举办外国人才专场招聘会等活动，并建立外国人才市场统计分析机制，对外国人才的求职信息和企业需求信息等数据进行统计，对外国人才的供需情况进行全面的分析，为建立更加高效完善的外国人才市场提供支撑。鼓励用人单位和人力资源服务机构、社会组织等各类市场主体引进和举荐外国人才，有关政府部门可以通过现有资金渠道，加大对人才服务业发展的支持力度，对于重点发展的人才服务领域，可以探索采取政府股权投入、建立产业基金等市场化方式，提高财政资金的使用效率。

二是大力拓展产学研深度融合的海外引智渠道。面向全球人才开放大型科研合作项目、学术交流项目、博士后流动站等，鼓励企业在海外设立全球性研发机构和研发中心，加强与其他各国科研机构人员、企业研发人员等之间的合作交流，通过项目柔性引进人才。围绕重要学科领域和创新方向设置专项基金、资助项目等，支持一流人才及团队自主选题设立探索性、前瞻性研发项目，建立科研容错机制，大力提升对国际一流人才的吸引力和凝聚力。

三是加强对外国人才市场的监管。着力打破外国人才市场中存在的地区封锁、市场分割等各种壁垒，纠正设置行政壁垒、分割市场、妨碍公平竞争的做法。清除阻碍人才流动的体制机制障碍，加大对违反市场秩序、

公平竞争等行为的查处力度，完善市场竞争机制，建立公平、公正的环境，促进外国人才市场有序发展。

三、对标国际规则，完善制度和保障支持

一是持续加强外国人才引进的制度支持。持续加强技术移民制度的法治化建设，建立与国际接轨的技术移民制度和人才延揽机制，注重短期工作、永久居留和入籍三个外国人才来华阶段制度之间的过渡和衔接，补充完善学生签证向工作签证转换的制度安排，进一步拓宽外国人才来华工作渠道，扩大外国人来华创新创业制度与永久居留许可制度的试点，并对其进行持续完善。

二是构建专业化人才服务体系。为引进人才提供科技研发、成果转化等深层次增值服务，打造适合人才长期发展的良好生态，更好地引留人才。进一步开发建设国际人才社区、国际人才港等国际人才聚集区，为引进人才及其家属提供创新创业、金融、住房、子女入学、医疗保障等便利化公共服务，营造良好的就业创业环境。

四、加强部门协同，建设技术移民全流程信息平台

一是充分发挥各主管部门协同机制作用。外国人才引进的各流程中涉及的主管部门较多，各部门间的协调配合将有效提升外国人才引进的效率和精准性。持续完善外国专家局、公安、人社等各相关主管部门之间的协同机制，在整合各部门相同和相似职责的基础上，以行政法规或部门规章明确划分各部门的职责边界，在简化办事流程的同时，提高管理质量和服务效率。

二是建议搭建技术移民全流程信息数据共享平台。通过共同搭建技术移民全流程信息数据共享平台，外国专家局、公安等各主管部门可以从中准确调取外国人才的个人信息以及其在华工作期间的收入、纳税、征信、用人单位等各项数据信息，为工作许可、签证、居留、永久居留资格的办理审批提供真实、客观、量化的依据，提高主管部门信息审核的效率和准确度。通过这一平台，工作许可办理、工作签证办理到永久居留申请等各流程之间能够联结互通、沟通衔接，减少外国人办理服务时材料的重复提

交问题，促进整体服务效能的提升，真正实现外国人才办理工作许可、签证、居留许可的"一站式"服务。有关部门也可以通过这一信息平台，实现对外国人才信息的实时、全面、准确分析，掌握市场需求，为未来的相关决策提供参考。

五、完善法治建设，明确用人单位主体责任

一是制定用人单位聘雇外国人才责任规章。用人单位是外国人才引进、开发和使用的重要主体，为了使引进的外国人才有效服务于产业发展，必须强化用人单位聘雇外国人才的主体地位、落实主体责任。通过建立用人单位责任制，规范用人单位在技术移民各环节中应承担的责任与行为，明确履行相关责任义务需要遵循的规则和流程。在细化用人单位责任义务的同时，制定针对未履行责任义务的用人单位的具体罚则，例如违反相关规定将取消用人单位的聘雇资格或罚款等民事处罚。有关部门要根据具体的法规，加强对用人单位责任义务履行情况的事中、事后监察和管理。

二是建立用人单位诚信信息管理系统。建议由外国专家局对用人单位的信息进行实时统计和分析，将相关违法行为记入企业诚信档案，定期发布诚信企业名单和虚假异常企业名单。对故意隐瞒真实情况、虚假担保办理有关事项的用人单位，依法给予行政处罚并追究责任，以此防止用人单位滥用其权利，确保用人单位责任制度的有效实施。

第 十 二 章

人才队伍规模和结构研究

人才是实现民族振兴、赢得国际竞争主动的战略性资源，是经济社会发展的第一资源，人才问题是关系党和国家事业发展的关键问题。

第一节 基本情况

党和国家历来高度重视人才队伍建设，改革开放以来，特别是党的十八大以来，我国人才队伍规模不断壮大，质量不断提升，结构不断优化，人才队伍建设取得重要成就。

一、总体情况

人才队伍总量持续上升，人才指标稳中向好。截至 2019 年年底，我国六支队伍人才资源总量已达 2.2 亿（习近平，2021），见表 12 - 1。2015 年以来，增速放缓，年均增速 4.0%。自 2010 年以来每万人口人才数从 907.2 人增至 1453.2 人，增长 60.2%，年均增长 6.3%。每万劳动力人才数从 1551.9 人增至 2594.3 人，增长 67.2%，年均增长 6.4%，见表 12 - 2。

表 12 - 1   2008 ~ 2019 年人才资源总量

指标	2008 年	2010 年	2015 年	2019 年
人才资源总量（万人）	11385.0	12165.4	17490.6	22000

资料来源：中共中央组织部（2012；2017）。

表 12 - 2　　　　　　　2010~2019 年每万人口和每万劳动力人才数

指标	2010 年	2015 年	2019 年
人才资源总量（万人）	12165.4	17490.6	20491.3
每万人口人才数（人）	907.2	1264.4	1453.2
每万劳动力人才数（人）	1551.9	2183.8	2594.3

资料来源：中共中央组织部（2012；2017）；国家统计局人口和就业统计司（2021）。

专业技术人才和高技能人才成为主力军。2010 年以来，专业技术人才和技能人才的比重占比最大，其次为企业经营管理人才、农村实用人才、党政人才、社会专业人才，见表 12 - 3。截至 2019 年，专业技术人才和高技能人才超过 1.2 亿，其中，专业技术人才 7839.8 万人，高技能人才突破 5000 万（人力资源和社会保障部，2020b），见图 12 - 1。

表 12 - 3　　　　　　　2010~2019 年各支队伍分布占比

人才队伍	2010 年	2015 年	2019 年
党政人才	5.3%	3.9%	—
企业经营管理人才	22.7%	23.2%	—
专业技术人才	42.2%	39.3%	35.6%
高技能人才	21.8%	24.1%	—
农村实用人才	8.0%	9.1%	—
社会专业人才	0%	0.4%	—

资料来源：中共中央组织部（2012；2017）；人力资源和社会保障部（2020a）。

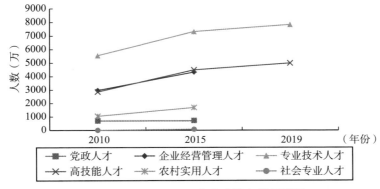

图 12 - 1　2010~2019 年各支队伍发展情况

资料来源：中共中央组织部（2012；2017）；人力资源和社会保障部（2020a）。

二、科技人才

习近平总书记在2021年两院院士大会、中国科协第十次全国代表大会上强调"我国要实现高水平科技自立自强，归根结底要靠高水平创新人才"。当今世界，新一轮科技革命和产业变革加速推进，科技创新成为国际战略博弈的主要战场，围绕科技制高点的竞争空前激烈，而科技竞争的实质是人才竞争。历史证明，谁拥有了一流创新人才、拥有了一流科学家，谁就能在科技创新中占据优势。我国要建设世界科技强国，关键是要建设一支规模宏大、结构合理、素质优良的创新人才队伍。

（一）科技人才总量

科技人才队伍规模不断扩大。1992～2021年，从67.43万人年，增至571.63万人年，见图12-2。

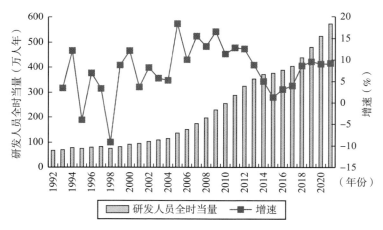

图12-2 1992～2021年我国研发人员全时当量与增速

资料来源：国家统计局社会科技和文化产业统计司、科学技术部战略规划司（2022）。

研究与试验发展（R&D）经费指全社会实际用于基础研究、应用研究和试验发展的经费支出。包括实际用于研究与试验发展活动的人员劳务费、原材料费、固定资产购建费、管理费及其他费用支出，是衡量一个国家科技投入的重要指标。2010～2019年，我国科研经费增长213.5%，增至22143.6亿元，年均增速13.5%。2010～2015年增速放缓，2015年后增速缓慢提升，见图 12 - 3。

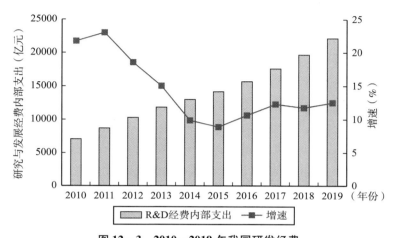

图 12 - 3　2010～2019 年我国研发经费

资料来源：国家统计局（2011；2012；2013；2014；2015；2016；2017；2018；2019；2020）。

国际上通常用科研经费投入强度（科研投入占 GDP 比重）来衡量一个经济体的创新指数。1995～2021 年，我国科研经费占 GDP 的比重从 1995 年的 0.57% 升至 2021 年的 2.43%，见图 12 - 4。

图 12 - 4　2010～2021 年我国研发经费占 GDP 的比重

资料来源：国家统计局（1996；1997；1998；1999；2000；2001；2002；2003；2004；2005；2006；2007；2008；2009；2010；2011；2012；2013；2014；2015；2016；2017；2018；2019；2020；2021；2022）。

（二）科技人才的质量结构

我国 R&D 人员投入强度持续增强。每万名就业人员中从事 R&D 活动人员从 2011 年的 37.7 人年升至 2019 年的 62.0 人年，增长 64.4%；每万名就业人员中从事 R&D 活动研究人员则从 2011 年的 17.2 人年升至 2019 年的 27.2 人年，增长 58.1%，见图 12 - 5。

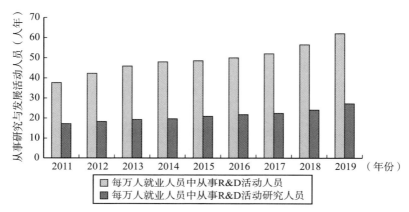

图 12 - 5　我国每万名就业人员中研发人员全时当量

资料来源：国家统计局（2012；2013；2014；2015；2016；2017；2018；2019；2020）。

科技人才队伍学历层次不断提高。2009～2019 年，本科及以上学历占比呈现增长趋势，截至 2019 年，本科及以上学历已达 63.6%，其中博士毕业占比 8.5%，硕士毕业占比 14.5%，见图 12 - 6。

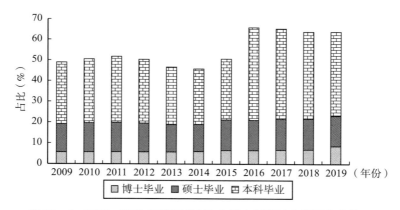

图 12 - 6　2009～2019 年我国 R&D 人员本科及以上学历分布情况

资料来源：国家统计局（2010；2011；2012；2013；2014；2015；2016；2017；2018；2019；2020）。

R&D 研究人员占 R&D 人员的比重呈下降趋势。截至 2019 年，R&D 研究人员占 R&D 人员的比重为 43.9%，见图 12 - 7。

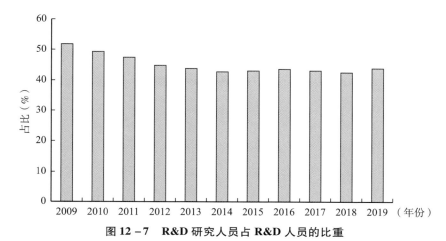

图 12 - 7 R&D 研究人员占 R&D 人员的比重

资料来源：国家统计局（2010；2011；2012；2013；2014；2015；2016；2017；2018；2019；2020）。

科技人才以试验发展研究为主，应用研究和基础研究其次。2010 ~ 2014 年，基础研究和应用研究的 R&D 人员全时当量呈现下降趋势。从 2015 年，基础研究 R&D 人员全时当量呈现上升趋势，见图 12 - 8。

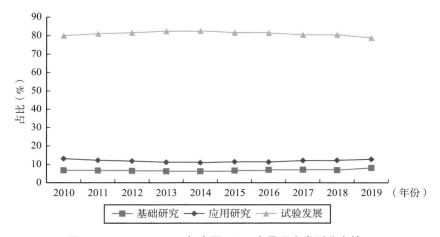

图 12 - 8 2010 ~ 2019 年我国 R&D 人员研究类型分布情况

资料来源：国家统计局（2011；2012；2013；2014；2015；2016；2017；2018；2019；2020）。

2010~2019 年，我国基础科研经费占比逐渐增高，试验发展科研经费占比呈现先上升后下降的趋势，应用研究科研经费占比呈现先下降后回升的趋势。截至 2019 年年底，试验发展经费占比 82.7%，应用研究经费占比 11.3%，基础研究经费占比 6.0%，见图 12-9。

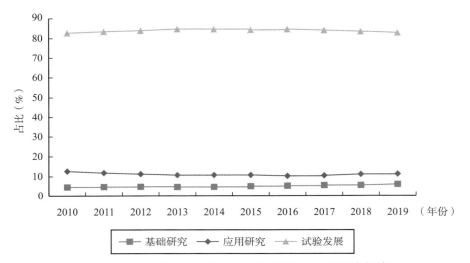

图 12-9 2010~2019 年我国 R&D 经费内部支出结构变化情况

资料来源：国家统计局（2011；2012；2013；2014；2015；2016；2017；2018；2019；2020）。

三、专业技术人才

专业技术人才是先进生产力的代表，是推动科技、经济、社会发展的主体力量（薛惠英，2008）。专业技术人才的统计范围包括我国境内各类企业、事业单位、机关及民办非企业单位中从事专业技术工作人员（中共中央组织部，2015）。

专业技术人才规模不断扩大。截至 2019 年年底，我国专业技术人才 7839.8 万人，占人才总量的 35.6%；专业技术人才占劳动力的比重从 7.1% 增至 9.7%。十年间，专业技术人才增长 41.2%；2015 年来，增速放缓，增长 511.7 万人，增长 7%，见表 12-4。

表 12 - 4　　　　　　　2010～2019 年专业技术人才数量

项目	2010 年	2015 年	2019 年
专业技术人才总数（万人）	5550.4	7328.1	7839.8
专业技术人才占人才总量（%）	42.2	39.3	35.6
专业技术人才占劳动力的比重（%）	7.1	9.1	9.7

资料来源：中共中央组织部（2012；2017）；孟祥夫（2021）。

专业技术人才学历层次逐渐提高。我国专业技术人员本科及以上学历从 2010 年的 35.9% 升至 2015 年的 44.1%，其中研究生学历占比达5.2%，见表 12 - 5。

表 12 - 5　　　　　　　2010～2015 年专业技术人才学历占比

学历层次占比（%）	2010 年	2015 年
研究生	3.6	5.2
大学本科	32.3	38.9
大学专科	32.7	31.8
中专及以下	31.4	24.1

资料来源：中共中央组织部（2012；2017）。

专业技术人才老龄化趋势加重。2010～2015 年，51 岁以上人员占比不断上升，从 2010 年的 10.1% 升至 2015 年的 10.5%，见表 12 - 6。

表 12 - 6　　　　　　　2010～2019 年专业技术人才年龄分布情况

年龄占比（%）	2010 年	2015 年
35 岁及以下	43.0	40.9
36～40 岁	20.4	21.0
41～45 岁	15.5	16.7
46～50 岁	11.1	11.0
51～54 岁	5.9	6.7
55 岁及以上	4.2	3.8

资料来源：中共中央组织部（2012；2017）。

专业技术人员职称结构不断优化。2010～2015 年，高级专业技术职务比重不断上升。截至 2015 年，我国高中初级职称（职务）比例为 1：3：4，详见表 12 - 7。

表 12 - 7　　　　2010～2015 年专业技术人才职称分布情况

专业技术职称（%）	2010 年	2015 年
正高级专业技术职称（职务）	2.1	2.7
副高级专业技术职称（职务）	6.9	7.6
中级专业技术职称（职务）	29.9	30.1
初级专业技术职称（职务）	43.3	42.9
其他人员	17.8	16.7

资料来源：中共中央组织部（2012；2017）。

非公有制经济领域专业技术人员成长为主力。截至 2015 年，非公有制经济领域专业技术人员占比达 52.2%，见表 12 - 8。

表 12 - 8　　　　2010～2015 年专业技术人才经济类型分布情况

经济类型（%）	2010 年	2015 年
公有制经济领域	58.2	47.8
非公有制经济领域	41.8	52.2

资料来源：中共中央组织部（2012；2017）。

专业技术人员以教育、制造、建筑等行业为主。2010～2015 年，教育、制造、建筑行业的占比从 54.2% 降至 52.2%，分布格局基本不变，见表 12 - 9。

表 12 - 9　　　　2010～2015 年专业技术人才行业分布情况

行业占比（%）	2010 年	2015 年
教育	24.2	20.7
制造业	19.3	20.3

续表

行业占比（%）	2010 年	2015 年
建筑业	10.8	11.1
卫生、社会保障和社会福利业	8.3	7.1
批发与零售业	5.3	7.1
科学研究、技术服务与地质勘察业	3.6	4.2
租赁与商务服务业	2.3	2.9
信息传输、计算机服务和软件业	2.5	3.4
金融业	3.8	3.7
交通运输、仓储和邮政业	3.0	2.9
公共管理和社会组织	2.9	3.8
农、林、牧、渔业	3.3	2.8
房地产业	2.0	2.5
文化体育和娱乐业	1.6	1.4
采矿业	2.2	1.9
电力、燃气、水的生产和供应业	1.5	1.3
水利、环境和公共设施管理业	1.5	1.2
居民服务和其他服务业	1.0	0.8
住宿和餐饮业	0.9	0.7
国际组织		0.0

资料来源：中共中央组织部（2012；2017）。

新时期以来，我国在推进专业技术人才队伍发展方面出台了多项措施。

一是从方向上定位。人社部出台《专业技术人才队伍建设中长期规划（2010—2020 年）》，总结成效，提出问题，指明方向。

二是推进职称制度改革，在制度体系、评价标准、评价方式、管理服务等方面重点突破。健全制度体系，在保持原有职称系列保持总体稳定的基础上，整合优化部分职称系列，完成了 27 个职称系列改革。将改革前 11 个没有设置正高级的职称系列均设置到正高级，五年共新增高级职称 200 万人，其中正高级职称 18.8 万人，有效增加了我国高层次人才供给；

完善评价标准，坚持把品德放在首位，进一步破除"四唯"倾向，不唯学历看能力，不数年头论业绩；创新评价机制，针对不同岗位人才，实行分类评价，对特殊人才实行特殊评价、建立绿色通道，尤其是互联网领域的人才，不少是奇才、怪才，针对特殊人才制定特殊政策，不搞论资排辈，建立职称评审绿色通道，对艰苦边远地区和基层一线人才实行"定向评价，定向使用"，共有 3.5 万人通过"双定向"获得高级职称，极大地调动了基层专业技术人才积极性；拓展评审范围，通过改革，进一步打破户籍、地域、身份、档案等制约，扩大职称评价人员范围，畅通各类人才职称申报渠道。通过加强民营企业职称评审工作，扫清民营企业人才参加职称评审的隐性门槛。近年来，民营企业专业技术人才增量达到 514 万人，贯通高技能人才与专业技术人才职业发展通道，已有 1 万余名高技能人才取得职称，初步实现应通尽通、能通尽通；科学界定、合理下放评审权限，同时，出台职称评审管理暂行规定，加强职称评审事中事后监管。

三是持续开展激励表彰工作。2021 年，召开第六届全国杰出专业技术人才表彰会。

四是实施专业技术人才知识更新工程为龙头，全面提升专业技术人才的能力素质。2021 年，人社部、财政部等六部门发布《专业技术人才知识更新工程实施方案》，在高级研修项目、专业技术人员能力提升项目、数字技术工程师培育项目等重点领域提升专业技术素质。加强专业技术人才继续教育制度建设，推进公共服务，创新内容形式，建设面向全体专业技术人才的继续教育工作体系。

五是以构建国家高级专家培养选拔体系为核心，加强高层次创新型专业技术人才队伍建设。研究制订改进完善政府特殊津贴制度方案，严格选拔条件，改进评选办法，规范津贴标准，强化考核激励，实行动态管理。实施百千万人才工程，制订不同层次、不同类别、不同地区人才培养计划，举办百千万人才工程国家级人选高级研修班，继续开展国外培训活动。依托国家重大人才培养计划、重大科研和重大工程项目，造就一批战略科学家、从事基础性公益性研究的拔尖人才、杰出工程技术专家、科研管理专家、宣传思想文化高级专家等领军人才；围绕国家中长期科技发展规划和产业发展振兴规划，大力培养经济社会发展重点领域高层次急需紧缺人才；创新产学研结合的人才培养机制，推进专业学位教育与职业资格制度有效衔接；探索建立高层次人才研修制度、科研助手制度、师承制度等人才培养制度，推行技术挂职、访问学者、特殊培养等工作锻炼与业务培训相结合的人才培养方式，为高层次人才不断提高学术水平提供支持。

六是以"万名专家服务基层行动计划"为平台，加强基层专业技术人才队伍建设。实施万名专家服务基层行动计划，动员和组织专家到县乡农村、城镇社区、中小企业等基层一线，转化科技成果，推广实用技术，解决技术难题，普及科学知识，培养基层人才，提供公共服务，培育壮大农村生产经营主体和中小企业，培养基层创业创新和实用人才，带动大学生、农民工就业和城镇职工就业再就业。制定专家下基层选派范围、渠道、方式、待遇、评价、保障、激励等政策措施，充分调动中央、地方（部门）、单位、基层各方面的积极性、主动性和创造性，建立完善协调联动的运行机制。

四、技能人才

技能人才是劳动力中掌握专业技能的人员，高技能人才是技能人才中具有较高技能的高层次人才，是传统人才队伍的一部分。数量众多的技能人才尽管未被纳入人才分类之中，但在新时代应当是我国人才队伍中不可或缺的重要组成部分。2010～2019 年，技能人才在规模、结构、制度建设方面都有了较大的进步。

技能人才队伍规模不断扩大。2010～2019 年，技能人才总数从 1.12 亿人增长到了 2019 年的 2 亿人。技能人才占就业人员的比重从 14.7% 升至 2019 年的 27.5%，见表 12－10。

表 12－10　　　　　2010～2019 年技能人才数量变化

项目	2010 年	2015 年	2019 年
技能人才（万人）	11206	16493	20751
就业人员（万人）	76105	76320	75447
技能人才占就业人员的比重（%）	14.7	21.6	27.5

资料来源：中共中央组织部（2012；2017）；国家统计局人口和就业统计司（2021）。

技能人才队伍结构持续优化。从结构上看，我国高技能人才占技能人才的比重不断上升，从2010年的25.6%上升到2019年的27.8%。尽管如此，技能人才的结构仍以初、中级技能人才为主，见图12-10。

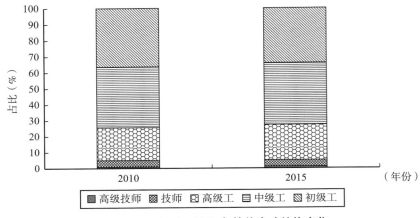

图 12-10 2010～2015 年技能人才结构变化

资料来源：中共中央组织部（2012；2017）。

新时期以来，我国出台了多项政策，全面加强技能人才培养、评价、选拔、使用、激励等工作，推动技能人才工作取得新的突破。

一是从顶层设计上谋篇布局，2018年，人社部发布《技能人才队伍建设实施方案（2018—2020年）》，明确技能人才队伍建设工作的目标任务、基本原则、重点举措和政策措施。

二是大力发展技工教育。2021年，人力资源和社会保障部、国家发展改革委、财政部印发《关于深化技工院校改革大力发展技工教育的意见》，人社部发布《技工教育"十四五"规划》，完善技工教育发展政策措施，加强一流技工院校建设，深化校企合作，全面开展一体化课程教学改革，加强专业建设和教材建设，加强师资队伍建设。

三是大规模开展职业技能培训。推行终身职业技能培训制度，2018年，国务院发布《关于推行终身职业技能培训制度的意见》，明确指出"终身职业技能培训体系"建设的3个主要形式、4个主要载体及8类重点培训群体；全面推行企业新型学徒制，2018年，人社部、财政部印发《关于全面推行企业新型学徒制的意见》，2021年，人社部、财政部、国务院国资委、中华全国总工会、全国工商联共同印发《关于全面推行中国特色企业新型学徒制加强技能人才培养的指导意见》；持续开展高校毕业生、新生代农民工、失业人员和转岗职工等重点培训行动计划，创新职业培训模式，实施重点培训项目。

四是推动职业技能竞赛发展。完善职业技能竞赛制度，做好世界技能大赛参赛及筹办工作，创新开展技能竞赛。举办"一带一路"国际技能大赛。举办第一届全国职业技能大赛，打造"技能全运会"。围绕重大战略、重大工程、重大项目、重点产业，每年组织中国技能大赛国家级一类大赛10 项左右，国家级二类竞赛 50 项左右，指导各地、各行业企业积极开展各级各类竞赛活动。

五是加大技能扶贫工作力度。深入实施技能脱贫千校行动，使有就读技工院校意愿的贫困家庭子女都能免费接受技工教育。

六是深化技能人才评价制度改革。改革完善技能人才评价制度，建立职业技能等级制度，2019 年，人社部颁发《关于改革完善技能人才评价制度的意见》，提出由用人单位和社会培训评价组织按照有关规定开展职业技能等级认定，截至目前，全国已有 3700 余家企业、近 900 家社会培训评价组织完成职业技能等级认定备案，百余万技能劳动者经认定合格后取得职业技能等级证书；加强职业标准和新职业开发，贯通高技能人才与工程技术人才职业发展，2018 年，人社部印发《关于在工程技术领域实现高技能人才与工程技术人才职业发展贯通的意见》，支持工程技术领域高技能人才参评工程系列专业技术职称，鼓励专业技术人才参加职业技能评价，2021 年，人社部印发《关于进一步加强高技能人才与专业技术人才职业发展贯通的实施意见》，将两类人才职业发展贯通领域从单一工程系列扩大为工程、农业、工艺美术、文物博物、实验技术、艺术、体育、技工院校教师等系列。

七是加强技能人才激励保障。提高技术工人待遇，2018 年，中共中央办公厅国务院办公厅印发《关于提高技术工人待遇的意见》，2021 年，人社部出台《技能人才薪酬分配指引》，引导企业建立健全体现技能价值激励导向的薪酬分配制度；加强高技能人才表彰工作，人社部分别于 2019 年和 2021 年召开第十四、十五届高技能人才表彰大会，充分肯定高技能人才作出的突出贡献，倡导尊重人才的良好氛围；持续开展高技能领军人才休疗养、研修等活动。

我国传统的人才统计经历了从"三支队伍"（党政人才、企业经营管理人才和专业技术人才）到"三支两类"（增加高技能人才和农村实用人才），再到六支队伍的过程，现包括党政人才、企业经营管理人才、专业技术人才、高技能人才、农村实用人才、社会工作人才。

高技能人才是技能人才中的最高层次，是技能人才中的核心群体。主要指生产领域的高级技师、技师以及服务领域具有相应职级的人员。高级技师是指"具有较高的本专业（工种）的理论知识和高超、精湛技艺及综合操作技能"的人员（张元，2004）。

高技能人才快速增长。十年间，高技能人才增长了将近3000万人。截至2019年，高技能人才占技能人才的27.8%，见表12-11。

表 12-11　　　　　2010~2015 年高技能人才情况

项目	2010 年	2015 年	2019 年
高技能人才总数（万人）	2863.3	4501.0	5000
技能人才总数（万人）	11206.2	16492.7	20000
高技能人才占技能人才的比重（%）	25.6	27.3	27.8

资料来源：中共中央组织部（2012；2017）；人力资源和社会保障部（2020a）。

高技能人才职业资格结构不断优化。截至2015年，国家职业资格三级证书（高级工）占比达到八成，二级证书（技师）占比14.5%，一级证书（高级技师）占比4.3%，见表12-12。

表 12-12　　　　　2010~2015 年高技能人才技能水平分布情况

技能水平占比（%）	2010 年	2015 年
国家职业资格一级证书（高级技师）	3.6	4.3
国家职业资格二级证书（技师）	16.1	14.5
国家职业资格三级证书（高级工）	80.3	81.2

资料来源：中共中央组织部（2012；2017）。

我国针对高技能人才出台了多项政策措施，促进高技能人才快速发展。

一是加强顶层谋划。2006 年，中共中央办公厅、国务院办公厅印发《关于进一步加强高技能人才工作的意见》，2011 年，中组部，人社部联合发布《高技能人才队伍建设中长期规划（2010—2020 年）》，2018 年，人社部印发《技能人才队伍建设实施方案（2018—2020 年）》，高屋建瓴，促进高技能人才顶层设计的完善。

二是开展激励表彰工作。2008 年，中组部、中宣部等部委发布《关于高技能人才享受国务院颁发政府特殊津贴的意见》，将高技能人才纳入国务院政府特殊津贴的范围；相继举办中国高技能人才楷模先进事迹活动、高技能人才评选表彰活动。

三是推动技能技术人才贯通。2018 年的《关于在工程技术领域实现高技能人才与工程技术人才职业发展贯通的意见（试行）》和 2020 年的《关于进一步加强高技能人才与专业技术人才职业发展贯通的实施意见》，从制度层面打通了职业发展的通道。

五、企业经营管理人才

企业经营管理人才的统计范围为我国境内各类企业中从事经营管理工作的人员，以及各类民办非企业单位中的经营管理人员。（中共中央组织部，2015）

企业经营管理人才总量快速增长。2010 ~ 2015 年，企业经营管理人才增长 1354.3 万人，增长 45.4%，年均增速 7.8%，见表 12 – 13。

表 12 – 13　　　　　2010 ~ 2015 年企业经营管理人才情况

项目	2010 年	2015 年
企业经营管理人才总数（万人）	2979.8	4334.1

资料来源：中共中央组织部（2012；2017）。

企业经营管理人才学历不断提高。2010 ~ 2015 年，企业经营管理人才本科及以上学历从 25.8% 升至 35.2%，见表 12 – 14。

表 12 – 14　　　　　2010～2015 年企业经营管理人才学历分布情况

学历占比（%）	2010 年	2015 年
研究生	2.5	3.6
大学本科	23.3	31.6
大学专科	30.6	33.1
中专及以下	43.6	31.7

资料来源：中共中央组织部（2012；2017）。

企业经营管理人才老龄化加重。2010～2015 年，企业经营管理人才年龄结构趋向老龄化。中青年（50 岁及以下）占比从 2010 年的 90.0%下降至 2015 年的 88.9%，见表 12 – 15。

表 12 – 15　　　　　2010～2015 年企业经营管理人才年龄分布情况

年龄占比（%）	2010 年	2015 年
35 岁及以下	38.9	33.5
36～40 岁	22.3	24.0
41～45 岁	17.4	19.7
46～50 岁	11.4	11.7
51～54 岁	5.4	6.6
55 岁及以上	4.7	4.6

资料来源：中共中央组织部（2012；2017）。

非公有制经济领域企业管理人才占比最大。2010～2015 年，非公有制经济领域企业管理人才占比不断上升。截至 2015 年，公有制经济领域企业管理人才占比 14%，非公有制经济领域企业管理人才占比 86%，见表 12 – 16。

表 12 – 16　　　　　2010～2015 年企业经营管理人才经济类型分布情况

经济类型占比（%）	2010 年	2015 年
公有制经济领域	17.9	14.0
非公有制经济领域	82.1	86.0

资料来源：中共中央组织部（2012；2017）。

企业管理人才主要集中在制造业、批发与零售业、建筑业。2010～2015 年，企业管理人才中，制造业人才的占比不断下降，批发与零售业人才的比重逐渐上升。截至 2015 年，企业管理人才主要集中在制造业、批发与零售业、建筑业，总占比 64.3%，见表 12－17。

表 12－17　　　　2010～2015 年企业经营管理人才行业分布情况

行业占比（%）	2010 年	2015 年
制造业	41.2	35.1
批发与零售业	15.6	18.3
建筑业	11.1	10.9
租赁与商务服务业	4.2	6.1
交通运输、仓储和邮政业	4.2	4.3
信息传输、计算机服务和软件业	2.4	2.7
科学研究、技术服务与地质勘察业	1.8	2.7
房地产	4.1	4.4
农、林、牧、渔业	2.0	2.4
金融业	2.4	2.1
住宿和餐饮业	2.5	2.1
教育	0.5	1.4
采矿业	3.6	2.6
居民服务和其他服务业	1.2	1.2
电力、燃气、水的生产和供应业	2.1	1.6
文化、体育和娱乐业	0.5	1.0
卫生、社会保障和社会福利业	0.2	0.6
水利、环境和公共设施管理业	0.4	0.5
公共管理和社会组织	0.1	0.1
国际组织	0.0	0.0

资料来源：中共中央组织部（2012；2017）。

企业经营管理人才队伍建设尤其是国有企业经营管理人才改革进入"深水区"。新时期以来，我国主要侧重于国有企业经营管理人才的体制改革。

一是完善国企经营管理人才选任机制。2009 年出台《中央企业领导人员管理暂行规定》，建设"政治素质好、经营业绩好、团结协作好、作风形象好"的领导班子，完善领导体制和健全选拔任用、考核评价和激励约束机制。

二是改革企业经营管理人才考核机制。2009 年出台《中央企业领导班子和领导人员综合考核评价办法（试行）》，坚持党管干部原则和德才兼备、以德为先的用人标准，把出资人认可、职工群众认可和市场认可结合起来，运用多维度测评、定量考核与定性评价相结合等方法，考核评价中央企业领导班子和领导人员。

三是推进国企薪酬制度改革。2015 年出台《关于深化国有企业改革的指导意见》，调整国企负责人薪酬结构，同时对其薪酬水平限高。

六、农村实用人才

农村实用人才是广大农民的优秀代表，是我国人才队伍的重要组成部分。

农村实用人才总量不断扩大。2010 ~ 2019 年，农村实用人才总数从 2010 年的 1049 万增至 2019 年的 2254 万，增长 114.9%，年均增速达 8.9%，见表 12 – 18。

表 12 – 18　　　　　　　　2010 ~ 2015 年农村实用人才情况

项目	2010 年	2015 年	2019 年
农村实用人才总数（万人）	1048.6	1692.3	2254

资料来源：中共中央组织部（2012；2017）；张曦文（2020）。

农村实用人才学历层次不断优化，但仍以初中学历为主。2010 ~ 2015 年，高中及以上学历占比由 2010 年的 26.0% 升至 2015 年的 31.1%。截至 2015 年，该人才队伍仍以初中学历为主，占比 57.1%，见表 12 – 19。

表 12-19　　　　　2010~2015 年农村实用人才学历分布情况

学历占比（%）	2010 年	2015 年
大专及以上	3.3	5.3
高中	22.7	25.8
初中	62.0	57.1
小学	11.3	10.4
未上过学	0.7	1.4

资料来源：中共中央组织部（2012；2017）。

农村实用人才年龄结构老龄化程度加深。51 岁以上占比从 2010 年的 22.6% 增长到 2015 年的 24.7%，见表 12-20。

表 12-20　　　　　2010~2015 年农村实用人才年龄分布情况

年龄占比（%）	2010 年	2015 年
35 岁及以下	18.8	17.0
36~40 岁	18.2	16.2
41~45 岁	21.5	21.2
46~50 岁	18.9	20.8
51~54 岁	10.7	12.8
55 岁及以上	11.9	11.9

资料来源：中共中央组织部（2012；2017）。

技能服务型人才增幅较大。2010~2015 年，生产型人员和经营型人员占比逐渐减少，见表 12-21。

表 12-21　　　　　2010~2015 年农村实用人才工作类型分布情况

工作类型占比（%）	2010 年	2015 年
生产型人员	38.4	36.4
经营型人员	30.3	20.6
技能服务型人员	9.8	18.1

续表

工作类型占比（%）	2010 年	2015 年
技能带动型人员	13.9	14.9
社会服务型人员	7.6	9.9

资料来源：中共中央组织部（2012；2017）。

农村实用人才纳入评价体系进展缓慢。数据显示，2010～2015 年，90% 左右的农村实用人才没有或未评定职称。大多数的农村实用人才未被纳入评价体系当中，见图 12 – 11。

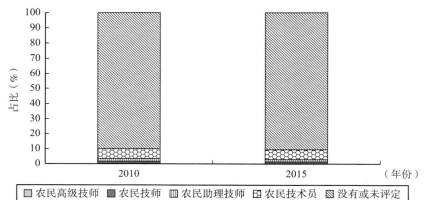

图 12 –11　2010～2015 年农村实用人才职称评定情况

资料来源：中共中央组织部（2012；2017）。

我国针对农村实用人才出台了一系列措施。

一是谋篇布局，2007 年，中共中央办公厅、国务院办公厅印发《关于加强农村实用人才队伍建设和农村人力资源开发的意见》，2011 年，中共中央组织部、农业部、人力资源和社会保障部等印发《农村实用人才和农业科技人才队伍建设中长期规划（2010—2020 年)》。

二是开展认定工作，2015 年，农业部发布《关于统筹开展新型职业农民和农村实用人才认定工作的通知》。

三是加强农村实用人才培训，从 2014 年开始，中组部、农业部每年下发当年度农村实用人才带头人培训计划，建立农村实用人才培训基地，推广宣传培训经验。

七、社会工作人才

社会工作人才为具备一定社会工作专业素质，在社会福利、社会救助、扶贫济困、慈善事业、社区建设、婚姻家庭、精神卫生、残障康复、教育辅导、就业援助、职业服务、犯罪预防、禁毒戒毒、矫治帮教、人口计生、应急处置等相关领域从事专门性社会服务的人员。

社会工作人才数量稳步增长。2015~2019 年，社会工作人才增至 157.3 万人（民政部，2021），增长 107.2%，年均增长 20.0%，见表 12-22。

表 12-22　　　　　　　　　2015~2019 年社会工作人才情况

项目	2015 年	2019 年
社会工作人才总数（万人）	75.9	157.3

资料来源：中共中央组织部（2012；2017）；民政部（2020）。

我国针对社会工作人才出台了一系列措施。

一是加强顶层设计。2011 年，中央组织部、中央政法委、民政部等 18 个部门和组织联合发布了《关于加强社会工作专业人才队伍建设的意见》，2012 年，中央组织部、中央政法委、民政部、人力资源和社会保障部等 19 个部门和群团组织联合发布了《社会工作专业人才队伍建设中长期规划（2011—2020 年）》，两个纲领性文件不再使用宽泛意义上的社会工作人才概念，而是定位于社会工作专业人才，在外延上从原来社会管理与服务领域缩窄到直接社会服务领域，同时通过组织实施社会工作知识普及工程，加大对广大社会管理人员和间接提供社会服务人员的社会工作专业培训力度，培养转化大量社会工作人才。

二是开展社会工作人才队伍试点。2007 年，民政部下发《民政部关于开展社会工作人才队伍建设试点工作的通知》（民政部，2007），在全国范围内确定了 75 个区（县、市）和 90 个单位开展社会工作人才队伍建设试点工作。从 2007 年开始，集中 2 年左右的时间，通过在社会福利、社会救助、社区建设、残障康复、优抚安置、社会公益类民间组织和家庭生活服务等领域进行试点，普及社会工作知识，储备社会工作人才，明确社会工作岗位，积累社会工作人才评价经验，为中央有关部门制定和完善社会工作人才队伍建设政策法规提供依据，为民政系统和民政范围全面推进社会工作人才队伍建设创造条件。2008 年，民政部发布《民政部关于开展社会工作人才队伍建设试点总结评估工作的通知》（民政部，2008），全面总结评估试点地区和单位在研究出台社会工作政策文件、开展社会工作教育培训、开发设置社会工作岗位、推进社区社会工作、促进民办社会工作服务机构发展等方面的做法和经验，总结、提炼、归纳、概括出社会工作人才队伍建设的不同工作模式，为启动社会工作人才队伍建设示范创建工作打下基础，为中央有关部门制定和完善社会工作人才队伍建设政策法规提供依据，为在全国全面推进社会工作人才队伍建设创造条件。2009 年，民政部发布《民政部关于开展社会工作人才队伍建设试点示范创建活动的通知》（民政部，2009），在2007 年以来开展的试点工作基础上，启动社会工作人才队伍建设试点示范创建活动。

三是在特定领域、地区推动社会工作人才建设。2014 年，共青团中央、中央综治委预防青少年违法犯罪专项组、中央综治办等印发《关于加强青少年事务社会工作专业人才队伍建设的意见》，召开了全国青少年事务社会工作专业人才队伍建设推进会，提出了建设目标和任务；2016 年，中华全国总工会、民政部、人力资源和社会保障部印发《关于加强工会社会工作专业人才队伍建设的指导意见》；2012 年中共中央组织部、民政部、教育部等印发《边远贫困地区，边疆民族地区和革命老区人才支持计划社会工作专业人才专项计划实施方案》；2017 年，民政部、教育部、财政部等印发《关于在农村留守儿童关爱保护中发挥社会工作专业人才作用的指导意见》。

八、党政人才

党政人才的统计范围为列入公务员法实施范围的中国共产党各级机关、各级人民代表大会及其常务委员会机关、各级行政机关、中国人民政治协商会议各级委员会机关、各级审判机关、各级检察机关各民主党派和工商联的各级机关的公务员试用期人员，以及参照公务员法管理的人民团

体和群众团体机关工作人员和试用期人员。（中共中央组织部，2015）

党政人才数量增速平稳。2010～2016 年，党政人才增长了 30.4 万人，增长 4.3%，年均增速 0.7%。其中公务员增长 29.6 万人，增长 4.3%；参照公务员法管理的群团机关工作人员增长 0.8 万人，增长 6.8%，见表 12－23。

表 12－23　　　　　　　　　2010～2016 年党政人才情况

项目	2010 年	2012 年	2014 年	2015 年	2016 年
党政人才总数（万人）	701.0	720.9	729.3	729.0	731.4
公务员（万人）	689.4	708.9	717.0	716.7	719.0
参照公务员法管理的群团机关工作人员（万人）	11.6	12.1	12.2	12.3	12.4

资料来源：中共中央组织部（2010；2014；2016；2017；2018）。

党政人才学历层次不断优化。2010～2016 年，本科及以上学历从 2010 年的 55.8% 升至 2016 年的 70.2%，其中研究生学历升至 7.4%，见表 12－24。

表 12－24　　　　　　　　　2010～2016 年党政人才学历分布情况

学历占比（%）	2010 年	2012 年	2014 年	2015 年	2016 年
研究生	4.4	5.5	6.5	6.9	7.4
大学本科	51.4	55.5	59.3	61.0	62.8
大学专科	35.5	32.2	29.1	27.7	26.1
中专及以下	8.8	6.8	5.1	4.4	3.8

资料来源：中共中央组织部（2010；2014；2016；2017；2018）。

党政人才年龄结构趋向老龄化。2010～2016 年，中青年（50 岁及以下）占比从 2010 年的 81.3% 下降到 2019 年的 74.4%，见表 12－25。

表 12 - 25　　　　　　2010～2016 年党政人才年龄分布情况

年龄占比（%）	2010 年	2012 年	2014 年	2015 年	2016 年
35 岁及以下	25.8	25.9	26.6	27.0	27.4
36～40 岁	17.6	16.3	14.2	13.5	12.7
41～45 岁	19.3	18.1	17.7	17.3	16.7
46～50 岁	18.6	21.2	19.0	18.1	17.6
51～54 岁	10.5	9.3	13.1	15.0	16.8
55 岁及以上	8.3	9.3	9.4	9.1	8.8

资料来源：中共中央组织部（2010；2014；2016；2017；2018）。

党政人才队伍的发展已趋于稳定。近年来，我国党政人才的改革主要集中在以下方面：

一是加强公务员培训工作，修订了《公务员培训规定》，出台《中央和国家机关培训费管理办法》《国家公务员局国务院扶贫办关于开展行政机关公务员脱贫攻坚培训的意见》《行政执法类公务员培训办法（试行）》《公务员初任培训办法（试行）》等一系列培训规定。

二是加强监督约束机制，《中国共产党党内监督条例》《行政机关公务员处分条例》《干部选拔任用工作监督检查和责任追究办法》《关于党员领导干部报告个人有关事项的规定》等制度先后实施，实现了对干部的党内监督、社会监督和群众监督相结合。《中华人民共和国公职人员政务处分法》的出台，全面加强了对所有行使公权力的公职人员的监督。

三是完善公务员激励机制，先后制定了行政机关工作人员升级奖励、公务员奖励规定等制度，激励党员干部忠于职守，充分调动党员干部的工作积极性。中共十八大以来，习近平总书记多次强调要切实为敢于担当的干部撑腰鼓劲。2018 年 5 月，中央印发了《关于进一步激励广大干部新时代新担当新作为的意见》，对建立激励机制和容错纠错机制作出了明确规定，为更好落实严管厚爱的激励机制提供了制度保障。

四是建立公务员职务职级并行制度，2019 年出台《公务员职务职级并行规定》，推行公务员职务与职级并行、职级与待遇挂钩制度，健全公务员激励保障机制。

五是完善相关制度体系，相继出台了《公务员平时考核办法（试行)》《公务员范围规定》《公务员登记办法》《公务员职务、职级与级别管理办法》《参照〈中华人民共和国公务员法〉管理的单位审批办法》《公务员转任规定》《公务员录用考察办法（试行）》，修订了《公务员录用规定》《公务员调任规定》《公务员辞退规定》《公务员辞去公职规定》《公务员回避规定》《公务员奖励规定》《公务员考核规定》《公务员公开遴选办法》《公务员录用违规违纪行为处理办法》。

第二节　问 题 分 析

一、人才资源尚未得到充分开发

近年来，我国出生人口规模持续下降，劳动力在 2015 年达到拐点后呈下降趋势。劳动力的供给已然落后于经济需求，为适应经济社会的发展，需要优化劳动力内部结构，提高劳动力质量。一方面，我国人才存量潜力大，现有的技能技术人才中，高技能人才仅占技能人才的 27.8%，高级专业技术人才占专业技术人才的 11.3%，内部结构优化空间大。另一方面，我国人才增量潜力大，2019 年，我国劳动力为 8.1 亿人，技能技术人才 2.9 亿，超过 3/5 的劳动力没有技能技术，人才开发潜力巨大。

二、人才质量与新时代人才强国建设尚有差距

每千名人才中科技人才数量较少且增长缓慢。2010 年，每千名人才中科技人才数量为 19.4 人年，2015 年为 20.1 人年，2019 年升至 21.9 人年。十年增长 12.9%。

R&D 人员投入强度在国际上处于落后水平。2019 年，我国每万人就业人员中从事 R&D 活动人员全时当量为 62.0 人年，仅高于土耳其等发展中国家。丹麦、韩国、比利时、瑞典等国的每万人就业人员从事 R&D 活动人员是中国的 3 倍左右。2019 年，我国每万人就业人员从事 R&D 活动研究人员全时当量为 27.2 人年，丹麦、韩国和瑞典等发达国家这一指标是中国的 5 倍以上，见图 12-12。

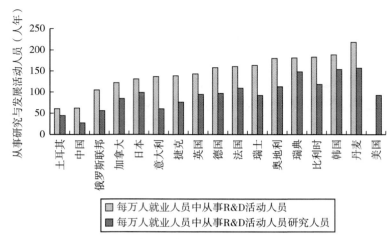

图 12 – 12　每万人就业人员从事 R&D 活动人员和研究人员的国际比较

资料来源：国家统计局（2020）。

　　我国基础研究 R&D 人员全时当量占比相对较低，2019 年仅占 8.2%；基础研究占研发总经费在 2019 年首超 6%，但与美国等发达国家 15% 左右的基础研究投入比重仍有较大差距。

　　顶尖科学家数量不足。科睿唯安高被引科学家名单旨在表彰世界各地具有影响力的自然科学和社会科学学者。入选学者在过去十年均发表了多篇高被引论文，这些论文的被引频次在 Web of Science 中位于同学科、同发表年份的前 1%。2021 年 11 月 16 日，科睿唯安发布了 2021 年"高被引科学家"名单，来自全球 70 多个国家和地区、22 个学科领域的 6602 人次科研人员入选。中国内地 935 人次入选，占比 14.2%，排名全球第二。

　　在 22 个学科领域中，中国在数学、化学、农业科学、工程学、材料科学、计算机科学 6 个学科居于世界第一，物理、动植物学、环境与生态学、地球科学 4 个学科居于世界一流，在空间科学、社会科学、临床医学、免疫学、神经科学与行为学、精神病学与心理学、药理学与毒理学等领域缺少高层次的科学家，见图 12 – 13。

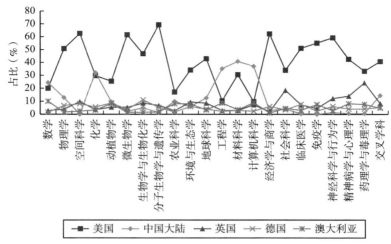

图 12 - 13　2021 年"高被引科学家"名单前五位国家学科分布

资料来源：科睿唯安（Clarivate，2021）。

三、人才结构尚不适应高质量发展要求

专业技术人才的比重持续下降。2010～2019 年以来，尽管专业技术人才规模不断扩大，但因其增长速度远低于其他人才的增长规模，专业技术人才占人才总量的比重持续下降，从 2010 年的 42.2% 下降至 2015 年的 39.3%，再下降至 2019 年的 35.6%。

我国技能人才总量不足。截至 2019 年，技能人员超过 2 亿人，技能人员占就业人员的 27.5%，远低于德国、日本等制造强国 70%～80% 的水平。从整个就业和经济发展需求看，技能人员总量严重不足。人社部最新公布的 2021 年第三季度"最缺工"100 个职业，焊工、车工、电工、缝纫工、自动控制工程技术人员、机械制造工程技术人员等岗位纷纷挤进榜单。预计 2025 年制造业十大重点领域人才缺口为 2985.7 万人。到 2020 年，我国高档数控机床和机器人领域人才缺口将达 300 万人，2025 年缺口将进一步扩大到 450 万人。

技能人员结构仍待优化。与现代产业结构相匹配的技术工人队伍结构，应是中级和高级技术工人占多数。而目前我们的技术工人队伍结构却相反，中低级技术工人占多数。国际劳工组织提供的发达国家技工队伍的高中低结构比例分别为 35%、50%、15%，高级技工占技工比例为

20%～40%，日本产业工人队伍中高级技工占比40%，德国达到50%。而我国的高技能人才占技能人员的27.8%，远远无法满足新技术革命、现代经济和产业体系发展需要，见表12－26。

表 12－26 　　　　　　　　各国技工队伍的高中低结构比例

国家	高级	中级	低级
发达国家	35%	50%	15%
中国	27.8%	—	—
日本	40%	—	—
德国	50%	—	—

资料来源：梁启东（2021）。

四、人才分类难以适应新时代人才发展

人才是"对社会发展和人类进步进行了创造性劳动，在某一领域，某一行业，或某一工作上做出较大贡献的人"（王通讯，1985）。我国的人才队伍分类不断变化。1982年，《国务院批转国家计划委员会关于制定长远规划工作安排的通知》明确提出"专门人才"概念。从学历和资格两个方面对专门人才作出了明确的界定：一是具有中专或中专以上规定学历者；二是具有技术员或相对于技术员以上专业技术职务者（国务院，1982）。早期数据统计中，人才主要划分为三类：党政干部、企业经营管理人员、专业技术人员（中共中央办公厅等，2002）。2003年，《中共中央 国务院关于进一步加强人才工作的决定》提出了科学人才观的理念："只要是具有一定的知识或技能，能够进行创造性劳动，为推进社会主义物质文明、政治文明、精神文明，在建设中国特色社会主义伟大事业中做出积极贡献，都是党和国家需要的人才"（中共中央等，2003）。2006年，人才类别从一开始的三支队伍（党政人才、企业经营管理人才和专业技术人才）到"三支两类"（增加高技能人才和农村实用人才）（全国人民代表大会，2006）。2010年，人才类别进一步完善，增加了社会工作人才（中共中央等，2010）。目前，我国共有六支人才队伍纳入统计：党政人才、企业经营管理人才、专业技术人才、高技能人才、农村实用人才、

社会工作专业人才。

新时代以来，原有的人才分类难以覆盖所有的人才，例如数量众多的技能人才队伍中只有其中的一小部分人才（高技能人才）被纳入分类。科技人才作为 2021 年中央人才工作会议的重点，分散在六支队伍之中。鉴于此，本研究在传统的六支人才队伍的基础上，增加了技能人才、科技人才的描述分析。

现行的六支队伍仍是基于身份、行业划分，分类缺乏科学性，这就导致人才分类下总有遗漏，在我国人才队伍中，其他五类人才都未以职称、等级作为人才的标准划分，唯独高技能人才是以职业资格为划分依据，数量众多的技能人才被排除在外，人才变化难以及时更新。伴随着经济社会发展而产生的新职业、新人才在人才统计过程中无法被及时涵盖在内；人才队伍间人才相互交叉，专业技术人才和社会工作人才、农村实用人才存在着交叉。此外，在实际的统计工作中，统计范围仅覆盖了体制内人才，缺乏全面性，如非公企业管理人才、外商投资企业人才的数据都有缺失。

五、农村实用人才、社会工作人才的制度体系还不健全

对于党政人才、专业技术人才、国有企业经营管理人才，评价、激励、使用、培训、流动等制度相对比较完善，但对于农村实用人才、社会工作人才，其评价、激励、使用、培训等制度的出台或落实都不完善。不同人才的政策覆盖度是不同的。尽管有些地方为农村实用人才评定职称，但是大多数人没有适合的职称系列。2010～2019 年，没有或未评定职称的农村实用人才达到九成。

第三节　对　策　建　议

党的十八大以来，尤其是 2021 年中央人才工作会议的召开，党中央围绕推动高质量发展和实现高水平科技自立自强，对深入实施新时代人才强国战略进行了顶层设计，确立了建设世界重要人才中心和创新高地的宏伟目标。为实现新时代人才强国战略，必须从人才总量、质量、结构以及底层分类体系等方面对标对表、查漏补缺。

一、保持人才绝对增量，开发人才相对增量

所谓人才量的增长包括量的绝对和相对增长，劳动力数量越多，从中而生的人才数量也就越多，此为绝对数量增长；劳动力中具有相应技术技能以及管理经验的数量增长，此为相对数量增长。为应对我国劳动力供给与经济发展不相匹配的预期，一方面鼓励生育，延迟退休，在量上维持劳动力的绝对增长，为新的发展阶段输送源源不断的人才后备军；另一方面，积极开发现有劳动力，进一步提升其学历、技能技术等。大力发展职业教育，稳步推进高等教育；积极推进专业技术人才继续教育和技能人才职业技能培训，不断将劳动力转化为技术技能人才，技术技能人才转化为更高水平的人才，进而优化整体结构，促进经济社会高质量发展。

二、全方位、持续性提高人才质量

党的十九大以来，我国经济由高速增长阶段转向高质量发展阶段，高质量人才在其中起着重要作用。人才质量是一个多维度的评价体系，主要包括道德修养和科学文化素质。在人才实践工作中，其主要的衡量标准是学历、职务、职称、职业资格等量化指标，其更侧重于科学文化素质层面。应当建立起统筹考虑道德与能力、资历与实绩的多元质量体系，全方位提高人才质量。同时在人才成长的多个阶段，持续性地开展培训，提高人才质量。

三、建立以职业为基础的人才分类，充分发挥职业分类大典的作用

建立以职业分类为基础的人才分类体系，按照职业将专业技术人才、技能人才、农村实用人才、社会工作人才以及其他各行各业的所有人才进行分类；划分每一职业的发展等级，每一等级标准体现不同职业发展阶段对劳动者知识、技能和能力的不同要求；基于职业类别及其发展等级，建立统一的人才发展制度体系，统筹各类人才的使用、评价、激励、培训制度，使每一职业的人才都能在统一、公平的制度体系内得到充分发展。

四、进一步优化人才队伍结构

重点解决人才队伍结构中的四对重点关系问题。

一是科技人才与整体人才队伍的关系问题。中央人才工作会议突出强调了科技创新人才，提出了建设要求。科技创新人才与传统的六支人才队伍是特殊性与普遍性的关系，是新时代新发展阶段所需人才的重点提炼，是未来一段时间内要大力发展的人才。这就需要在新的历史时期，在传统人才队伍建设的基础上，重点突出科技人才队伍建设。

二是人才队伍之间的关系问题。加快技能人才建设，实现技术人才高质量发展，平衡技术技能人才与其他人才的关系。技术技能人才与中央人才工作会议强调的"科技创新人才"关系最为密切，发展重心、资源倾斜也应放在这两支队伍的建设中。针对两支队伍面临的问题，其重点也应不同，虽然都以高质量发展为目标，但是落脚点不同，技能人才以质带量，促进增量，技术人才量质齐增，提质为主。

三是高层次人才与其他人才的关系问题。战略科学家、科技领军人才和创新团队是中央人才工作会议特别提到的人才群体。如前所述，尽管我国科技人才数量已居于世界前列，但是顶尖科学家数量不足。因此应建立和发展战略科学家培育计划、高水平工程师建设工程、卓越企业家培育工程、"大国工匠"培育工程，以及各重点行业如教育、卫生、文化等高层次人才队伍建设工程。

四是青年人才与其他人才的关系问题。青年是社会发展中最具潜力和活力的有生力量，青年人才是人才队伍中的中坚力量。当前我国青年人才面临起始待遇低、职业发展路径不明晰等问题，应当加大对优秀青年科技人才的发现、培养和资助力度，建立适合青年科技人才成长的用人制度，为其职业发展保驾护航。

第十三章

总　结

　　党的二十大报告提出，教育、科技、人才是全面建设社会主义现代化国家的基础性、战略性支撑，人才队伍建设需要把握教育、科技、人才之间的内在一致性和相互支撑性，聚焦面向劳动力市场的中等职业教育、高等教育、职业技能培训等人才开发实践，立足人才供求关系，深入分析人才供给侧和需求侧的历史趋势、发展现状和存在的问题，以供给侧改革为重点，破除阻碍人才发展体制机制障碍，塑造素质优良、总量充裕、结构优化、分布合理的人才队伍，建设新时代人才强国，实现高水平科技自立自强。

第一节　人才队伍建设的主要成效

　　新中国成立以来，我国人才素质显著提升，人才规模持续扩大，人才结构逐步优化，为经济社会持续健康发展注入强大活力，为中国特色社会主义现代化强国建设做出突出贡献。

一、人才素质持续提升

1. 总人口受教育程度大幅提升

　　新中国成立以来，总人口的受教育程度大幅提升。第二次至第七次人口普查数据显示，从 1964～2020 年，每十万人中大学（大专及以上）学历人口持续快速增长，从 416 人增长至 15467 人；高中（含中专）学历人口也持续增长，从 1319 人增长至 15088 人；初中学历人口从 4680 人增长至 38788 人，之后下降至 34507 人；小学学历人口从 28330 人增长至

37057 人，之后下降至 24767 人；文盲人口持续下降，从 2333 人下降至
378 人，见图 13 – 1。

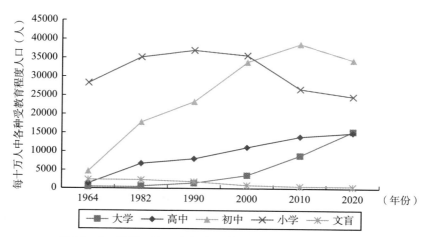

图 13 – 1　1964～2020 年每十万人中各种受教育程度的人口

资料来源：国家统计局（2022）。

2. 新增劳动力平均受教育年限逐年提升

2009～2022 年，新增劳动力平均受教育年限逐年提升，从 12.4 年提
升至 14 年，见图 13 – 2。

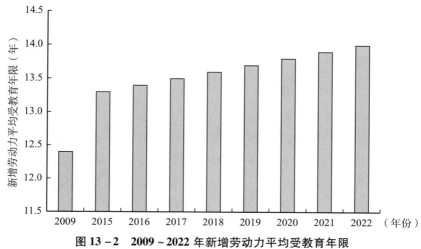

图 13 – 2　2009～2022 年新增劳动力平均受教育年限

资料来源：教育部（2010b；2021a；2023）。

3. 就业人员受教育程度持续提升

2006～2020 年，就业人员中低学历比例逐年下降，高学历比例逐年上升，就业人员受教育程度持续提升。就业人员中未上过学的比例从 6.7% 下降至 2.4%，小学学历的比例从 29.9% 下降至 16.3%，初中学历的比例从 44.9% 上升至 48% 后，下降至 41.7%，高中学历的比例从 11.9% 上升至 17.5%，大学专科学历的比例从 4.3% 上升至 11.3%，大学本科学历的比例从 2.1% 上升至 9.8%，研究生及以上学历的比例从 0.2% 上升至 1.1%，见图 13 – 3。

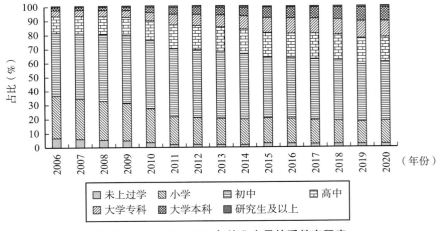

图 13 – 3　2006～2020 年就业人员的受教育程度

资料来源：国家统计局人口和就业统计司（2007；2008；2009；2010；2011；2012；2013a；2013b；2014；2015；2017a；2017b；2018；2019；2020；2021）。

二、人才培养成效显著

1. 中等职业教育持续发展

中等职业教育包括普通中专、成人中专、职业高中和技工学校等教育。1978 年，中等职业教育毕业 40.3 万人，之后呈现总体增长趋势，2012 年达到峰值 674.9 万人，此后开始下降，2021 年为 484.1 万人，见图 13 – 4。

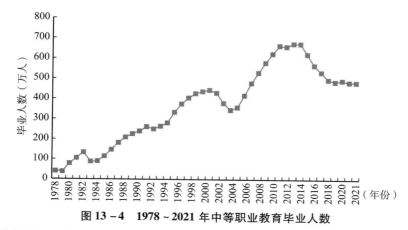

图 13 - 4 1978～2021 年中等职业教育毕业人数

资料来源：国家教育委员会计划财务司（1986；1988；1989；1990；1991）；国家教育委员会计划建设司（1991；1992；1993；1994a；1994b；1996；1997）；教育部计划建设司（1998）；教育部发展规划司（1999；2000；2001；2002；2003；2004；2005；2006；2007；2008；2009；2010；2011；2013a；2013b；2014；2015；2016；2017；2018；2019；2020；2021）。

2. 高等教育逐渐普及

1978 年，普通高等教育专科、本科、研究生毕业人数分别为 0.8 万人、15.7 万人、9 人，此后，高等教育规模稳步增长，1999 年高校扩招，高等教育规模快速扩张，2021 年，专科、本科、研究生毕业人数分别为 398.4 万人、428.1 万人、77.3 万人，见图 13 -5。

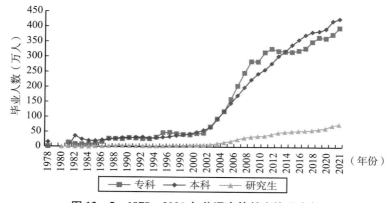

图 13 - 5 1978～2021 年普通高等教育毕业人数

资料来源：国家教育委员会计划财务司（1986；1988；1989；1990；1991）；国家教育委员会计划建设司（1991；1992；1993；1994a；1994b；1996；1997）；教育部计划建设司（1998）；教育部发展规划司（1999；2000；2001；2002；2003；2004；2005；2006；2007；2008；2009；2010；2011；2013a；2013b；2014；2015；2016；2017；2018；2019；2020；2021）。

国际上通常认为，高等教育毛入学率在 15% 以下时属于精英教育阶段，15%～50% 为高等教育大众化阶段，50% 以上为高等教育普及化阶段。2002 年，即扩招后的第三年，高等教育毛入学率为 15.5%，标志着我国正式进入高等教育大众化阶段；2019 年，高等教育毛入学率达到 51.6%，高等教育进入了普及化阶段。对比发达国家，我国高等教育事业虽然起步较晚，但是发展速度很快。

3. 职业技能培训持续促进技能人才发展

2011～2020 年，各类职业技能培训机构每年培训社会人员 1900 万～2800 万人次，其中民办职业技能培训机构培训 1100 万～1900 万人次，就业训练中心训练 200 万～900 万人次，技工学校培训 400 万～600 万人次；每年结业人数为 1600 万～2400 万人，其中民办职业技能培训机构结业人数为 1000 万～1500 万人，就业训练中心结业人数为 200 万～800 万人，技工学校结业人数为 300 万～500 万人；每年就业人数为 900 万～1800 万人，其中民办职业技能培训机构就业人数为 700～1100 万人，就业训练中心就业人数为 100 万～600 万人，技工学校就业人数为 80 万～200 万人，见图 13－6。

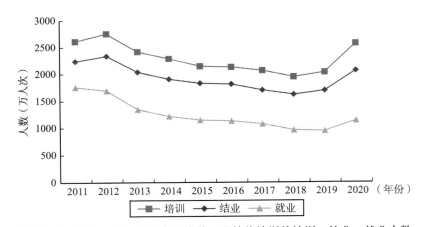

图 13－6　2011～2020 年各类机构的职业技能培训的培训、结业、就业人数

资料来源：人力资源和社会保障部（2012；2013；2014；2016；2017a；2017b；2019a；2019b；2020a；2021a）。

4. 继续教育不断提升专业技术人员水平

目前，我国每年大约有 5000 万专业技术人员参加各种形式的继续教育。2011～2020 年，面向经济社会发展 12 个重点领域和 9 个现代服务业领域，累计开展 1264.3 万人次的知识更新继续教育活动。每年举办国家级高级研修项目 300 期左右，累计实施 2764 期，培训高层次人才 18.3 万人次。依托高等院校、科研院所、大型企业现有施教机构，先后分 10 批评审建立 200 家国家级专业技术人员继续教育基地。通过"特培工作"累计为新疆选拔培养了 6372 名急需紧缺的中高层次专业技术人才，为西藏选拔培养了 1440 名少数民族专业技术骨干。2011 年以来，人社部门累计组织 4.7 万余名专家深入艰苦边远地区和基层一线，结合当地实际需求，开展了形式多样的服务活动 3.9 万余场，培养培训基层专业技术人才 73.4 万余人（人力资源和社会保障部，2012；2013；2014；2016；2017a；2017b；2019a；2019b；2020a；2021a）。

三、人才规模持续扩大

1. 人才总规模持续扩大

截至 2019 年，人才总规模已达 2.05 亿人，相较于 2010 年，增长近七成；每万人口人才数从 907.2 人增至 1453.2 人，增长 60%；每万劳动力人才数从 1551.9 人增至 2594.3 人，增长 67%。

2. 技能人才规模持续扩大

2019 年，技能人才总数 2.08 亿人，技能人才占就业人员的 27.5%。从结构上看，技能人才结构不断优化，截至 2019 年，高级工、技师、高级技师占 27.8%。

3. 科技人才规模持续扩大

1992～2021 年，我国研发人员全时当量持续增加，从 1992 年的 67.43 万人年，增至 2021 年的 571.63 万人年。从其增速看，早年增速波动较大，近年逐渐趋于稳定，每年保持在 9% 左右。

四、人才结构逐步优化

1. 技术技能人才比重逐步上升

2010～2019 年，专业技术人才和技能人才总数从 1.68 亿人增至 2.86 亿人，占就业人员的比例从 22.0% 升至 37.9%。截至 2019 年年底，专业技术人才总量为 7840 万人，比 2015 年增加了 512 万人，其中本科及以上学历占比超过44%，具有高级职称的专业技术人才比例超过10%。技能劳动者超过2亿人，其中高技能人才约5800万人，高技能人才占技能人才的比例近30%，见表13-1。

表13-1 2010~2019年专业技术人才和技能人才的人数及其占就业人员的比重

项目	2010年	2015年	2019年
技能人才（万人）	11206	16493	20751
专业技术人才（万人）	5550	7328	7840
就业人员（万人）	76105	76320	75447
专业技术人才和技能人才占就业人员的比重（%）	22.0	31.2	37.9

资料来源：中共中央组织部（2012；2017）；国家统计局人口和就业统计司（2021）。

2. 服务业占主导的现代就业模式逐步形成

1952年，第一产业就业人员占83.5%，第二、三产业就业人员占7.4%、9.1%。1978年，第一产业就业人员占比降至70.5%，第二、三产业就业人员占比升至17.3%、12.2%。

2011年，第三产业超过第二产业和第一产业，成为吸纳就业人数最多的产业，第一、第二、第三产业就业人数占比分别为34.7%、29.6%、35.7%。2021年，我国三次产业就业人员分别为17072万人、21712万人、35868万人，占比分别为22.9%、29.1%、48.0%，见图13-7，服务业占主导的现代就业模式逐步形成，就业结构更加优化。

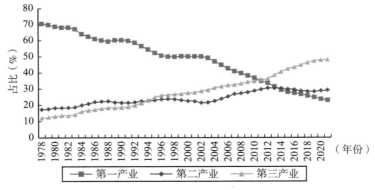

图13-7 1978~2021年我国三次产业就业人数占比

资料来源：国家统计局（2022）。

3. 高层次人才规模逐步扩大

自1990年国务院政府特殊津贴制度建立以来，截至2020年年底，全国共选拔享受国务院政府特殊津贴人员18.7万人，其中高技能人才3292名。自1995年百千万人才工程制度建立以来，截至2020年年底，共遴选百千万人才工程国家级人选6500多名，其中入选两院院士300多人。自1985年博士后制度建立以来，截至2020年年底，我国共设置3318个博士后科研流动站和3850个博士后科研工作站，累计培养博士后26.1万人，出站博士后中绝大多数成为单位的领军人才和科研骨干，百余人当选为两院院士（人力资源和社会保障部，2012；2013；2014；2016；2017a；2017b；2019a；2019b；2020a；2021a）。

第二节　人才队伍建设面临的挑战

党的二十大报告提出，教育、科技、人才是全面建设社会主义现代化国家的基础性、战略性支撑，中等职业教育、高等教育、职业技能培训是面向劳动力市场开发高质量人力资源的主要手段，是人才队伍建设的重要途径。从需求侧看，建设现代化强国，实现高水平科技自立自强，需要提高人才队伍建设水平，开发高质量人力资源。

从供给侧看，中等职业教育、高等教育、职业技能培训的规模、结构、质量等还不能适应人才强国建设的需要，人才队伍建设面临诸多挑战。

一、劳动力总量下降

改革开放以来，随着经济的快速增长，就业人员也在一段时期保持快速增长。国家统计局数据显示，1990年我国就业人员共6.47亿人，2000年增长至7.21亿人，进入21世纪后增速逐步放缓，2010年增至7.61亿人，2014年达到峰值7.63亿人，之后开始下降，2021年降至7.47亿人。就业人员增速呈现明显下降态势，从1996年峰值的1.30%，下降至2021年的 -0.55%，见图13-8。

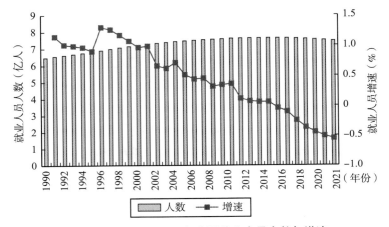

图 13 - 8 1990~2021 年我国就业人员人数与增速

资料来源：国家统计局（2022）。

近年来，随着我国出生人口、15~64 岁劳动年龄人口、总人口分别呈现下降态势，我国劳动力总供给出现从增长到下降的转变。国家统计局数据显示，1990 年我国劳动力为 6.53 亿人，2000 年增长至 7.40 亿人，2010 年增至 7.84 亿人，2016 年达到峰值 7.93 亿人，之后开始下降，2021 年降至 7.80 亿人。劳动力增速呈现波动下降态势，从 1998 年峰值的 1.82%，下降至 2021 年的 -0.47%，见图 13 -9。

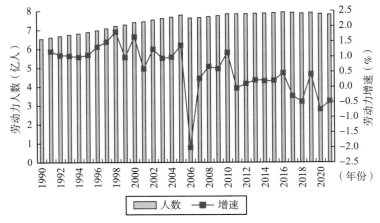

图 13 - 9 1990~2021 年我国劳动力人数与增速

资料来源：国家统计局（2022）。

随着劳动力总供给从增长到下降的转变，劳动力市场的供求关系也发生了根本性转变。据全国 100 个大中城市公共就业服务机构对劳动力市场供求状况的监测，2001 年，求人倍率（岗位空缺与求职人数的比率）为0.71，总供给大于总需求，2020 年，求人倍率为 1.46，总供给小于总需求，供求关系发生了逆转，见图 13 – 10。

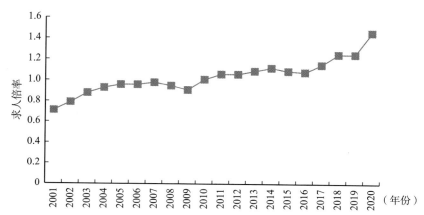

图 13 – 10　2001～2020 年我国部分城市公共就业服务机构监测的求人倍率
资料来源：人力资源和社会保障部（2021b）。

出生人口是人才队伍建设的基础，随着出生人口数量的下降，未来不同阶段教育招生人数也将下降，意味着各阶段人才队伍建设的规模也将下降。2022 年，出生人口为 956 万人，小学招生 1701 万人，初中招生 1731万人，高中阶段教育招生 1561 万人，高等学校普通、职业本专科招生1015 万人。不考虑各年龄人口死亡情况，并假设出生人口全部顺利接受各阶段教育，6 年后，小学招生将下降 44%；12 年后，初中招生将下降45%；15 年后，高中阶段教育招生将下降 39%；18 年后，高等学校普通、职业本专科招生将下降 6%。

近年来，各级政府出台了一系列鼓励和支持生育的政策措施，但是效果并不明显。制约生育的因素多种多样，其中，女性生育与劳动力市场就业之间的冲突是一个重要因素，目前各地出台的延长产假等鼓励生育的措施，增加了用人单位的用人成本，反而抑制了劳动力市场对女性劳动者的需求，损害了女性就业权利和福利，从而降低其生育意愿。

生育行为具有正向的社会收益，这种收益在地区之间难以计量和分割，国家是主要受益主体，地方政府缺乏分担生育成本的内在激励，用人单位也不愿意分担生育成本，生育成本在中央政府、地方政府、用人单位、家庭之间并没有形成合理的分担机制，生育成本更多的由家庭，特别是女性来承担，成为制约生育的主要因素。

二、技能人才来源不足

技能人才是支撑中国制造、中国创造的重要力量。长期以来，我国技能人才供给不足。2019 年，我国技能人员 2 亿人，技能人员占就业人员的 27.5%，远低于德国、日本等制造强国 70% ~80% 的水平。近年来，劳动力市场供求数据显示，技能人才普遍短缺，求人倍率一直在 1.5 以上，高技能人才求人倍率长期保持在 2 以上。这一趋势从东部沿海扩散至中西部地区，从季节性演变为经常性，"一匠难求"长期困扰许多企业。据人力资源和社会保障部的监测，2021 年第三季度"最缺工"100 个职业包括焊工、车工、电工、缝纫工、自动控制工程技术人员、机械制造工程技术人员等。据测算，到 2025 年，我国制造业重点领域人才缺口将达 3000 万。工业机器人已连续多年成为全球第一大应用市场，我国机器人市场也已进入高速增长期，但是这一领域人才培养工作一定程度上存在重研发、轻应用的现象，我国高档数控机床和机器人产业人才缺口到 2025 年预计将突破 450 万（教育部等，2016）。

从技能水平看，高技能人才比重偏低。据国际劳工组织数据，发达国家技工队伍的高中低结构比例分别为 35%、50%、15%，高级技工占技工的比例为 20% ~40%，日本产业工人队伍中高级技工占比 40%，德国达到 50%。我国的高技能人才占技能人员的 27.8%，制造业中的高级技师占从业人员的比例不到 4%，远低于发达国家 32% 以上的水平。从年龄结构看，高技能人才中 46 岁以上的占 40%，既面临人才断档的问题，又存在劳动者技能过时的问题。随着产业结构的深度调整和人工智能等新技术的发展普及，这一问题更为严重。受到退休年龄政策、企业管理制度、职业环境等因素影响，许多高素质技能人才过早退出劳动力市场，影响技能人才队伍壮大，也不利于新生技能人才的培育与成长。

　　经测算，技能人力资本对经济发展的贡献度总体不高，对劳动生产率的促进作用还不到教育资本的一半。技能人才队伍整体质量不高、结构不合理等问题，成为影响我国产业升级和制造业发展的主要掣肘因素之一。

　　中等职业教育是技能人才培养的重要手段。近 10 年来，中职教育招生人数呈明显下降态势。数据显示，2010 年中职教育招生 870 万人，2021 年降至 656 万人，减少 25%；与此同时，2010 年普通高中招生836 万人，2021 年增至 905 万人，增长 8%。高中阶段教育招生"职普比"（职业教育学生与普通学校学生比值）由 2010 年的 51∶49 下降到2017 年的 42∶58，这一比例一直保持至今，见图 13 - 11。尽管教育部办公厅专门发文，要求做好 2021 年中等职业学校招生工作，提出职普比大体相当的目标，积极拓宽生源渠道，广泛招收往届初高中毕业未升学学生、城乡劳动者、退役军人、退役运动员、下岗职工、返乡农民工等，但是 2021 年的职普比并没有明显提高，反而有小幅下降（教育部办公厅，2021）。

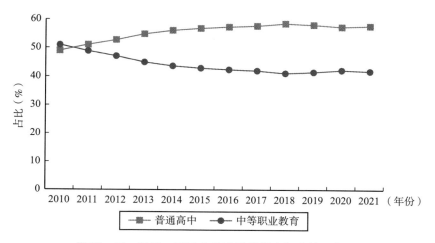

图 13 - 11　2010~2021 年高中阶段教育招生的职普比

资料来源：国家统计局（2022）。

　　在接受完义务教育后，适龄人口进入高中教育阶段，但是部分适龄人口会退出学校，停止继续接受高中阶段教育。虽然高中阶段教育毛入学率可以反映高中阶段教育对适龄人口的覆盖程度，但是不能反映适龄人口停止接受高中阶段教育的规模，显而易见，停止接受高中阶段教育人数为：

停止接受高中阶段教育人数 = 初中阶段教育毕业人数 - 高中阶段教育招生人数

1980 年，停止接受高中阶段教育人数为 499 万人，占初中阶段教育毕业人数的 51.7%；1981 年，停止接受高中阶段教育人数快速上升至 759 万人，占初中阶段教育毕业人数的 65.3%，此后，这一占比波动下降。1995 年，停止接受高中阶段教育人数下降至 493 万人，停止教育占比为 39.6%，降至相对低点。1995 年之后，停止接受高中阶段教育人数开始快速上升，2000 年达到峰值 774 万人，之后开始下降，2004 年之后快速下降，2010 年降至 50 万人以下，停止接受教育占比下降至 5% 以下。2021 年，停止接受高中阶段教育人口仅为 26 万人，占比 1.6%。2010～2021 年，停止接受高中阶段教育人数占初中阶段教育毕业人数的比例平均为 2%，基本实现适龄人口继续接受高中阶段教育，职普对生源潜力的挖掘基本到位，见图 13 - 12。

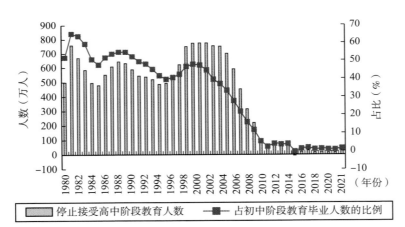

图 13 - 12　1980～2021 年停止接受高中阶段教育人数

及其占初中阶段教育毕业人数比例

资料来源：根据国家教育委员会计划财务司（1986；1988；1989；1990；1991）、国家教育委员会计划建设司（1991；1992；1993；1994a；1994b；1996；1997）、教育部计划建设司（1998）、教育部发展规划司（1999；2000；2001；2002；2003；2004；2005；2006；2007；2008；2009；2010；2011；2013a；2013b；2014；2015；2016；2017；2018；2019；2020；2021）相关数据计算。

2025 年之后，在 2011～2017 年第三个出生人口小"高峰"中出生的人口陆续接受高中阶段教育，生源将有所缓解，但是持续时间仅 7 年，2032 年之后，随着第三个出生人口小"高峰"过去，接受高中阶段教育的适龄人口将急剧减少，生源将再度紧张，紧张程度将逐年加剧。

中等职业教育生源不足，有多方面的原因。学生初中毕业后，主要依据中考成绩进行职普分流，由于中职教育发展存在支持不够、发展动力不足、自身政策统筹协调不够等问题，相对于普通高中，中职教育处于招生的"末端"，一般是中考分数较低的学生被分流到中职学校，生源受到限制。另外，中考以文化课为主要考试内容，没有充分体现中职教育的特点，以中考成绩作为分流的主要依据，将中考分数不佳者打上"中考失败者"的标签，严重打击其自信心，对强调技能的中职教育有失公平。

此外，社会还存在"重普教、轻职教，重学历、轻技能，重知识、轻能力"的倾向，同时，"学而优则仕"的传统观念较为浓厚，"技能成才、技能报国"的社会氛围尚未全面形成。大多数家长觉得没有出息的孩子才上技校、职校，宁愿多花钱让孩子上普通高中，也不让孩子去学技能。即使中职毕业后，还要继续读学历。同时，相当数量的企业对一线劳动者尤其是青年职工的职业价值观、职业素养、职业道德培育教育不充分，部分劳动者不愿意到车间一线工作，一些技能劳动者希望尽快转到管理岗位。

三、高等教育人才培养与市场需求日益脱节

党的二十大报告提出，坚持创新在我国现代化建设全局中的核心地位。创新驱动本质上是人才驱动。科技人才是创新的主体。近年来，我国科技人才发展较快，2021 年，我国研发人员全时当量为 571.63 万人年（研发人员全时当量 1 人年相当于 1 个研发人员全时工作 1 年）。但是从研究人员密度看，2020 年，我国每百万居民中研究人员全时当量为 1585 人年，韩国为 8714 人年，日本为 5455 人年，德国为 5393 人年，法国为 4926 人年，美国为 4821 人年，英国为 4684 人年，我国研究人员密度仅为韩国的 1/5、美国的 1/3，见图 13-13。

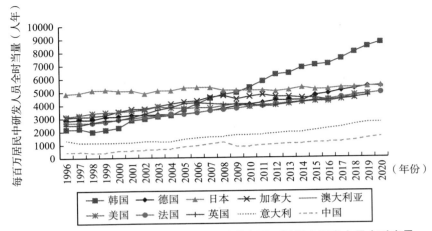

图 13 – 13　1996～2020 年全球主要经济体每百万居民中研发人员全时当量

资料来源：联合国教科文组织（UNESCO，2023）。

　　新时代新征程上，要实现高水平科技自立自强，归根结底必须依靠规模宏大、素质优良的高水平科技人才，对照实现高水平科技自立自强的需求，科技人才供给都还存在较大差距。

　　从研发人员构成看，近年来，我国基础研究、应用研究、试验发展的研发人员构成比例基本稳定，2021 年，三者的占比分别为 8.3%、12.1%、79.7%，基础研究人才占比最低，见图 13 – 14。

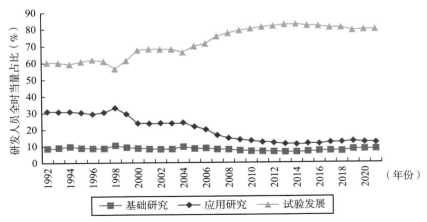

图 13 – 14　1992～2021 年我国研发人员全时当量占比

资料来源：国家统计局（2022）。

从全球基础研究人才分布看，主要集中在美国、中国、英国以及其他发达国家。据《全球基础研究人才指数报告（2022）》，全球基础研究人才占比位列前三的国家为：A层人才（前1‰），美国22.37%，中国11.98%，英国7.61%；B层人才（前1‰~1%），美国20.28%，中国14.58%，英国6.97%；C层人才（前1%~10%），美国20.08%，中国15.90%，英国6.45%，见图13-15。从198个基础研究学科的人才分布看，在A层人才中，美国158个学科排名第一，中国为38个，英国为3个，德国、意大利、荷兰、加拿大、日本、印度、印尼、新加坡、澳大利亚、新西兰各1个（有些学科两个或多个国家并列第一）；在B层人才中，美国134个学科排名第一，中国为64个；在C层人才中，美国129个学科排名第一，中国为69个。

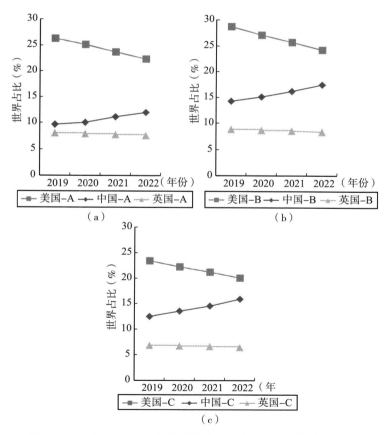

图13-15 2019~2022年全球基础研究人才的分布与发展趋势

资料来源：柳学智等（2020；2021；2022；2023）。

从全球顶尖科学家的分布看，2022年，科睿唯安发布"高被引科学家"榜单，共计7225人次，其中，美国2764人次，占比38.26%，中国1169人次，占比16.18%，英国579人次，占比8.01%，德国369人次，占比5.11%，澳大利亚337人次，占比4.66%。见图13–16。截至2020年，诺贝尔三大自然科学奖得主中，美国281人次，占比42.7%，英国93人次，占比14.1%，德国72人次，占比10.9%，法国33人次，日本22人次，我国仅1人。

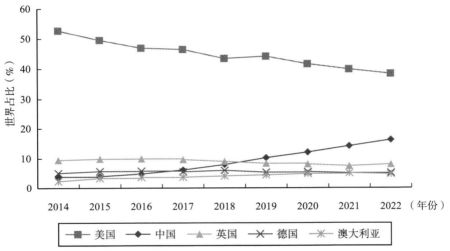

图13–16　2014~2022年美、中、英、德、澳高被引科学家的世界占比

资料来源：科睿唯安（Clarivate，2022）。

加强基础研究，是实现高水平科技自立自强的迫切要求，是建设世界科技强国的必由之路。加强基础研究，归根结底要靠高水平人才。对照基础研究的迫切需求，我国基础研究人才的数量和质量都有较大差距。

高等教育是人才队伍建设的重要手段，高等教育人才培养质量是人才队伍建设的重要体现。但是，近年来，高等教育人才培养与市场需求日益脱节。

1. 高校毕业生就业率持续走低

据麦可思研究院多年来的持续调查，2010 年，本科生毕业半年的毕业去向落实率（包括读研的毕业生）为 91.9%，此后小幅上升至 2014 年的峰值 93.6%，而后连续下降，到 2021 年降至 87.8%。高职生毕业半年的毕业去向落实率（包括读本科的毕业生）从 2010 年的 88.4%，上升至 2017 年的峰值 92.5%，此后也开始下降，到 2021 年降至 90.6%，见图 13 – 17。

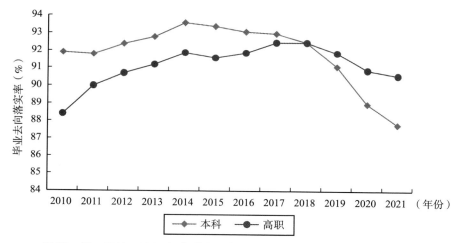

图 13 – 17　2010～2021 年本科生和高职生毕业半年后的毕业去向落实率

资料来源：麦可思研究院（2011；2012；2013；2014；2015a；2015b；2016a；2016b；2017a；2017b；2018a；2018b；2019a；2019b；2020a；2020b；2021a；2021b；2022a；2022b）。

受雇工作的比例更能代表毕业生的就业程度。本科毕业生受雇工作的比例从 2010 年的 83.4%，一直下降至 2021 年的 65.3%，高职毕业生受雇工作的比例从 2010 年的 83.6%，波动下降至 2021 年的 64.4%。2020～2021 年，在新冠疫情冲击下，高校毕业生尤其是高职毕业生受雇工作的比例延续下滑，呈现加速下降趋势。与此同时，本科毕业生读研的比例一直上升，从 2010 年的 7.6% 上升至 2021 年的 19.2%，高职毕业生读本科的比例从 2010 年的 2.6% 缓慢上升至 2019 年的 7.6%，之后快速上升到 2021 年的 19.3%。见图 13 – 18。

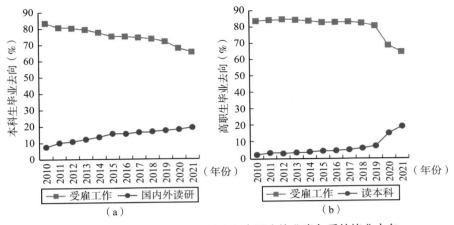

图 13 – 18 2010～2021 年本科生和高职生毕业半年后的毕业去向

资料来源：麦可思研究院（2011；2012；2013；2014；2015a；2015b；2016a；2016b；2017a；2017b；2018a；2018b；2019a；2019b；2020a；2020b；2021a；2021b；2022a；2022b）。

2. 不同学科门类的就业率差异明显

从本科 11 个学科门类的就业率看，不同门类之间的就业率差异明显。2017～2021 年，就业率排名靠前的是工学、管理学、教育学、医学、农学、理学，排名靠后的是经济学、文学、历史学、艺术学、法学。以 2021 年为例，工学的就业率最高，达到 90.6%；教育学、管理学、农学、医学、理学的就业率分别为 89.9%、89.1%、88.8%、87.7%、87.4%；就业率较低的学科门类为经济学、文学、历史学、艺术学、法学，其中法学的就业率仅为 81.8%，见图 13 – 19。

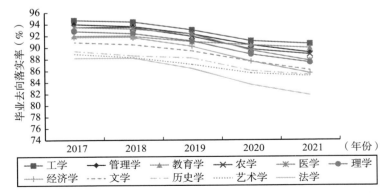

图 13 – 19 2017～2021 年 11 个学科门类本科生毕业半年后的毕业去向落实率

资料来源：麦可思研究院（2018a；2019a；2020a；2021a；2022a）。

3. 部分学科门类的毕业生供给与市场需求不够匹配

1994～2021 年，高等教育人才培养结构发生了显著变化。从本科毕业生结构看，理学、工学、农学、医学等学科门类的本科毕业生占全体毕业本科生的比例持续下降，从 1994 年的 71.9% 下降至 2016 年的 47.6%，近年维持在 48% 左右，其中理学毕业生占比下降尤为显著，从 1994 年的11.8% 下降至 2021 年的 6.5%；与此同时，文学、法学、经济学、管理学等学科门类的本科毕业生占比持续上升，从 1994 年的 21.3% 上升至 2018年的 48.2%，到 2021 年微幅下降至 47.1%。

从毕业研究生结构看，理工农医的毕业研究生占全体毕业研究生的比例持续下降，从 1994 年的 77.4% 下降至近年的 58% 左右，其中理学毕业研究生占比下降尤为显著，从 1994 年的 19.7% 下降至 2021 年的 8.0%；与此同时，文法经管的毕业研究生占比持续上升，从 1994 年的 17.3% 上升至近年的 33% 左右。见图 13 - 20。

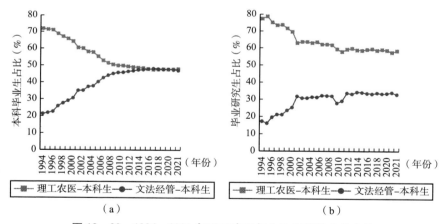

图 13 - 20　1994～2021 年理工农医与文法经管毕业生占比

资料来源：根据国家教育委员会计划建设司（1994b；1996；1997）、教育部计划建设司（1998）、教育部发展规划司（1999；2000；2001；2002；2003；2004；2005；2006；2007；2008；2009；2010；2011；2013a；2013b；2014；2015；2016；2017；2018；2019；2020；2021；2022）相关数据计算。

理工农医毕业生是科技人才的主要来源，我国科技人才密度与发达国家相比还有较大差距，创新驱动发展对科技人才需求十分迫切，理工农医毕业生占比持续下降，说明高等教育人才培养没有充分回应创新驱动发展对科技人才的需求。理学毕业生是基础研究人才的重要来源，在我国科技人才构成中，基础研究人才占比最低，是明显的短板，我国基础研究人才尤其是高层次基础研究人才的全球占比，与美国相比还存在较大差距，对基础研究人才的需求尤为迫切，理学毕业生占比显著下降没有充分回应基础研究对人才的需求。

从就业率看，理学、工学、农学、医学的就业率相对较高，文学、艺术学、经济学、法学的就业率较低，反映了这些学科门类的毕业生供给与市场需求之间日益脱节。

4. 就业结构性矛盾持续加剧

随着高等教育的大众化和普及化，大专及以上学历人口持续快速增长，从 1990 年的 1626 万，快速增长至 2021 年的 2.5 亿，见图 13 - 21。

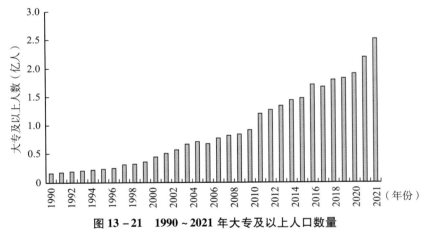

图 13 - 21　1990～2021 年大专及以上人口数量

资料来源：国家统计局（1997；1998；1999；2000；2001；2002；2003；2004；2005；2006；2007；2008；2009；2010；2011；2012；2013；2014；2015；2016；2017；2018；2019；2020；2021；2022）相关数据计算。

进入 21 世纪，我国劳动力增长缓慢，2016 年达到峰值，之后开始下降。在劳动力总量基本稳定和下降的背景下，大专及以上学历人口持续快速增长，导致未取得大专及以上学历的普通劳动力快速下降，深刻改变着劳动力结构。

我国传统产业大都集中在中低端，劳动力需求以普通劳动力为主，在劳动力供给总量持续减少的背景下，首先影响到普通劳动力的供求关系，普通劳动力从供给过剩，到供求平衡，再到供给不足，出现"用工荒"。与此同时，大专及以上学历人口持续增长，普通劳动力进一步减少，"用工荒"进一步加剧；在高等教育大众化和普及化过程中，人才培养与市场需求日益脱节，高校毕业生"就业难"持续加剧，由此导致"用工荒"和"就业难"并存的就业结构性矛盾持续加剧。

四、职业技能培训体系和能力建设不足

随着人工智能、云计算、大数据等高新技术的快速发展和广泛应用，产业结构不断迭代升级，产生了大量新业态，催生了大量新职业；与此同时，机器人等自动化设备大规模进入生产和服务领域，在传统制造业、服务业等行业淘汰了大量旧职业。据世界经济论坛《未来职业报告 2020》估计，到 2025 年，将会产生 9700 万个工作岗位，同时，机器生产在整个产业中的占比将会达到 52%，8500 万个工作岗位将消失。在科技发展的大潮中，有些职业虽然能够保留，但是其技能结构发生显著变化，旧技能不断被淘汰，新技能不断被重视。最需要的技能包括批判性思维、分析和问题解决技能，自我管理技能，如主动学习、韧性、压力承受、灵活性等方面的技能。要获得这些技能，平均约 40% 的劳动者需要接受等于或小于 6 个月的技能培训。对于保住工作岗位的劳动者来说，未来 5 年，40% 的核心技能将会改变，50% 的劳动者需要接受技能培训。

据麦肯锡全球研究院研究报告，到 2030 年，多达 2.2 亿中国劳动者（占劳动力队伍的 30%）可能因自动化技术的影响而变更职业。这对劳动者技能素质提出了更高的要求，而且变化速度在加快，频率在提高，需要职业技能培训及时跟进。但是现有的职业技能培训难以适应数字技术、人工智能发展要求，很多还停留在传统职业技能层面，无法满足科技进步带来的技能培训需求，针对性有效性也需进一步提高。

据人力资源和社会保障部统计数据，2012～2019 年，职业技能培训作为每年的常态项工作，培训数量相对稳定，平均 2200 万余人，但是相较每年近 8 亿的劳动力来看，覆盖比例非常低，平均下来仅为 3%，远远无法满足劳动者职业发展的需求。

职业技能培训是开发劳动力市场中存量劳动力的主要手段。当前，职业技能培训远不能满足劳动者职业发展需求，整体上反映职业技能培训体

系和能力建设不足。

近些年，尽管国家对职业技能培训的重视程度不断加强，出台政策促进职业技能培训发展，但是企业和劳动者参加职业技能培训的内生动力不足。不少企业认为，职业技能培训是政府主导的事项，是政府的责任，企业缺乏积极性，不愿意花费人力物力开展职业技能培训、帮助员工提升技能水平，企业内部也没有将职业技能培训与员工考核和绩效薪酬挂钩，员工也缺乏参加职业技能培训的内生动力和积极性。

政府主导职业技能培训，培训内容与企业需求脱节，难以提升员工解决实际问题的技能水平，培训方式单一，培训效果往往难以达到预期。一项针对专业技术人员的问卷调查（吴乐乐，2020）显示，在16387个受访者中，44.43%的受访者认为，课程内容与工作联系不够紧密，对学员职业能力、职业素养的提升有限，教育、卫生、文化、建筑等行业反馈公需科目与专业发展相关性不高，专业科目对专业技能的指导不强，个人选修科目的考核设置不规范等。

五、人才引进难以满足国内需求

1. 引进外国人才的总量不足

第七次人口普查结果显示，在我国居住的外籍人员共845697人，占我国总人口的0.06%。2019年，世界移民占总人口的比例平均为3.5%，我国是世界上移民人口占比最低的国家之一，来华工作的外国人和在华永久居留的外国人规模很小，难以满足经济社会发展对外国人才的需求。

2. 引进外国人才的结构不合理

2017年，新增的来华工作外国人所从事的职业覆盖了20个主要行业，但是主要集中于批发和零售业、租赁和商务服务业、教育业和制造业，高端人才紧缺的信息技术业、科研和技术服务业等行业引进的外国人才规模很小。

3. 引进外国人才的层次不高

2017年，在我国新增来华工作外国人中，具有博士、硕士学历的占比分别为5%、22%。从人才类别看，A（外国高端人才）、B（外国专业人才）、C（其他外国人员）类人才的占比分别为14%、66%、20%，外国高端人才的占比不高。

六、传统的身份管理制度设计限制了人才发展

1. 专业技术人才和技能人才的制度体系处于两个平行轨道

专业技术人才和技能人才制度体系承袭了计划经济时期的干部和工人身份划分。在人才使用上，专业技术人才和技能人才处于两个平行的职业发展通道上，技能人才的岗位等级少，职业发展的天花板效应明显；在人才评价方面，职称制度与职业技能等级制度并行，虽然这两个评价制度在某些专业领域进行了贯通，但是二者之间差异明显；在人才激励方面，专业技术人才和技能人才的工资体系并行，技能人才的起薪工资低，薪级数量少，薪级差距小，薪酬激励力度小；在人才培训方面，专业技术人员继续教育体系和职业技能培训体系并行，职业技能培训在经费投入、制度规范等方面明显弱于专业技术人才继续教育。在专业技术人才和技能人才的平行制度设计中，技能人才处于弱势地位，限制了技能人才的发展。

2. 农村实用人才、社会工作人才的制度体系还不健全

党政人才、国有企业经营管理人才、专业技术人才、技能人才的使用、评价、激励、培训、流动等制度相对比较完善，但是对于农村实用人才和社会工作人才，人才发展的制度体系还不存在或不完善。尽管有些地方为农村实用人才评定职称，但是大多数人没有适合的职称系列，2010～2019 年，没有或未评定职称的农村实用人才达到九成。

3. 大量涌现的新职业人才还没有明确的职业发展通道

现有的"六支队伍"人才分类较多地考虑了身份、行业等因素，制度体系较为固化，随着科技进步和经济社会发展的不断深入，大量新职业人才应运而生，当前的人才发展制度体系难以将其及时纳入。

七、科技发展加剧了人才供需不平衡

1. 科技发展催生了大量新职业

随着人工智能、云计算、大数据等高新技术的快速发展和广泛应用，产业结构不断迭代升级，由此产生了新的业态，催生了大量新职业。据世界经济论坛《未来职业报告2020》估计，到2025 年，将会产生9700 万个工作岗位，其中最热门的 5 个新职业是数据分析师、人工智能和机器学习

专家、大数据专家、数字营销和战略专家、过程自动化专家。

人社部近几年也发布了数十个新职业，这些新职业大都集中在高新技术领域，或者与高新技术相关的领域。

2. 科技发展淘汰了大量旧职业

科技发展不仅催生了大量新职业，机器人等自动化设备的大规模应用也取代了很多旧职业。据世界经济论坛《未来职业报告 2020》估计，到2025 年，机器生产在整个产业中的占比将会达到 52%，8500 万个工作岗位将消失，其中最有可能消失的 5 个职业是数据录入员、行政和执行秘书、会计师和审计师、装配和工厂工人、商业服务人员。

3. 科技发展改变了职业技能结构

在科技发展的大潮中，有些职业虽然能够保留，但是其技能结构发生显著变化，有些旧技能退出，有些新技能进入。据世界经济论坛《未来职业报告 2020》调查，到 2025 年，最需要的技能包括批判性思维、分析和问题解决技能，自我管理技能，如主动学习、韧性、压力承受、灵活性等方面的技能。要获得这些技能，平均约 40% 的劳动者需要接受等于或小于6 个月的技能培训。对于保住工作岗位的劳动者来说，未来 5 年，40% 的核心技能将会改变，50% 的劳动者需要接受技能培训。

第三节　人才队伍建设的对策建议

加强人力资源开发利用，建设新时代人才强国，是一项复杂的社会系统工程，必须聚焦人才供给侧改革，统筹考虑人才队伍规模、结构、质量等问题，着力提高人才整体素质，以高质量人才队伍支撑中国式现代化。

一、健全支持生育的政策体系

人才队伍建设必须以一定规模的人口数量为支撑。国际上通常认为总和生育率至少要达到 2.1，人口才能达到世代更替水平，一旦降至 1.5 以下，就有跌入"低生育率陷阱"的可能。我国 2020 年和 2021 年连续两年的总和生育率已经低于 1.5，必须采取有效措施，积极应对出生人口快速下滑趋势。二十届中央财经委员会第一次会议指出，努力保持适度生育水平和人口规模。因此，必须健全支持生育的政策体系，抓住主要矛盾，健全中央政府、地方政府、用人单位、家庭之间合理的生育成本分担机制。大幅提高 3 岁以下婴幼儿照护个人所得税专项附加扣除标准，并将其延伸至学龄前，提高生育期女性在劳动力市场上的竞争力，扩大女性劳动力供给。这样不会增加用人单位负担，不会降低用人单位对女性劳动力的需求，也不会引起对女性劳动力的歧视。针对不能享受婴幼儿照护个人所得税专项附加扣除的劳动力市场中低收入群体和劳动力市场之外的女性，发放婴幼儿照护补贴。

二、健全以职业分类为基础的人才分类体系

技能人才发展处于弱势地位，与传统的人才身份管理有关。专业技术人才和技能人才的制度体系沿袭了计划经济时期的干部和工人身份划分，后来虽然出台了贯通专业技术人才与技能人才职业发展通道的政策，但是在实践中对提升技能人才地位的作用有限。此外，依据行业划分科技人才、市场经营管理人才、社会工作人才、农村实用人才等，没有体现人才发展的职业特点。因此，健全以职业分类为基础的人才分类体系，为各职业人才发展提供公平的制度环境，释放和激发各职业人才的活力和积极性，是推动人才队伍建设的应有之义。

按照职业将技能人才与科技人才、专业技术人才、党政管理人才、市场经营管理人才、社会工作人才、农村实用人才等其他各行各业的所有人才进行统一分类。划分每一职业的发展等级，每一等级标准体现不同职业发展阶段对劳动者知识、技能和能力的不同要求。基于职业类别及其发展等级，建立统一的人才发展制度体系，统筹各类人才的使用、评价、激励、培训制度，使每一职业的人才都能在统一、公平的制度体系内得到高质量发展。

三、健全人才队伍建设监测体系

党的二十大提出，教育、科技、人才是现代化建设的基础性、战略性支撑，中等职业教育和高等教育人才培养要坚持面向世界科技前沿、面向经济主战场、面向国家重大需求、面向人民生命健康，聚焦实现高水平科技自立自强，人才培养的规模、结构、质量要适合化解就业结构性矛盾。

因此，健全人才队伍建设监测体系，及时监测教育、科技、人才发展之间的联系，是教育强国、科技强国、人才强国内在一致性和相互支撑性上的重要体现。

建立以专业分类为基础的职业院校和高等院校毕业生就业调查统计体系，定期调查和发布各专业毕业生的就业情况，引导职业院校和高等院校以市场需求为导向设置专业和培养人才。完善以职业分类为基础的就业监测体系，设计监测预警指标，创新调查统计机制，定期调查和发布各职业人才需求和供给情况，引导人才合理有序流动。建立以职业分类为基础的人口结构变化和劳动力供求状况监测预警体系，为制定劳动力和人才开发政策提供科学依据。

四、健全职业技能培训体系

职业技能培训是全面提升劳动者就业创业能力、缓解技能人才短缺的结构性矛盾、提高就业质量的根本举措，是适应高质量发展、开辟发展新领域新赛道、塑造发展新动能新优势、推进供给侧结构性改革的内在要求，对落实创新驱动发展战略、推进制造强国建设、提高全要素生产率、推动经济迈上中高端具有重要意义。

明确企业培训主体地位，充分发挥企业主体作用，将企业职工培训作为职业技能培训工作的重点，完善激励政策，支持企业大规模开展职业技能培训，鼓励规模以上企业建立职业培训机构开展职工培训，积极面向中小企业和社会承担培训任务，降低企业兴办职业培训机构成本，提高企业积极性。

建立以职业分类为基础的职业技能需求调查机制，定期调查科技进步、产业转型升级对每一职业技能结构的影响，制定和更新职业技能标准；建立职业技能标准与专业教学标准的联动开发机制，以职业技能标准为基础，推进专业设置、课程内容与之衔接，制定人才培养标准和课程规范，形成对接紧密、动态调整的职业教育培训课程体系；加强职业技能培训能力建设，统筹各类培训资源，推进培训机构、师资队伍建设，创新培训效果评估和反馈机制，加大技能重构和素质提升的培训力度。

参 考 文 献

鲍威，田明周，陈得春（2021）. 新形势下海外高端人才的归国意愿及其影响因素. 高等教育研究. 42（2）：24 – 34.

北京大学（2022）. 外国留学生奖学金概览，http：//www. isd. pku. edu. cn/index/jxj. htm.

北京留信信息科学研究院（2020）. 春晖计划，留学人员信用信息服务网，https：//www. cscss. com. cn/CH.

成都经开区人力资源和社会保障局（2022）. 关于开展 2022 年度中国留学人员回国创业启动支持计划申报工作的通知，http：//gk. chengdu. gov. cn/govInfo/detail. action?id = 3261033&tn = 2.

成都市人力资源和社会保障局（2018a）. 关于开展 2018 年度中国留学人员回国创业启动支持计划申报工作的通知，http：//gk. chengdu. gov. cn/govInfo/detail. action?id = 1889024&tn = 2.

成都市人力资源和社会保障局（2018b）. 关于开展 2019 年度中国留学人员回国创业启动支持计划申报工作的通知，http：//gk. chengdu. gov. cn/govInfo/detail. action?id = 2142504&tn = 2.

成都市人力资源和社会保障局（2020）. 关于开展 2020 年度中国留学人员回国创业启动支持计划申报工作的通知，http：//gk. chengdu. gov. cn/govInfo/detail. action?id = 2584405&tn = 2.

成都市人力资源和社会保障局（2021）. 关于开展 2021 年度中国留学人员回国创业启动支持计划申报工作的通知，http：//gk. chengdu. gov. cn/govInfo/detail. action?id = 2833274&tn = 2.

程瑶、章冬斌（2008）. 2020 年前适龄人口变化与普通高等教育规模发展趋势分析，教育科学，2008（5）：11 – 14.

邓小平（1994）. 邓小平文选第二卷, 人民出版社, 1994: 106.

丁雅诵、闫伊乔（2021）. 高职和中职毕业生半年后就业率分别稳定在90%、95% 左右, http://politics. people. com. cn/n1/2021/1220/c1001 – 32311746. html.

郜岭（2009）. 我国专业技术人员继续教育30年回顾与展望（上）. 成人教育, 2009（7）: 4 – 7.

公安部（2015a）. 公安部: 出入境政策措施支持上海科技创新中心建设, http://www. gov. cn/xinwen/2015 – 06/10/content_2876595. htm.

公安部（2015b）. 公安部推出支持北京创新发展20项出入境政策措施, http://www. gov. cn/xinwen/2016 – 01/12/content_5032325. htm.

公安部（2016）. 公安部推出支持广东自贸区建设及创新驱动发展16项出入境政策措施, http://www. gov. cn/xinwen/2016 – 07/18/content_5092496. htm.

公安部、外交部（2004）. 外国人在中国永久居留审批管理办法, http://www. gov. cn/gongbao/content/2005/content_64214. htm.

国家教委、国家计委（1997）. 关于普通中等专业学校招生并轨改革的意见, 国家教育委员会政报, 1998（Z1）: 85 – 87.

国家教育委员会（1990）. 发布《关于具有大学和大学以上学历人员自费出国留学的补充规定》的通知, http://www. beijing. gov. cn/zhengce/zfwj/zfwj/bgtwj/201905/t20190523_73962. html.

国家教育委员会（1993）. 关于自费出国留学有关问题的通知, http://fgcx. bjcourt. gov. cn: 4601/law? fn = chl342s261. txt.

国家教育委员会计划财务司（1986）. 中国教育成就统计资料1980 – 1985, 人民教育出版社, 1986.

国家教育委员会计划财务司（1988）. 中国教育统计年鉴1987, 北京工业大学出版社, 1988.

国家教育委员会计划财务司（1989）. 中国教育统计年鉴1988, 北京工业大学出版社, 1989.

国家教育委员会计划财务司（1990）. 中国教育统计年鉴1989, 人民教育出版社, 1990.

国家教育委员会计划财务司（1991a）. 中国教育统计年鉴1990, 人民教育出版社，1991.

国家教育委员会计划建设司（1991b）. 中国教育成就统计资料 1986 – 1990，人民教育出版社，1991.

国家教育委员会计划建设司（1992）. 中国教育统计年鉴 1991 – 1992，人民教育出版社，1992.

国家教育委员会计划建设司（1993）. 中国教育事业统计年鉴 1992，人民教育出版社，1993.

国家教育委员会计划建设司（1994a）. 中国教育事业统计年鉴 1993，人民教育出版社，1994.

国家教育委员会计划建设司（1994b）. 中国教育事业统计年鉴 1994，人民教育出版社，1994.

国家教育委员会计划建设司（1996）. 中国教育事业统计年鉴 1995，人民教育出版社，1996.

国家教育委员会计划建设司（1997）. 中国教育事业统计年鉴 1996，人民教育出版社，1997.

国家科委（1985a）. 关于试办博士后科研流动站申请办法的通知，https：//www. edu. cn/jiao _ shi _ pin _ dao/postdoc/info/200704/t20070425 _ 230227. shtml.

国家科委（1985b）. 关于建立博士后科研流动站若干问题的通知，1985.

国家科委（1986）. 关于印发《博士后研究人员管理工作暂行规定》的通知，https：//www. doc88. com/p – 2901007606898. html.

国家留学基金管理委员会（2021a）. 奖学金指南，https：//www. campuschina. org/zh/scholarships/index. html.

国家留学基金管理委员会（2021b）. 申报指南，国家留学网，https：//www. csc. edu. cn/chuguo.

国家留学基金管理委员会（2021c）. 2021 年度"国家优秀自费留学生奖学金"项目实施细则，http：//yxzfs. csc. edu. cn/scholarship/doc/shishixize. pdf.

国家留学基金管理委员会（2007）."国家优秀自费留学生奖学金"实施细则，http：//www. moe. gov. cn/srcsite/zsdwxxgk/200708/t20070827_62086. html.

国家统计局、科学技术部（2011）．中国科技统计年鉴 2011，中国统计出版社，2011．

国家统计局、科学技术部（2012）．中国科技统计年鉴 2012，中国统计出版社，2012．

国家统计局、科学技术部（2013）．中国科技统计年鉴 2013，中国统计出版社，2013．

国家统计局、科学技术部（2014）．中国科技统计年鉴 2014，中国统计出版社，2014．

国家统计局、科学技术部（2015）．中国科技统计年鉴 2015，中国统计出版社，2015．

国家统计局人口和就业统计司（2005）．中国人口统计年鉴 2005，中国统计出版社，2005．

国家统计局人口和就业统计司（2006）．中国人口统计年鉴 2006，中国统计出版社，2006．

国家统计局人口和就业统计司（2007）．中国人口和就业统计年鉴 2007，中国统计出版社，2007．

国家统计局人口和就业统计司（2008）．中国人口和就业统计年鉴 2008，中国统计出版社，2008．

国家统计局人口和就业统计司（2009）．中国人口和就业统计年鉴 2009，中国统计出版社，2009．

国家统计局人口和就业统计司（2010）．中国人口和就业统计年鉴 2010，中国统计出版社，2010．

国家统计局人口和就业统计司（2012）．中国人口和就业统计年鉴 2011，中国统计出版社，2012．

国家统计局人口和就业统计司（2013a）．中国人口和就业统计年鉴 2012，中国统计出版社，2013．

国家统计局人口和就业统计司（2013b）．中国人口和就业统计年鉴 2013，中国统计出版社，2013．

国家统计局人口和就业统计司（2014）．中国人口和就业统计年鉴 2014，中国统计出版社，2014．

国家统计局人口和就业统计司（2015）．中国人口和就业统计年鉴

2015，中国统计出版社，2015.

国家统计局人口和就业统计司（2017a）．中国人口和就业统计年鉴2016，中国统计出版社，2017.

国家统计局人口和就业统计司（2017b）．中国人口和就业统计年鉴2017，中国统计出版社，2017.

国家统计局人口和就业统计司（2018）．中国人口和就业统计年鉴2018，中国统计出版社，2018.

国家统计局人口和就业统计司（2019）．中国人口和就业统计年鉴2019，中国统计出版社，2019.

国家统计局人口和就业统计司（2020）．中国人口和就业统计年鉴2020，中国统计出版社，2020.

国家统计局人口和就业统计司（2021）．中国人口和就业统计年鉴2021，中国统计出版社，2021.

国家统计局人口和社会科技统计司（1999）．中国人口统计年鉴1999，中国统计出版社，1999.

国家统计局人口和社会科技统计司（2000）．中国人口统计年鉴2000，中国统计出版社，2000.

国家统计局人口和社会科技统计司（2001）．中国人口统计年鉴2001，中国统计出版社，2001.

国家统计局人口和社会科技统计司（2002）．中国人口统计年鉴2002，中国统计出版社，2002.

国家统计局人口和社会科技统计司（2003）．中国人口统计年鉴2003，中国统计出版社，2003.

国家统计局人口和社会科技统计司（2004）．中国人口统计年鉴2004，中国统计出版社，2004.

国家统计局人口与就业统计司（1996）．中国人口统计年鉴1996，中国统计出版社，1996.

国家统计局人口与就业统计司（1997）．中国人口统计年鉴1997，中国统计出版社，1997.

国家统计局人口与就业统计司（1998）．中国人口统计年鉴1998，中国统计出版社，1998.

国家统计局社会科技和文化产业统计司、科学技术部创新发展司（2016）. 中国科技统计年鉴 2016，中国统计出版社，2016.

国家统计局社会科技和文化产业统计司、科学技术部创新发展司（2017）. 中国科技统计年鉴 2017，中国统计出版社，2017.

国家统计局社会科技和文化产业统计司、科学技术部战略规划司（2018）. 中国科技统计年鉴 2018，中国统计出版社，2018.

国家统计局社会科技和文化产业统计司、科学技术部战略规划司（2019）. 中国科技统计年鉴 2019，中国统计出版社，2019.

国家统计局社会科技和文化产业统计司、科学技术部战略规划司（2020）. 中国科技统计年鉴 2020，中国统计出版社，2020.

国家统计局社会科技和文化产业统计司、科学技术部战略规划司（2021）. 中国科技统计年鉴 2021，中国统计出版社，2021.

国家统计局社会科技和文化产业统计司、科学技术部战略规划司（2022）. 中国科技统计年鉴 2022，中国统计出版社，2022.

国家统计局（1991）. 中国统计年鉴 1991，中国统计出版社，1991.

国家统计局（1996）. 中国统计年鉴 1996，中国统计出版社，1996.

国家统计局（1997）. 中国统计年鉴 1997，中国统计出版社，1997.

国家统计局（1998）. 中国统计年鉴 1998，中国统计出版社，1998.

国家统计局（1999）. 中国统计年鉴 1999，中国统计出版社，1999.

国家统计局（2000）. 中国统计年鉴 2000，中国统计出版社，2000.

国家统计局（2001）. 中国统计年鉴 2001，中国统计出版社，2001.

国家统计局（2002）. 中国统计年鉴 2002，中国统计出版社，2002.

国家统计局（2003）. 中国统计年鉴 2003，中国统计出版社，2003.

国家统计局（2004）. 中国统计年鉴 2004，中国统计出版社，2004.

国家统计局（2005）. 中国统计年鉴 2005，中国统计出版社，2005.

国家统计局（2006）. 中国统计年鉴 2006，中国统计出版社，2006.

国家统计局（2007）. 中国统计年鉴 2007，中国统计出版社，2007.

国家统计局（2008）. 中国统计年鉴 2008，中国统计出版社，2008.

国家统计局（2009）. 中国统计年鉴 2009，中国统计出版社，2009.

国家统计局（2010）. 中国统计年鉴 2010，中国统计出版社，2010.

国家统计局（2011）. 中国统计年鉴 2011，中国统计出版社，2011.

国家统计局（2012）．中国统计年鉴2012，中国统计出版社，2012.

国家统计局（2013）．中国统计年鉴2013，中国统计出版社，2013.

国家统计局（2014）．中国统计年鉴2014，中国统计出版社，2014.

国家统计局（2015）．中国统计年鉴2015，中国统计出版社，2015.

国家统计局（2016）．中国统计年鉴2016，中国统计出版社，2016.

国家统计局（2017）．中国统计年鉴2017，中国统计出版社，2017.

国家统计局（2018）．中国统计年鉴2018，中国统计出版社，2018.

国家统计局（2019）．中国统计年鉴2019，中国统计出版社，2019.

国家统计局（2020）．中国统计年鉴2020，中国统计出版社，2020.

国家统计局（2021）．中国统计年鉴2021，中国统计出版社，2021.

国家统计局（2022）．中国统计年鉴2022，中国统计出版社，2022.

国家统计局（2023）．中华人民共和国2022年国民经济和社会发展统计公报，https：//www. gov. cn/xinwen/2023 – 02/28/content_5743623. htm.

国家外国专家局（2017）．关于印发外国人来华工作许可服务指南（暂行）的通知，https：//www. yidaiyilu. gov. cn/zchj/zcfg/21200. htm.

国家外国专家局、国家财政部、国家铁道部、国家外汇管理局、国家计委价格管理司（1994）．关于实行〈外国专家证〉的通知，http：//top. weinan. gov. cn/talents/zcwj/6182. htm.

国家外国专家局、人力资源和社会保障部、外交部、公安部（2017）．关于全面实施外国人来华工作许可制度的通知，http：//wqj. jingzhou. gov. cn/z/zhengwuzhongxin/zhengcefagui/2017 – 09 – 17/1060. html.

国家中长期教育改革和发展规划纲要工作小组办公室（2010）．国家中长期教育改革和发展规划纲要（2010 – 2020年），http：//www. moe. gov. cn/srcsite/A01/s7048/201007/t20100729_171904. html.

国务院（2014a）．国务院关于加快发展现代职业教育的决定，http：//www. scio. gov. cn/ztk/xwfb/2014/gxbjhzyjyggyfzqkxwfbh/xgbd31088/Document/1373573/1373573. htm.

国务院（1980a）．国务院批转教育部、国家劳动总局关于中等教育结构改革的报告的通知，中华人民共和国国务院公报，http：//www. gov. cn/gongbao/shuju/1980/gwyb198016. pdf.

国务院（2014b）．关于深化招生考试制度改革的实施意见，http：//

www. gov. cn/zhengce/content/2014 – 09/04/content_9065. htm.

国务院（1980b）．外国文教专家工作试行条例，https：//www. doc88. com/p – 0317208009563. html?r = 1.

国务院办公厅（2015）．关于改革完善博士后制度的意见，http：// www. gov. cn/zhengce/content/2015 – 12/03/content_10380. htm.

国务院办公厅（1992）．关于在外留学人员有关问题的通知，http：// rlsbj. cq. gov. cn/ywzl/zjrc/sy/tzgg _ 110153/202005/t20200520 _ 7462　559 _ wap. html.

国务院办公厅（2017）．国务院办公厅关于深化产教融合的若干意见， http：//www. gov. cn/zhengce/content/2017 – 12/19/content_5248564. htm.

国务院办公厅（2002）．转发公安部外交部等部门关于为外国籍高层 次人才和投资者提供入境及居留便利规定的通知，http：//www. gov. cn/ zhengce/content/2016 – 10/12/content_5117814. htm.

国务院第七次全国人口普查领导小组办公室（2022）．中国人口普查 年鉴 2020，中国统计出版社，2022. 04.

国务院（2021）．高职和中职毕业生半年后就业率分别稳定在 90%、 95% 左右，http：//www. gov. cn/xinwen/2021 – 12/20/content_5661997. htm.

国务院（2005）．关于大力发展职业教育的决定，http：//www. gov. cn/zwgk/2005 – 11/09/content_94296. htm.

国务院（2002）．关于大力推进职业教育改革与发展的决定，http：// www. gov. cn/gongbao/content/2002/content_61755. htm.

国务院（2016）．关于深入推进新型城镇化建设的若干意见，ht- tps：//www. ndrc. gov. cn/xwdt/ztzl/xxczhjs/ghzc/201605/t20160509 _ 971908. html?code = &state = 123.

国务院（1983）．关于引进国外人才工作的暂行规定，https：// bjlx. pkulaw. com/chl/920aa512b0618202bdfb. html.

国务院（2019）．关于印发国家职业教育改革实施方案的通知，ht- tp：//www. gov. cn/zhengce/content/2019 – 02/13/content_5365341. htm.

国务院（2006）．关于印发实施《国家中长期科学和技术发展规划纲 要（2006—2020 年）》若干配套政策的通知，http：//www. gov. cn/zwgk/ 2006 – 02/26/content_211553. htm.

国务院（1994）.关于《中国教育改革和发展纲要》的实施意见，https：//www. pkulaw. com/chl/a4e36a45be3af997bdfb. html.

国务院（1984）.关于自费出国留学的暂行规定，http：//www. gqb. gov. cn/node2/node3/node5/node9/node106/userobject7ai1352. html.

国务院（1991）.国务院关于大力发展职业技术教育的决定，中华人民共和国国务院公报，1991（36）：1256 – 1261，http：//www. gov. cn/gongbao/shuju/1991/gwyb199136. pdf.

国务院（1982）.国务院批转国家计划委员会关于制定长远规划工作安排的通知，http：//www. beijing. gov. cn/zhengce/zfwj/zfwj/szfwj/201905/t20190523_70881. html.

国务院（1999）.国务院批转教育部面向 21 世纪教育振兴行动计划的通知，中华人民共和国国务院公报，http：//www. gov. cn/gongbao/shuju/1999/gwyb199902. pdf.

国务院（1986）.批转国家教育委员会《关于出国留学人员工作的若干暂行规定》的通知，http：//www. gov. cn/zhengce/content/2012 – 09/21/content_6092. htm?trs = 1.

国务院（1985）.批转国家科学、教育部、中国科学院关于试办博士后科研流动站的报告的通知，https：//china. findlaw. cn/fagui/p_1/88779. html.

国务院人口普查办公室、国家统计局人口和就业统计司（2012）.中国 2010 年人口普查资料，中国统计出版社，2012.

国务院审改办（2015）.关于整合外国人来华工作许可事项意见的函，http：//www. gd. gov. cn/zwgk/zcfgk/content/post_2523990. html.

海关总署、国家计委、国务院经贸办、财政部、交通部、国家税务局、中国汽车工业总公司（1992）.关于回国服务的在外留学人员用现汇购买个人自用国产小汽车有关问题的通知，http：//gdlawyer. chinalawinfo. com/fulltext_form. aspx?Gid = 338257&Db = chl.

海关总署（1984）.引进国外专家入境出境、居留、旅行管理暂行办法，https：//www. 66law. cn/tiaoli/4118. aspx.

韩娟（2012）.中国劳动力培训的模式选择与政策研究——基于发展型社会政策视角，（Doctoral dissertation，浙江大学）：85 – 86.

郝亚琳（2013）.2013 年度中国政府"友谊奖"颁奖大会举行，马凯出席并讲话，http：//news. xinhuanet. com/world/2013 – 09/29/c_117563644. htm.

胡德鑫、王漫（2016）.2016—2032 年我国高等教育规模的趋势预测，教育学术月刊，2016（6）：3 – 7.

胡徽徽、祝怀新（2019）.美国科学荣誉学会的"博士后教育调查"解读. 比较教育研究（4），4.

贾旻、王迎春（2020）.新中国成立 70 年职业教育发展历程、经验与展望，河北大学成人教育学院学报，2020（06）：92.

江西省人民政府办公厅（2019）.关于推广支持创新相关改革举措的通知，http：//zfgb. jiangxi. gov. cn/art/2019/6/6/art_21062_698473. html.

姜澎（2014）. 中国大学：50 年代院系调整决定今日基本格局 http：//edu. people. com. cn/n/2014/0416/c1053 – 24902645. html.

教育部（2011a）.关于发挥行业指导作用推进职业教育改革发展的意见，http：//www. gov. cn/gongbao/content/2012/content_2041868. htm.

教育部（2005a）. 关于加快发展中等职业教育的意见，http：//www. moe. gov. cn/srcsite/A07/s7055/200502/t20050228_181879. html.

教育部（2008a）.关于进一步深化中等职业教育教学改革的若干意见，http：//www. moe. gov. cn/srcsite/A07/s7055/200812/t20081213_79148. html.

教育部（2015a）. 关于深化职业教育教学改革 全面提高人才培养质量的若干意见，http：//www. moe. gov. cn/srcsite/A07/moe _953/201508/t20150817_200583. html.

教育部（2000a）.关于印发《关于全面推进素质教育、深化中等职业教育教学改革的意见》的通知，http：//www. moe. gov. cn/s78/A07/zcs_left/moe_953/201001/t20100129_8932. html.

教育部（2022a）.广东职业教育这十年：21 地市全覆盖，高职在校生占比过半，http：//www. moe. gov. cn/fbh/live/2022/54487/mtbd/202205/t20220525_630338. html.

教育部（2007a）.教育部公布 2006 年度各类留学人员情况统计结果，http：//www. moe. gov. cn/jyb_xwfb/gzdt_gzdt/moe_1485/tnull_20197. html.

教育部（2018a）.2017 年出国留学、回国服务规模双增长，http：//www. moe. gov. cn/jyb_xwfb/gzdt_gzdt/s5987/201803/t20180329_331771. html.

教育部（2020a）.2019 年度出国留学人员情况统计，http：//www. moe. gov. cn/jyb_xwfb/gzdt_gzdt/s5987/202012/t20201214_505447. html.

教育部（2010a）.2009 年度我国出国留学人员情况，http：//www. moe. gov. cn/jyb_xwfb/gzdt_gzdt/moe_1485/201009/t20100915_108063. html.

教育部（2016a）.2015 年度我国出国留学人员情况，http：//www. moe. gov. cn/jyb_xwfb/gzdt_gzdt/s5987/201603/t20160316_233837. html.

教育部（2012a）.2011 年度我国出国留学人员情况统计，http：//www. moe. gov. cn/jyb_xwfb/gzdt_gzdt/s5987/201202/t20120210_130328. html.

教育部（2014a）.2013 年度我国留学人员情况，http：//www. moe. gov. cn/jyb_xwfb/gzdt_gzdt/s5987/201402/t20140221_164235. html.

教育部（2021a）.2020 年全国教育事业发展统计公报，http：//www. moe. gov. cn/jyb_sjzl/sjzl_fztjgb/202108/t20210827_555004. html.

教育部（2017a）.2016 年中职毕业生就业率达 96. 72%，http：//www. moe. gov. cn/jyb_xwfb/gzdt_gzdt/s5987/201704/t20170421_303035. html.

教育部（2022b）.从"层次"到"类型"职业教育进入高质量发展新阶段，http：//www. moe. gov. cn/fbh/live/2020/52735/mtbd/202012/t20201209_504263. html.

教育部（2021b）.对十三届全国人大四次会议第 2629 号建议的答复，http：//www. moe. gov. cn/jyb_xxgk/xxgk_jyta/jyta_zcs/202111/t20211102_577142. html.

教育部（2007b）.关于进一步加强引进海外优秀留学人才工作的若干意见，http：//www. gov. cn/ztzl/kjfzgh/content_883641. htm.

教育部（2000b）.关于妥善解决优秀留学回国人员子女入学问题的意见，https：//www. pkulaw. com/chl/4b44ae212a3fb161bdfb. html.

教育部（2018b）.关于印发《来华留学生高等教育质量规范（试行）》的通知，http：//fao. zzuli. edu. cn/_t696/2021/1105/c19033a251123/page. htm.

教育部（2016b）.关于印发《推进共建"一带一路"教育行动》的通知，2016. 07，http：//www. moe. gov. cn/srcsite/A20/s7068/201608/t20160811_274679. html.

教育部（2010b）.国家中长期教育改革和发展规划纲要（2010 – 2020

年). http：//www. moe. gov. cn/srcsite/A01/s7048/201007/t20100729_171904. html，2010 - 07 - 29.

教育部（2020b）. 教育部等八部门印发意见加快和扩大新时代教育对外开放，http：//www. moe. gov. cn/jyb_xwfb/s5147/202006/t202 00623_467784. html.

教育部（2008b）. 教育部公布 2007 年度各类留学人员情况统计结果，http：//www. moe. gov. cn/jyb_xwfb/gzdt_gzdt/moe_1485/tnull_27184. html.

教育部（2005b）. 教育部公布 2004 年度各类留学人员情况统计结果，http：//www. moe. gov. cn/srcsite/A20/moe_851/200502/t20050221_78193. html.

教育部（2012b）. 留学中国计划，http：//www. moe. gov. cn/jyb_xwfb/moe_2082/s6236/s6811/201209/t20120903_141518. html.

教育部（2015b）. 2014 年度我国出国留学人员情况，http：//www. moe. gov. cn/jyb_xwfb/gzdt_gzdt/s5987/201503/t20150305_186107. html.

教育部（2011b）. 2010 年我国出国留学人数和留学回国人数双增长，http：//www. moe. gov. cn/jyb_xwfb/gzdt_gzdt/s5987/201103/t2011 0302_128436. html.

教育部（2014b）. 2013 年中等职业学校毕业生平均就业率 96.81% 就业质量不断提高，http：//www. moe. gov. cn/jyb_xwfb/gzdt_gzdt/s5987/201402/t20140225_164584. html.

教育部（2017b）. 十八大以来国家公派出国留学情况，http：//www. moe. gov. cn/jyb_xwfb/xw_fbh/moe_2069/xwfbh_2017n/xwfb_170301/170301_sfcl/201703/t20170301_297674. html.

教育部（2020c）. 关于规范我国高等学校接受国际学生有关工作的通知，http：//www. moe. gov. cn/srcsite/A20/moe_850/202006/t20200609_464159. html.

教育部（2022c）. 关于印发《职业教育专业目录（2021 年）》的通知 http：//www. moe. gov. cn/srcsite/A07/moe_953/202103/t20210319_521135. html.

教育部（2007c）. 2006 年全国中等职业学校毕业生就业率达 95.6%，http：//www. moe. gov. cn/jyb_xwfb/gzdt_gzdt/moe_1485/tnull_22911. html.

教育部（2010c）. 2009 年全国中等职业学校毕业生就业情况，http：//

www. moe. gov. cn／jyb_sjzl／s3165／201006／t20100623_89987. html.

教育部（2011c）. 2010 年全国中等职业学校毕业生就业情况，http：／／www. moe. gov. cn／jyb_xwfb／xw_fbh／moe_2606／s5155／s5736／s5737／201104／t20110415_121022. html.

教育部（2012c）. 2011 年全国中等职业学校毕业生平均就业率 96. 71%，http：／／www. moe. gov. cn／jyb_xwfb／gzdt_gzdt／s5987／201207／t20120724_139826. html.

教育部（2008c）. 2007 年全国中等职业学校毕业生平均就业率在 96%以上，http：／／www. moe. gov. cn／jyb_xwfb／gzdt_gzdt／moe_1485／tnull_9560. html.

教育部（2016c）. 2015 年全国中职毕业生就业率达 96. 30% 就业质量稳步提升，http：／／www. moe. gov. cn／jyb_xwfb／gzdt_gzdt／s5987／201602／t20160225_230535. html.

教育部（2015c）. 2014 年全国中职毕业生就业率达 96. 68% 就业质量稳步提升，http：／／www. moe. gov. cn／jyb_xwfb／gzdt_gzdt／s5987／201503／t20150303_186003. html.

教育部（2020d）. 各级各类学历教育学生情况. http：／／www. moe. gov. cn／jyb_sjzl／moe_560／2020／quanguo／202108／t20210831_556364. html

教育部（2022d）. 2021 年全国教育事业发展统计公报，http：／／www. moe. gov. cn／jyb_sjzl／sjzl_fztjgb／202209／t20220914_660850. html.

教育部（2020e）. 关于取消《留学回国人员证明》的公告，http：／／ir. mofcom. gov. cn／article／d／202010／20201003005967. shtml.

教育部（2022e）. 职业教育这十年：培养数以亿计的高素质产业生力军，http：／／www. moe. gov. cn／fbh／live／2022／54487／mtbd／202205／t20220525_630163. html

教育部办公厅（2010）. 关于印发《中等职业学校专业设置管理办法（试行）》的通知，http：／／www. moe. gov. cn／srcsite／A07／moe_953／201009／t20100910_109002. html.

教育部办公厅（2021）. 关于做好 2021 年中等职业学校招生工作的通知，http：／／www. moe. gov. cn／srcsite／A07／moe_950／202104／t20210406_524618. html.

教育部办公厅（2003）．教育部办公厅关于简化大专以上学历人员自费出国留学审批手续的通知，http：//wap. moe. gov. cn/jyb_xxgk/gk_gbgg/moe_0/moe_9/moe_33/tnull_460. html.

教育部财务司、国家统计局社会科技和文化产业统计司（2022）．中国教育经费统计年鉴2021，中国统计出版社，2022.

教育部发展规划司（1999）．中国教育统计年鉴1998，人民教育出版社，1999.

教育部发展规划司（2000）．中国教育统计年鉴1999，人民教育出版社，2000.

教育部发展规划司（2001）．中国教育事业统计年鉴2000，人民教育出版社，2001.

教育部发展规划司（2002）．中国教育统计年鉴2001，人民教育出版社，2002.

教育部发展规划司（2003）．中国教育统计年鉴2002，人民教育出版社，2003.

教育部发展规划司（2004）．中国教育统计年鉴2003，人民教育出版社，2004.

教育部发展规划司（2005）．中国教育统计年鉴2004，人民教育出版社，2005.

教育部发展规划司（2006）．中国教育统计年鉴2005，人民教育出版社，2006.

教育部发展规划司（2007）．中国教育统计年鉴2006，人民教育出版社，2007.

教育部发展规划司（2008）．中国教育统计年鉴2007，人民教育出版社，2008.

教育部发展规划司（2009）．中国教育统计年鉴2008，人民教育出版社，2009.

教育部发展规划司（2010）．中国教育统计年鉴2009，人民教育出版社，2010.

教育部发展规划司（2011）．中国教育统计年鉴2010，人民教育出版社，2011.

教育部发展规划司（2013a）．中国教育统计年鉴 2011，人民教育出版社，2013.

教育部发展规划司（2013b）．中国教育统计年鉴 2012，人民教育出版社，2013.

教育部发展规划司（2014）．中国教育统计年鉴 2013，人民教育出版社，2014.

教育部发展规划司（2015）．中国教育统计年鉴 2014，人民教育出版社，2015.

教育部发展规划司（2016）．中国教育统计年鉴 2015，中国统计出版社，2016.

教育部发展规划司（2017）．中国教育统计年鉴 2016，中国统计出版社，2017.

教育部发展规划司（2018）．中国教育统计年鉴 2017，中国统计出版社，2018.

教育部发展规划司（2019）．中国教育统计年鉴 2018，中国统计出版社，2019.

教育部发展规划司（2020）．中国教育统计年鉴 2019，中国统计出版社，2020.

教育部发展规划司（2021）．中国教育统计年鉴 2020，中国统计出版社，2021.

教育部发展规划司（2022）．中国教育统计年鉴 2021，中国统计出版社，2022.

教育部、公安部、外交部、劳动人事部（1982）．关于自费出国留学的规定，http：//www. beijing. gov. cn/zhengce/zfwj/zfwj/szfwj/201905/t20190523_70635. html.

教育部（1999）．关于调整中等职业学校布局结构的意见，http：//www. moe. gov. cn/s78/A07/zcs_left/moe_950/201001/t20100129_2534. html.

教育部国际交流与合作司（2000）．来华留学生简明统计 1999（内部出版物）.

教育部国际交流与合作司（2001）．来华留学生简明统计 2000.（内部出版物）.

教育部国际交流与合作司（2002）．来华留学生简明统计2001．（内部出版物）．

教育部国际交流与合作司（2003）．来华留学生简明统计2002．（内部出版物）．

教育部国际交流与合作司（2004）．来华留学生简明统计2003．（内部出版物）．

教育部国际交流与合作司（2005）．来华留学生简明统计2004．（内部出版物）．

教育部国际交流与合作司（2006）．来华留学生简明统计2005．（内部出版物）．

教育部国际交流与合作司（2007）．来华留学生简明统计2006．（内部出版物）．

教育部国际交流与合作司（2008）．来华留学生简明统计2007．（内部出版物）．

教育部国际交流与合作司（2009）．来华留学生简明统计2008．（内部出版物）．

教育部国际交流与合作司（2010）．来华留学生简明统计2009．（内部出版物）．

教育部国际交流与合作司（2011）．来华留学生简明统计2010．（内部出版物）．

教育部国际交流与合作司（2012）．来华留学生简明统计2011．（内部出版物）．

教育部国际交流与合作司（2013）．来华留学生简明统计2012．（内部出版物）．

教育部国际交流与合作司（2014）．来华留学生简明统计2013．（内部出版物）．

教育部国际交流与合作司（2015）．来华留学生简明统计2014．（内部出版物）．

教育部国际交流与合作司（2016）．来华留学生简明统计2015．（内部出版物）．

教育部国际交流与合作司（2017）．来华留学生简明统计2016．（内部出版物).

教育部国际交流与合作司（2018）. 来华留学生简明统计 2017. （内部出版物).

教育部国际交流与合作司（2019）. 来华留学生简明统计 2018. （内部出版物).

教育部、国家发展改革委、财政部、人力资源和社会保障部、农业部、国务院扶贫办（2014）. 关于印发《现代职业教育体系建设规划（2014－2020 年)》的通知, http：//www. moe. gov. cn/srcsite/A03/moe _1892/moe_630/201406/t20140623_170737. html.

教育部、国家发展改革委、财政部、人力资源和社会保障部、农业农村部、退役军人部（2019）. 关于印发《高职扩招专项工作实施方案》的通知, http：//www. moe. gov. cn/srcsite/A07/moe _737/s3876 _ qt/201905/t20190513_381825. html.

教育部、国家发展改革委、财政部、人事部、劳动保障部、农业部、国务院扶贫办（2004）. 关于进一步加强职业教育工作的若干意见, http：//www. moe. gov. cn/srcsite/A07/moe_737/s3876_qt/200409/t20040914_181883. html.

教育部、国家发展改革委、工业和信息化部、财政部、人力资源和社会保障部、国家税务总局（2018）. 关于印发《职业学校校企合作促进办法》的通知, http：//www. moe. gov. cn/srcsite/A07/s7055/201802/t20180214_327467. html.

教育部计划建设司（1998）. 中国教育事业统计年鉴 1997, 人民教育出版社, 1998. 07.

教育部（2006）. 教育部公布 2005 年度各类留学人员情况统计结果, http：//www. moe. gov. cn/srcsite/A20/moe _851/200602/t20060220 _78192. html.

教育部（2004）. 教育部 2003 年度留学人员情况统计结果, http：//www. moe. gov. cn/srcsite/A20/moe_851/200402/t20040216_78194. html.

教育部、劳动人事部、财政部、国家计委（1983）. 关于改革城市中等教育结构、发展职业技术教育的意见, http：//www. pkulaw. cn/fulltext_form. aspx? Db = chl&Gid = 3104dcf5106d898fbdfb&keyword =% e6% 95%

99% e8% 82% b2% e9% 83% a8% e3% 80% 81% e5% 8a% b3% e5% 8a% a8% e4% ba% ba% e4% ba% 8b% e9% 83% a8% e3% 80% 81% e8% b4% a2% e6% 94% bf% e9% 83% a8% e3% 80% 81% e5% 9b% bd% e5% ae% b6% e8% ae% a1% e5% a7% 94% e5% 85% b3% e4% ba% 8e&EncodingName = &Search_Mode = accurate&Search_IsTitle = 0.

教育部留学服务中心 （2019a）. 中国留学回国就业蓝皮书 2018，中国言实出版社，2019.

教育部留学服务中心 （2019b）. 关于我们，http：//zwfw. cscse. edu. cn/cscse/393884/393890/index. html.

教育部 （2019）. 2018 年度出国留学人员情况统计，http：//www. moe. gov. cn/jyb_xwfb/gzdt_gzdt/s5987/201903/t20190327_375704. html.

教育部 （2023）. 2022 年全国教育事业发展基本情况，http：//www. moe. gov. cn/fbh/live/2023/55167/sfcl/202303/t20230323_1052203. html，2023 – 03 – 23.

教育部 （2009）. 2008 年全国中等职业学校毕业生平均就业率 95. 77%，http：//www. moe. gov. cn/jyb _ xwfb/gzdt _ gzdt/moe _ 1485/tnull _ 46906. html.

教育部 （2013）. 2012 年中职毕业生就业率达 96. 85%，http：//www. moe. gov. cn/jyb_xwfb/gzdt_gzdt/s5987/201308/t20130830_156556. html.

教育部、人力资源和社会保障部、工业和信息化部 （2016）. 关于印发 《制造业人才发展规划指南》 的通知，http：//www. gov. cn/xinwen/ 2017 –02/14/content_5167903. htm.

教育部、外交部、财政部、公安部、人力资源和社会保障部 （2015）. 教育部等五部门关于印发 《2015 – 2017 年留学工作行动计划》 的通知，https：//gjxy. tjnu. edu. cn/info/1096/1379. htm.

教育部、外交部、公安部 （2000）. 高等学校接受外国留学生管理规定，http：//www. gov. cn/bumenfuwu/2012 – 11/15/content_2600414. htm.

教育部、外交部、公安部 （2017）. 学校招收和培养国际学生管理办法，http：//www. moe. gov. cn/srcsite/A02/s5911/moe _ 621/201705/t20170516 _ 304735. html.

教育部（1951）. 中央教育部召开首次中等教育会议，人民教育，

1951 (4)：34.

教育部（1952）：中央人民政府教育部颁发中等技术学校暂行实施办法，人民日报，1952.10.28.

科技部办公厅（2020）．关于下放外国高端人才确认函审发权限的通知，http：//kjj. xinyu. gov. cn/kjj/zfyj/202007/4f5111a17fb44e70b8cdd8c70dafa83a. shtml.

劳动部、公安部、外交部、外经贸部（1996）．外国人在中国就业管理规定，https：//www. nia. gov. cn/News/files/c1459557/1463174. pdf.

李锋亮，王亮（2017）．"我想留在中国工作"——外国留学生的在华就业之路，https：//gjs. ncepu. edu. cn/zlhc/117840. htm.

李尚（2021）．【党史声音日历】全国第一次教育工作会议在北京举行，http：//news. cnr. cn/dj/20211223/t20211223 _525695069. shtml. 2019. 04，http：//world. people. com. cn/n1/2019/0415/c1002 – 31029102. html.

李心萍（2021）．职称改革，以实绩论英雄．人民日报，2021.11.15.

李妍（2019）．我国继续教育地方立法内容及特征研究（硕士学位论文，西南大学）．https：//kns. cnki. net/KCMS/detail/detail. aspx？dbname = CMFD202001&filename = 1020722060. nh.

梁启东（2021）．中国技工现状调查！突破制造业痛点，跨越"技工荒"怪圈，小康，2021.05 上旬刊，https：//www. chxk. com. cn/2021/20210501/2021/0511/1167363. html.

刘国福（2017）．改革中的外国人来华工作法律规制研究，社会科学战线，2017（5）：217 – 226.

刘杨、李祥（2018）．继续教育地方立法的理论与实践反思．成人教育，2018（04）：14 – 19.

柳学智（2018）．构建中国特色外国人才引进制度体系，中国人事科学，2018（01）.

柳学智、苗月霞、冯凌等（2021）．全球基础研究人才指数报告（2020），社会科学文献出版社，2021.

柳学智、苗月霞、冯凌等（2022）．全球基础研究人才指数报告（2021），社会科学文献出版社，2022.

柳学智、苗月霞、冯凌（2020）．文献计量视角下的全球基础研究人才发展报告（2019）．中国社会科学出版社，2020.

柳学智、苗月霞、刘晔等（2023）．全球基础研究人才指数报告（2022），社会科学文献出版社，2023.

柳学智、熊缨等（2015）．技术移民制度比较，党建读物出版社，2015.

龙平平、张曙（2014）．邓小平与恢复高考，http：//dangshi. people. com. cn/n/2014/0307/c85037 – 24559282. html.

陆晓静（2021）．来华留学生省级政府资助政策动因研究，高校教育管理，2021（05）．

麦可思研究院（2011）．2011 年中国大学生就业报告，社会科学文献出版社，2011.

麦可思研究院（2012）．2012 年中国大学生就业报告，社会科学文献出版社，2012.

麦可思研究院（2013）．2013 年中国大学生就业报告，社会科学文献出版社，2013.

麦可思研究院（2014）．2014 年中国大学生就业报告，社会科学文献出版社，2014.

麦可思研究院（2015a）．2015 年中国本科生就业报告，社会科学文献出版社，2015.

麦可思研究院（2015b）．2015 年中国高职高专生就业报告，社会科学文献出版社，2015.

麦可思研究院（2016a）．2016 年中国本科生就业报告，社会科学文献出版社，2016.

麦可思研究院（2016b）．2016 年中国高职高专生就业报告，社会科学文献出版社，2016.

麦可思研究院（2017a）．2017 年中国本科生就业报告，社会科学文献出版社，2017.

麦可思研究院（2017b）．2017 年中国高职高专生就业报告，社会科学文献出版社，2017.

麦可思研究院（2018a）．2018 年中国本科生就业报告，社会科学文献出版社，2018.

麦可思研究院（2018b）．2018 年中国高职高专生就业报告，社会科学文献出版社，2018.

麦可思研究院（2019a）．2019 年中国本科生就业报告，社会科学文献出版社，2019.

麦可思研究院（2019b）．2019 年中国高职高专生就业报告，社会科学文献出版社，2019.

麦可思研究院（2020a）．2020 年中国本科生就业报告，社会科学文献出版社，2020.

麦可思研究院（2020b）．2020 年中国高职生就业报告，社会科学文献出版社，2020.

麦可思研究院（2021a）．2021 年中国本科生就业报告，社会科学文献出版社，2021.

麦可思研究院（2021b）．2021 年中国高职生就业报告，社会科学文献出版社，2021.

麦可思研究院（2022a）．2022 年中国本科生就业报告，社会科学文献出版社，2022.

麦可思研究院（2022b）．2022 年中国高职生就业报告，社会科学文献出版社，2022.

孟祥夫（2021）．激发人才活力 汇聚强大力量，人民日报，2021. 11. 09，http：//sc. people. com. cn/n2/2021/1109/c345167 - 34996277. html.

米红、文新兰、周仲高（2003）．人口因素与未来 20 年中国高等教育规模变化的实证分析，人口研究，2003（6）：76 - 81.

民政部（2007）．民政部关于开展社会工作人才队伍建设试点工作的通知，2007. 03. https：//www. gov. cn/gzdt/2007 - 03/03/content _540458. htm.

民政部（2008）．民政部关于开展社会工作人才队伍建设试点总结评估工作的通知，2008. 10. http：//www. 110. com/fagui/law_318031. html.

民政部（2009）．民政部关于开展社会工作人才队伍建设试点总结评估工作的通知，2009. 4. https：//zyzx. mca. gov. cn/n1025/n1037/c31007/content. html.

民政部、国家发展和改革委员会（2021）．"十四五"民政事业发展规划，http：//xxgk. mca. gov. cn：8011/gdnps/pc/content. jsp？id = 14980&mtype = 4.

平和光、程宇、李孝更（2018）. 40 年来我国高等职业教育发展回顾与展望，职业技术教育（15）：6 - 17.

全国博士后管委会办公室（2018）. 关于改进博士后进出站有关工作的通知，https：//renshi. hdu. edu. cn/2020/0310/c4681a105700/page. htm.

全国博士后管委会办公室（1994）. 关于批准建立上海宝钢博士后科研工作站的通知，1994. 10.

全国博士后管委会办公室（2013）. 关于印发博士后国际交流计划实施细则的通知，https：//graduate. swufe. edu. cn/info/1041/3042. htm.

全国博士后管委会（1988）. 关于当前博士后工作若干问题的通知，http：//tc. wangchao. net. cn/baike/detail_1937605. html.

全国博士后管委会（1989）. 关于改变新设博士后流动站评审办法的通知，https：//www. chinapostdoctor. org. cn/website/showinfo _ zcwj. html？infoid = 80925cb4 - 1627 - 4aad - b364 - b4edfe0dce26.

全国博士后管委会（1997）. 企业博士后工作管理暂行规定，https：//graduate. swufe. edu. cn/info/1041/3041. htm.

全国人民代表大会常务委员会（1982）. 中华人民共和国国民经济和社会发展第六个五年计划（1981 - 1985），http：//www. law - lib. com/law/law_view. asp？id = 95143.

全国人民代表大会（2006）. 中华人民共和国国民经济和社会发展第十一个五年规划纲要，http：//www. gov. cn/gongbao/content/2006/content_268766. htm.

人力资源和社会保障部（2017a）. 中国人力资源和社会保障年鉴2016，中国劳动社会保障出版社，2017.

人力资源和社会保障部（2017b）. 中国人力资源和社会保障年鉴2017，中国劳动社会保障出版社，2017.

人力资源和社会保障部（2019a）. 中国人力资源和社会保障年鉴2018，中国劳动社会保障出版社，2019.

人力资源和社会保障部（2019b）. 中国人力资源和社会保障年鉴2019，中国劳动社会保障出版社，2019.

人力资源和社会保障部（2020a）. 中国人力资源和社会保障年鉴2020，中国劳动社会保障出版社，2020.

人力资源和社会保障部（2021a）. 中国人力资源和社会保障年鉴2021，中国劳动社会保障出版社，2021.

人力资源和社会保障部（2021b）. 城市公共就业服务机构市场供求状况分析报告，http：//www. mohrss. gov. cn/SYrlzyhshbzb/zwgk/szrs/sjfx/index. html.

人力资源和社会保障部（2020b）. 落实五中全会精神壮大高技能人才队伍新闻发布会，2020. 12. https：//baijiahao. baidu. com/s？id = 1686437402360188277&wfr = spider&for = pc.

人力资源和社会保障部（2021c）. 2021 年第三季度百城市公共就业服务机构市场供求状况分析报告，http：//www. mohrss. gov. cn/xxgk2020/fdzdgknr/jy_4208/jyscgqfx/202111/t20211119_428225. html.

人力资源和社会保障部（2021d）. 留学人员创业园建设和服务规范，http：//www. mohrss. gov. cn/xxgk2020/fdzdgknr/ghtj/bzhjs/202104/W020210401383448615179. pdf.

人力资源和社会保障部办公厅（2015）. 关于做好留学回国人员自主创业工作有关问题的通知，http：//www. gov. cn/govweb/zhuanti/2015 – 12/14/content_5023787. htm.

人力资源和社会保障部办公厅、市场监管总局办公厅、统计局办公室（2020a）. 关于发布智能制造工程技术人员等职业信息的通知，http：//www. mohrss. gov. cn/xxgk2020/fdzdgknr/rcrs_4225/jnrc/202112/t2021 1227_431388. html.

人力资源和社会保障部办公厅、市场监管总局办公厅、统计局办公室（2020b）. 关于发布区块链工程技术人员等职业信息的通知，http：//www. mohrss. gov. cn/xxgk2020/fdzdgknr/rcrs_4225/jnrc/202112/t2021 1227_431394. html.

人力资源和社会保障部办公厅、市场监管总局办公厅、统计局办公室（2022）. 关于发布机器人工程技术人员等职业信息的通知，http：//www. mohrss. gov. cn/xxgk2020/fdzdgknr/rcrs_4225/jnrc/zyyjnpj/202207/t20220725_479214. html.

人力资源和社会保障部办公厅、市场监管总局办公厅、统计局办公室（2021）．关于发布集成电路工程技术人员等职业信息的通知，http：//www. mohrss. gov. cn/xxgk2020/fdzdgknr/qt/gztz/202103/t20210318_411360. html.

人力资源和社会保障部办公厅、市场监管总局办公厅、统计局办公室（2019）．关于发布人工智能工程技术人员等职业信息的通知，http：//www. mohrss. gov. cn/xxgk2020/fdzdgknr/rcrs_4225/jnrc/202112/t20211227_431368. html.

人力资源和社会保障部、财政部（2018）．关于全面推行企业新型学徒制的意见，http：//www. mohrss. gov. cn/xxgk2020/fdzdgknr/zcfg/gfxwj/rcrs/201810/t20181024_303482. html.

人力资源和社会保障部（2009）．关于实施中国留学人员回国创业启动支持计划的意见，http：//www. mohrss. gov. cn/zyjsrygls/ZYJSRYGLS zhengcewenjian/200909/t20090921_82110. html.

人力资源和社会保障部、教育部、公安部、财政部、中国人民银行（2019）关于做好当前形势下高校毕业生就业创业工作的通知，http：//hrss. yn. gov. cn/jyj/Print. aspx?ClassID = 1098&newsid = 52037.

人力资源和社会保障部（2011）．2010 年度人力资源和社会保障事业发展统计公报，http：//www. mohrss. gov. cn/SYrlzyhshbzb/zwgk/szrs/tjgb/201107/t20110720_69907. html.

人力资源和社会保障部（2022）．2021 年度人力资源和社会保障事业发展统计公报，http：//www. mohrss. gov. cn/SYrlzyhshbzb/zwgk/szrs/tjgb/202206/W020220607572932236389. pdf.

人力资源和社会保障部（2010）．2009 年度人力资源和社会保障事业发展统计公报，http：//www. mohrss. gov. cn/SYrlzyhshbzb/zwgk/szrs/tjgb/201710/W020171031597080189406. pdf.

人力资源和社会保障部、全国博士后管理委员会（2017）．关于贯彻落实《国务院办公厅关于改革完善博士后制度的意见》有关问题的通知，http：//www. mohrss. gov. cn/xxgk2020/fdzdgknr/zcfg/gfxwj/rcrs/201703/t20170327_268599. html.

人力资源和社会保障部、全国博士后管理委员会（2021）．关于进一步加强企业博士后科研工作站建设的通知，http：//www. gov. cn/xinwen/2021 - 11/22/content_5652479. htm.

人力资源和社会保障部、全国博士后管理委员会（2009）.关于推进博士后工作管理体制改革的意见，http：//www. namoc. org/cbjy/bshgzz/gzzd/202010/t20201009_325635. html.

人力资源和社会保障部、全国博士后管理委员会（2016）.关于印发博士后创新人才支持计划的通知，http：//www. mohrss. gov. cn/xxgk2020/fdzdgknr/zcfg/gfxwj/rcrs/201604/t20160418_238289. html.

人力资源和社会保障部、全国博士后管理委员会（2012）.关于印发博士后国际交流计划的通知，https：//wenku. baidu. com/view/dc9b551d82eb6294dd88d0d233d4b14e84243e06. html.

人力资源和社会保障部、全国博士后科研流动站管理协调委员会（2008）.关于印发博士后科研流动站和工作站评估办法的通知，https：//www. chinapostdoctor. org. cn/website/showinfo_zcwj. html?infoid = e2898731 - 4233 - 418c - b07b - 15274c71f7cc.

人力资源和社会保障部（2018）.人力资源和社会保障部印发《支持海南人力资源和社会保障事业全面深化改革开放的实施意见》，http：//www. mohrss. gov. cn/SYrlzyhshbzb/dongtaixinwen/buneiyaowen/201811/t20181127_305676. html.

人力资源和社会保障部、外交部、教育部（2017）.人力资源和社会保障部外交部教育部关于允许优秀外籍高校毕业生在华就业有关事项的通知，http：//www. mohrss. gov. cn/SYrlzyhshbzb/jiuye/zcwj/gaoxiaobiyesheng/201701/t20170111_264214. html.

人力资源和社会保障部（2012）.中国人力资源和社会保障年鉴 2012，中国劳动社会保障出版社，2012.

人力资源和社会保障部（2013）.中国人力资源和社会保障年鉴 2013，中国劳动社会保障出版社，2013.

人力资源和社会保障部（2014）.中国人力资源和社会保障年鉴 2014，中国劳动社会保障出版社，2014.

人力资源和社会保障部（2016）.中国人力资源和社会保障年鉴 2015，中国劳动社会保障出版社，2016.

人事部（2001a）. 留学人员科技活动项目择优资助经费申请与管理办法，https：//renshi. hdu. edu. cn/2011/0309/c2940a72886/page. htm.

人事部（2001b）. 关于印发《留学人员创业园管理办法》的通知，https：//code. fabao365. com/law_166275. html.

人事部（2007）. 关于撤销北京华大基因研究中心等10个博士后科研工作站设站资格的通知，http：//rsc. zju. edu. cn/postdoctor/redir. php?catalog_id=68087&object_id=71087.

人事部（1990）. 关于非教育系统留学回国人员科技活动择优资助经费管理的暂行办法，https：//www. haolvshi. com. cn/flfgk/107059. html.

人事部（2000）. 关于鼓励海外高层次留学人才回国工作的意见，http：//rlsbj. cq. gov. cn/ywzl/zjrc/sy/tzgg_110153/202005/t20200520_7462561_wap. html.

人事部（2002）. 关于人事部与地方人民政府共建留学人员创业园的意见，http：//gdlawyer. chinalawinfo. com/fulltext_form. aspx？Db=chl&Gid=8aed89f76aabb035bdfb.

人事部（1999）. 关于同意设立北京海淀新技术产业开发试验区企业博士后科研工作站的批复，https：//wenku. baidu. com/view/207f5aab5b8102d276a20029bd64783e09127de0. html.

人事部（2006）. 关于印发《留学人员回国工作"十一五"规划》的通知，http：//www. mohrss. gov. cn/xxgk2020/fdzdgknr/ghtj/fzgh/202011/t20201102_394328. html.

人事部（1989）. 关于中国博士后科学基金会理事会组成人员的通知，1989. 10.

人事部、国家经济贸易委员会、全国博士后管委会（1997）. 关于扩大企业博士后工作试点的通知，1997. 09，https：//code. fabao365. com/law_223111. html.

人事部、教育部、科技部、财政部（2005）. 关于在留学人才引进工作中界定海外高层次留学人才的指导意见，http：//rlsbj. cq. gov. cn/ywzl/zjrc/lxhgry/202005/t20200520_7462093. html.

人事部、教育部、科技部、财政部、外交部、国家发展改革委、公安部、商务部、人民银行、国资委、国务院侨办、中科院、国家外专局、海关总署、税务总局、工商总局（2007）．关于印发《关于建立海外高层次留学人才回国工作绿色通道的意见》的通知，http：//www. mohrss. gov. cn/xxgk2020/fdzdgknr/zcfg/gfxwj/rcrs/201407/t20140717_136311. html.

人事部、教育部、科技部、公安部、财政部（2001）．关于印发《关于鼓励海外留学人员以多种形式为国服务的若干意见》的通知，http：//www. gov. cn/gongbao/content/2002/content_61391. htm.

人事部（2003）．开展高层次留学人才回国资助试点工作的意见，http：//rlsbj. cq. gov. cn/ywzl/zjrc/sy/tzgg_110153/202005/t20200520_7462531_wap. html.

人事部、全国博士后管委会（1991）．关于批准北京大学等九十一个单位新设博士后流动站的通知，http：//www. lscps. gov. cn/html/17011.

人事部、全国博士后管委会（1992）．关于批准北京大学等十三个单位在社会科学领域设立博士后流动站的通知，https：//www. lawtime. cn/info/minfa/minfafagui/2010122857997. html.

人事部、全国博士后管委会（1990）．关于新设博士后流动站申报和评审办法的通知，http：//www. lscps. gov. cn/html/17642.

人事部、全国博士后管委会（1994）．关于增设博士后流动站申报办法等有关问题的通知，https：//www. chinapostdoctor. org. cn/website/showinfo_zcwj. html？infoid＝eed2553e－3ec3－40f8－9ad3－c1526 27aa225.

人事部、全国博士后管委会（1996）．关于批准在解放军六单位设立博士后流动站的通知，https：//www. 66law. cn/tiaoli/133887. aspx.

人事部、全国博士后管委会（1998）．关于同意由我部承接并实施中韩青年科学家交流计划的复函，1998. 05.

人事部（1991）．全国专业技术人员继续教育"八五"规划纲要，http：//www. law－lib. com/law/law_view. asp？id＝53996.

谭洁（2019）．北京地区来华留学生就业意向调查．世界教育信息．32（21）：6.

汤瑜（2018）．606位在京外籍人士获永久居留身份证，http：//e. mzyfz. com/paper/1086/paper_24408_6170. html.

外国专家局（1984）．关于对部分从国外聘请的专家给予高薪待遇的暂行办法，http：//jslx. pkulaw. cn/fulltext_form. aspx？Gid＝28980&Db＝chl.

外专局、外交部、公安部（2017）．外国人才签证制度实施办法，http：//www. gov. cn/gongbao/content/2018/content_5296556. htm.

万一（2007）．中国"绿卡"：折射历史的变迁，https：//www. gmw. cn/01gmrb/2007 –08/17/content_656884. htm.

王通讯（1985）．人才学通论，1985.02. 天津人民出版社．

王修来（2015）．中国博士后发展蓝皮书，中国人事出版社，2015 年．

王修来（2020）．中国博士后发展报告（2019），江苏人民出版社，2020 年．

王扬南（2021）．中国共产党指引职业教育发展的百年探索，中国职业技术教育，2021（12）：15.

吴乐乐（2020）．专业技术人员继续教育政策实施的实然问题与应然内容，当代继续教育，38（213）：34 –38.

习近平（2021）．深入实施新时代人才强国战略 加快建设世界重要人才中心和创新高地，求是，http：//www. gov. cn/xinwen/2021 –12/15/content_5660938. htm.

谢良才、和震（2016）．论现阶段的普职比波动，教育科学，2016（6）：72 –80.

新华社（1950）．首届全国高等教育会议闭幕 高等教育方针任务确定 通过高等学校暂行规程等五项草案，人民日报，1950. 06.

新华社（2021）．习近平出席中央人才工作会议并发表重要讲话，https：//www. gov. cn/xinwen/2021 –09/28/content.

新华社（2014）．习近平对全国留学工作会议作出重要指示强调适应国家发展大势和党和国家工作大局 培养更多优秀人才开创留学工作新局面，https：//www. gov. cn/govweb/xinwen/2014 – 12/13/content _2790506. htm.

新华社（2009）．新中国档案：邓小平作出扩大派遣留学生战略决策，2009. 09，https：//www. gov. cn/govweb/test/2009 –09/30/content _1430681. htm.

徐建华（2019）．《中国企业综合调查（CEGS）报告（2015 –2018）》显示中国企业正走向以质量提升为主线的升级过程，中国质量报，2019 – 12 –24.

许可（2017）．中国政府友谊奖颁奖仪式在北京举行，http：//politics. people. com. cn/n1/2017/0930/c1001 – 29568741. html.

薛惠英（2008）．专业技术人才队伍建设与人才生态效应研究（硕士学位论文，上海交通大学）．https：//kns. cnki. net/KCMS/detail/detail. aspx?dbname = CMFD2008&filename = 2008090951. nh.

杨楠（2019）．北京高校规模与学生规模，http：//www. jyb. cn/rmtzcg/xwy/wzxw/201907/t20190701_245232. html.

佚名（2011）．博士后流动站成就业中转站 部分专业出现招生难，中国青年报，2011.

于红梅（2019）．大数据思维下继续教育信息化资源整合与开发运用．职业技术教育，2019（14）：18 – 21.

余晓洁、邹伟（2012）．新世纪以来外国人入境人数每年递增10%，http：//www. npc. gov. cn/zgrdw/huiyi/cwh/1126/2012 – 04/26/content _ 1719377. htm.

余兴安、唐志敏（2019）．人事制度改革与人才队伍建设（1978 – 2018），中国社会科学出版社，2019：410 – 437.

张东（2021）．百年征程映初心——党的教育方针的历史变迁，中国教育报，2021.

张洪娟、陈大胜、张爱莉．（2016）．中国博士后创新管理实践研究，南京大学出版社，2016.

张建国（2016）．聚天下英才 创复兴伟业，http：//www. 1000plan. org/qrjh/article/66385.

张建国（2019）．加强引才引智，助力创新驱动战略，国际人才交流，2019（5）：8 – 11.

张力（2019）．新中国 70 年教育事业的辉煌历程，http：//www. moe. gov. cn/jyb_ xwfb/moe _2082/zl _2019n/2019 _zl69/201909/t20190916_ 399327. html

张曦文（2020）．我国农民教育培训迈上新台阶，http：//sd. mof. gov. cn/zt/dcyj/202012/t20201225_3637052. htm.

张元（2004）．论中国高技能人才队伍建设．职业技术教育．25（31）：20 – 23.

赵健雅、刘广青、李齐方、张帅、张加阜（2022）."一带一路"背景下的来华生培养模式创新，神州学人，2022（01）：38-41.

政务院（1951）. 政务院关于改革学制的决定，人民日报，1951.

政务院（1952）. 中央人民政府政务院关于整顿和发展中等技术教育的指示，人民教育，1951（05）：56-57.

中共国家外国专家局党组（2008）. 坚持引进国外智力战略方针 促进经济社会又好又快发展，https：//www. gmw. cn/01gmrb/2008-12/31/content_874435. htm.

中共中央办公厅、国务院办公厅（2021）. 关于推动现代职业教育高质量发展的意见，http：//www. gov. cn/zhengce/2021-10/12/content_5642120. htm.

中共中央办公厅、国务院办公厅（2002）. 关于印发2002-2005年全国人才队伍建设规划纲要的通知，http：//www. moe. gov. cn/jyb_xxgk/gk_gbgg/moe_0/moe_8/moe_26/tnull_404. html.

中共中央办公厅、国务院办公厅（2016）. 中共中央办公厅、国务院办公厅印发《关于加强外国人永久居留服务管理的意见》，http：//www. gov. cn/gongbao/content/2016/content_5051217. htm.

中共中央、国务院（1983a）. 关于加强和改革农村学校教育若干问题的通知，中华人民共和国国务院公报，http：//www. gov. cn/gongbao/shuju/1983/gwyb198312. pdf.

中共中央、国务院（1983b）. 关于引进国外智力以利四化建设的决定，https：//www. cbi360. net/gov/a189047. html.

中共中央、国务院（1991）. 关于加强计划生育工作严格控制人口增长的决定，http：//www. law-lib. com/law/law_view. asp?id=53143.

中共中央、国务院（1993）. 关于印发《中国教育改革和发展纲要》的通知，中华人民共和国国务院公报，http：//www. gov. cn/gongbao/shuju/1993/gwyb199304. pdf.

中共中央、国务院（2010）. 国家中长期人才发展规划纲要（2010-2020年），http：//www. mohrss. gov. cn/SYrlzyhshbzb/zwgk/ghcw/ghjh/201503/t20150313_153952. htm.

中共中央、国务院（2003）．中共中央　国务院关于进一步加强人才工作的决定，http：//www. gov. cn/test/2005 - 07/01/content_11547. htm.

中共中央（1985）．中共中央关于教育体制改革的决定，中华人民共和国国务院公报，http：//www. gov. cn/gongbao/shuju/1985/gwyb198515. pdf.

中共中央（2016）．中共中央印发《关于深化人才发展体制机制改革的意见》，http：//www. gov. cn/xinwen/2016 - 03/21/content_5056113. htm.

中共中央组织部、人力资源和社会保障部、公安部等（2012）．外国人在中国永久居留享有相关待遇的办法，http：//www. gov. cn/zwgk/2012 - 12/12/content_2288640. htm.

中共中央组织部、人力资源和社会保障部、外交部、公安部、国家外国专家局（2012）．关于为外籍高层次人才来华提供签证及居留便利有关问题的通知 http：//www. mps. gov. cn/n16/n1282/n3508/n2173912/3445282. html.

中共中央组织部、人力资源和社会保障部（2011）．印发《关于支持留学人员回国创业的意见》的通知，http：//www. mohrss. gov. cn/xxgk2020/fdzdgknr/zcfg/gfxwj/rcrs/201407/t20140717_136306. html.

中共中央组织部（2012）．中国人才资源统计报告 2010，中国统计出版社，2012.

中共中央组织部（2014）．中国人才资源统计报告 2012，中国统计出版社，2014.

中共中央组织部（2016）．中国人才资源统计报告 2014，党建读物出版社，2016.

中共中央组织部（2017）．中国人才资源统计报告 2015，党建读物出版社，2017.

中共中央组织部（2018）．中国人才资源统计报告 2016，党建读物出版社，2018.

中国博士后科学基金会（2020）．各年度博士后研究人员进站人数统计，https：//www. chinapostdoctor. org. cn/website/showinfo_tjfb. html?infoid = c47ccd64 - 4de3 - 4f2f - 92fb - f05b1b223bd5.

中国共产党中央委员会、国务院（1958）．关于教育工作的指示，中华人民共和国国务院公报，http：//www. gov. cn/gongbao/shuju/1958/gwyb195827. pdf.

《中国教育年鉴》编辑部（1984）. 中国教育年鉴（1949 - 1981）. 中国大百科全书出版社，1984.

《中国教育年鉴》编辑部（1986）. 中国教育年鉴（1982 - 1984）. 中国大百科全书出版社，1986.

中国人民银行、财政部、人力资源和社会保障部（2016）. 关于实施创业担保贷款支持创业就业工作的通知，http：//hrss. jl. gov. cn/flfg/gjflfg/201904/t20190430_5833267. html.

中国人民政治协商会议（1949）. 中国人民政治协商会议共同纲领，http：//www. cppcc. gov. cn/2011/12/16/ARTI1513309181327976. shtml.

中国信息通信研究院（2021）. 数字经济就业的特征、影响及挑战，2021.

中华人民共和国教育部（2002）. 关于学习贯彻《国务院关于大力推进职业教育改革与发展的决定》和全国职业教育工作会议精神的通知，http：//www. moe. gov. cn/jyb_xxgk/gk_gbgg/moe_0/moe_8/moe_28/tnull_490. html.

中央引进国外智力领导小组办公室（1986）. 引进国外技术、管理人才计划管理暂行办法，https：//www. cbi360. net/gov/a71213. html.

祖任平（2022）. 锻造实现民族伟大复兴的技能大军——我国新时代技能人才队伍建设述评，中国人力资源社会保障（04）：23 - 27.

Australian Government（2021）. Supporting Australia's COVID recovery through Skilled Migration. Extracted March 15，2022，from https：//minister. homeaffairs. gov. au/AlexHawke/Pages/supporting - australia - covid - recovery - through - skilled - migration. aspx.

Clarivate（2022），Highly Cited Researchers. Extracted December 22，2022，from https：//clarivate. com/highly - cited - researchers/analysis/.

Clarivate（2021）. 2021_Historical_HCR_lists，Extracted March 15，2022，from https：//clarivate. com/highly - cited - researchers/highly - cited - researchers - 2021 - archive/? campaignname = Highly_Cited_Researchers_SAR_global_2021&campaignid = 7014N000001r&utm_campaign = Highly_Cited_Researchers_SAR_global_2021&utm_source = earned_coverage&utm_medium =

press.

Emma Israel, Jeanne Batalova (2021). Migration Policy Institute. Extracted March 2, 2022, from https：//www. migrationpolicy. org/article/international – students – united – states – 2020.

European Parliament (2020). Impact of the Erasmus + programm. Extracted March 5, 2022, from https：//www. europarl. europa. eu/RegData/etudes/BRIE/2020/642812/EPRS_BRI (2020) 642812_EN. pdf.

German Research Center for Artificial Intelligence (2021). Network of German Centres of Excellence for AI Research. Extracted June 5, 2022, from https：//www. dfki. de/en/web/qualifications – networks/networks – initiatives/centres – of – excellence – for – ai – research.

International Federation of Robotics (2021). World Robotics 2021. 28 October 2021.

International Institute of Education (2022). Enrollment Trends. Extracted February 5, 2023, from https：//opendoorsdata. org/data/international – students/enrollment – trends/.

International Institute of Education (2021). Project Atlas. Extracted February 4, 2022, from https：//www. iie. org/en/Research – and – Insights/Project – Atlas.

National Science Foundation (2019a). Graduate students, postdoctoral appointees, and doctorate-holding nonfaculty researchers in science, engineering, and health：1975 – 2018. Extracted June 16, 2022, from https：//ncsesdata. nsf. gov/datatables/gradpostdoc/2018/html/gss18 – dt – tab001 – 1. html.

National Science Foundation (2019b). Distribution of graduate students, postdoctoral appointees, and doctorate-holding nonfaculty researchers across science, engineering, and health fields：2018. Extracted June 19, 2022, from https：//ncsesdata. nsf. gov/datatables/gradpostdoc/2018/html/gss18 – dt – tab 004 – 1. html.

OECD (2022). International Migration Outlook 2021. Extracted March 25, 2022, from https：//www. oecd – ilibrary. org/sites/29f23e9d – en/1/3/6/7/index. html?itemId＝/content/publication/29f23e9d – en&_csp_＝a9da7d

4f182770aaa63ad86232529333&itemIGO = oecd&itemContentType = book.

Statista（2021）. Students from China in the United States in the academic year 2020/21, by field of study. Extracted February 4, 2022, from https：//www. statista. com/statistics/295988/students – from – china – in – the – us – by – field – of – study/#statisticContainer.

UK Government（2021）. Graduate Visa. Extracted June 22, 2022, from https：//www. gov. uk/graduate – visa.

UNCTAD（2021）. Total and urban population, annual, United Nations Conference on Trade and Development. Extracted June 22, 2022, from https：//unctadstat. unctad. org/wds/ReportFolders/reportFolders. aspx.

UNESCO（2021）. Other policy relevant indicators：Outbound internationally mobile students by host region. Extracted February 2, 2022, from http：//data. uis. unesco. org/.

UNESCO（2023）, researchers per million inhabitants in G20 in 1996 – 2020, ExtractedApril 5, 2023, fromhttp：//data. uis. unesco. org/.

United Nations（2019）. International migrant stock 2019：Country Profiles. Extracted March 23, 2022, from https：//www. un. org/en/development/desa/population/migration/data/estimates2/countryprofiles. asp.

U. S. Citizenship and Immigration Services（2021）. Working in the United States. Extracted June 5, 2022, from https：//www. uscis. gov/working – in – the – united – states/students – and – exchange – visitors/optional – practical – training – opt – for – f – 1 – students.

White House（2022）. FACT SHEET：Biden – Harris Administration Actions to Attract STEM Talent and Strengthen our Economy and Competitiveness. Extracted June 22, 2022, from https：//www. whitehouse. gov/briefing – room/statements – releases/2022/01/21/fact – sheet – biden – harris – administration – actions – to – attract – stem – talent – and – strengthen – our – economy – and – competitiveness/.

World Bank（2023）, population of 219 economies in 1960 – 2021. Extracted June 22, 2023, fromhttps：//databank. worldbank. org/data/home. aspx.

World Bank (2019). World Development Report 2019: The Changing Nature of Work. Washington, DC: World Bank. doi: 10. 1596/978 − 1 − 4648 − 1328 − 3.

World Economic Forum (2020). The Future of Jobs Report 2020. October 2020.

后　　记

　　本书主要依托 2021 年人力资源和社会保障部交办课题——"我国人才队伍建设的实践和发展趋势研究"的成果撰写而成。该课题由中国人事科学研究院副院长柳学智担任组长，中国人事科学研究院事业单位管理研究室毕苏波同志担任执行组长，课题组其他成员包括中国人事科学研究院院长余兴安研究员、科研管理处处长黄梅研究员、国外人力资源与国际合作研究室副主任王伊二级翻译、吴雨晨助理研究员、教育培训与能力建设研究室谢晶副研究员、邢蓉研究实习员、人才战略与政策研究室邵彤助理研究员、公务员管理研究室刘晔助理研究员、绩效管理与考核奖惩研究室张琼助理研究员、就业与政策评价研究室黎宇助理研究员。

　　在课题研究过程中，人力资源和社会保障部规划财务司、专业技术人员管理司、事业单位人事管理司等单位领导对课题研究进行了指导。在数据收集方面，人力资源和社会保障部规划财务司科技和审计处陈悦处长、中国人事科学研究院科研管理处柏玉林同志给予了大力支持。对上述领导和同事给予的指导、支持和帮助，在此一并表示感谢！

　　本书是集体讨论、创作的结晶。柳学智主持本书撰写工作，确定基本思路、章节纲目、基本观点认识及写作体例，王伊协助主持人做了组织协调和稿件审改工作。本书分为十三章，第一章由王伊执笔，第二章由邢蓉执笔，第三章由吴雨晨执笔，第四章和第五章由张琼执笔，第六章由王伊执笔，第七章由刘晔执笔，第八章由谢晶执笔，第九章由邵彤执笔，第十章和第十一章由王伊执笔，第十二章由毕苏波执笔，第十三章由柳学智和谢晶执笔，最后由柳学智统稿。

限于作者的学识和水平，书中会有疏漏、不妥甚至错误之处，恳请广大读者批评、指正。

作者

2023 年 11 月

中国人事科学研究院学术文库
已出版书目

《人才工作支撑创新驱动发展评价、激励、能力建设与国际化》

《劳动力市场发展及测量》

《当代中国的行政改革》

《外国公职人员行为及道德准则》

《国家人才安全问题研究》

《可持续治理能力建设探索——国际行政科学学会暨国际行政院校联合会 2016 年联合大会论文集》

《澜湄国家人力资源开发合作研究》

《职称制度的历史与发展》

《强化公益属性的事业单位工资制度改革研究》

《人事制度改革与人才队伍建设（1978 –2018）》

《人才创新创业生态系统案例研究》

《科研事业单位人事制度改革研究》

《哲学与公共行政》

《人力资源市场信息监测——逻辑、技术与策略》

《事业单位工资制度建构与实践探索》

《文献计量视角下的全球基础研究人才发展报告（2019）》

《职业社会学》

《职业管理制度研究》

《干部选拔任用制度发展历程与改革研究》

《人力资源开发法制建设研究》

《当代中国的退休制度》

《当代中国人事制度》

《中国人才政策环境比较分析（省域篇）》

《社会力量动员探索》

《中国人才政策环境比较分析（市域篇）》

《人才发展治理体系研究》

《英国文官制度文献选译》

《企业用工灵活化研究》

《外国公务员分类制度》

《中国福利制度发展解析》

《国有企业人事制度改革与发展》

《大学生实习中的权益保护》

《数字化转型与工作变革》

《乡村人力资源开发》

《高校毕业生就业制度的变迁》

《中国事业单位工资福利制度》

《中外职业分类概述》

《人力资源管理实践与创新：基于双元理论视角》

《海外及港澳台人才引进政策新动向分析》

《人才队伍建设实践与发展趋势研究》